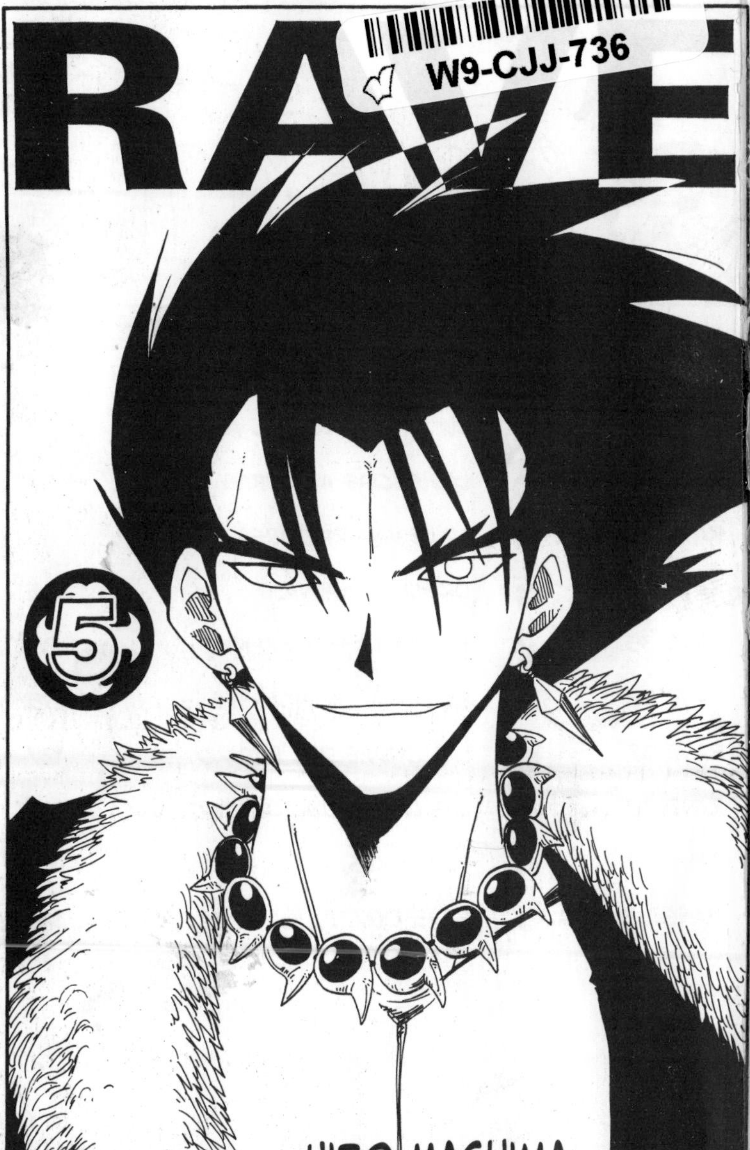
RAVE
5
HIRO MASHIMA

10

CONTENIDO

2

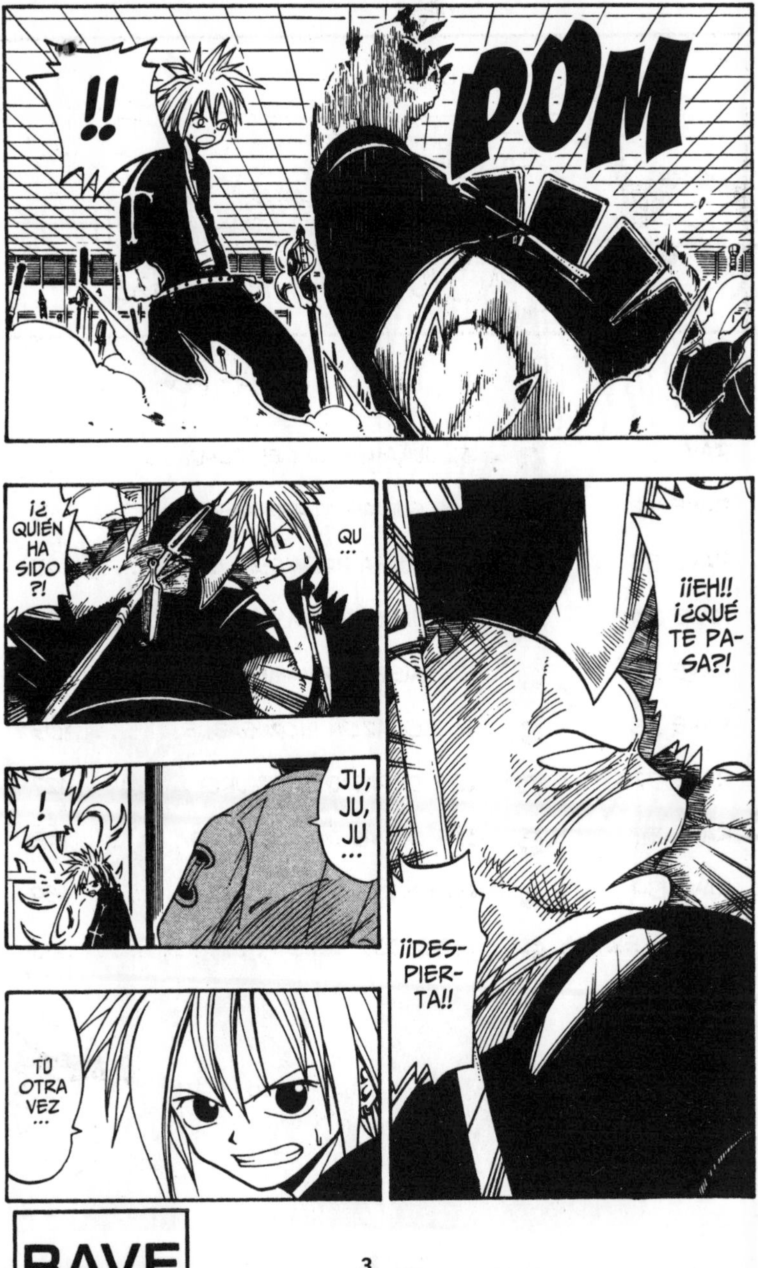
POM
!!
¡¡EH!!
¡¿QUÉ TE PA-SA?!
QU…
¡¿QUIÉN HA SIDO?!
¡¡DES-PIER-TA!!
JU, JU, JU…
!
TÚ OTRA VEZ…
RAVE

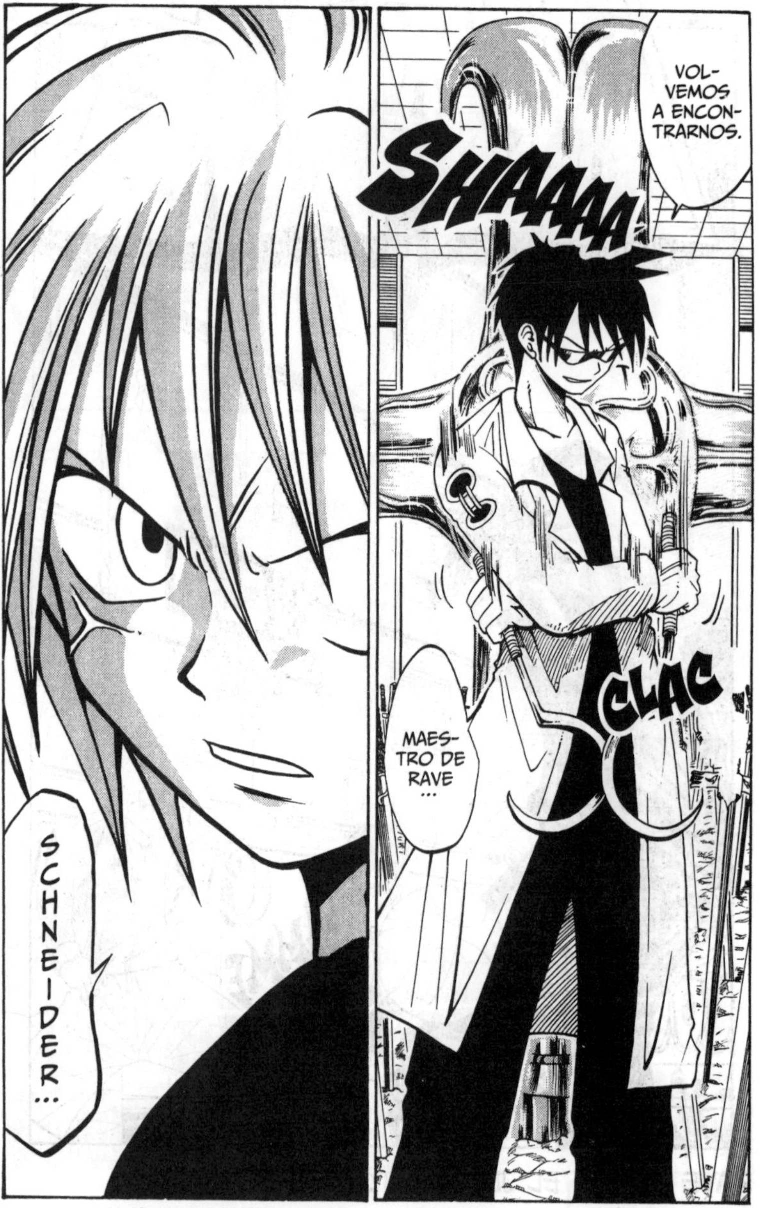
VOLVEMOS A ENCONTRARNOS.
SHAAAAA
CLAC
MAESTRO DE RAVE ...
SCHNEIDER..

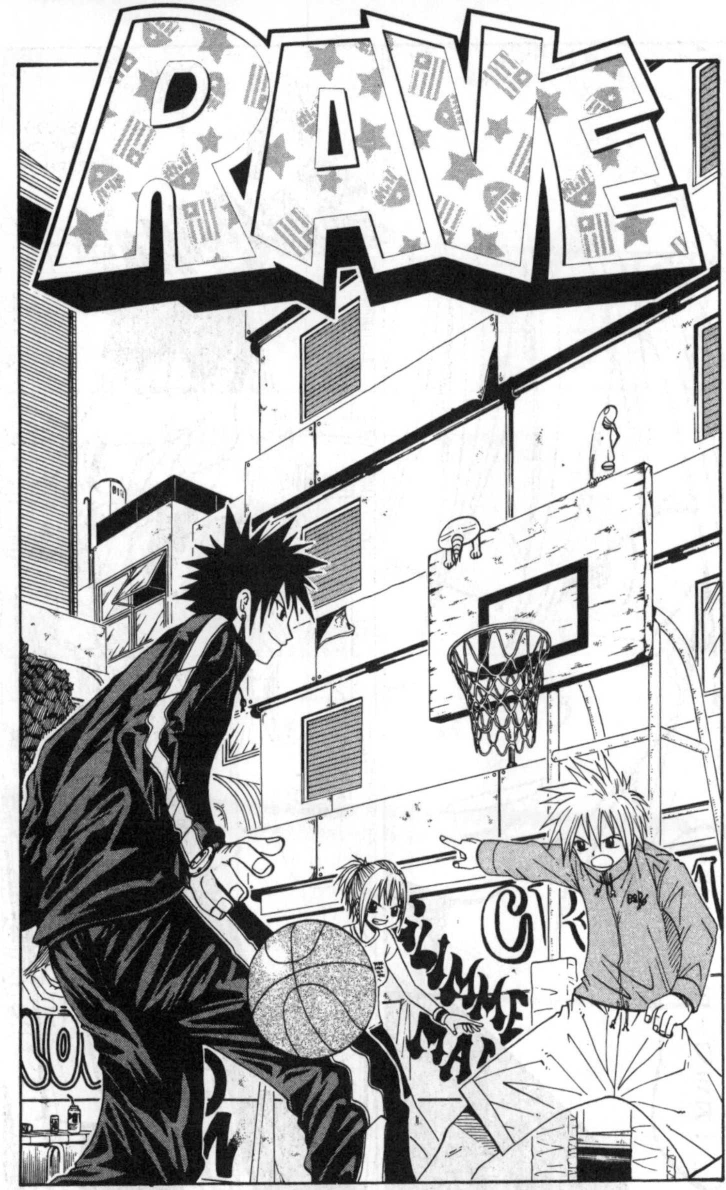
RAVE

RAVE 31 ✚ EL JURAMENTO DEL ALMA

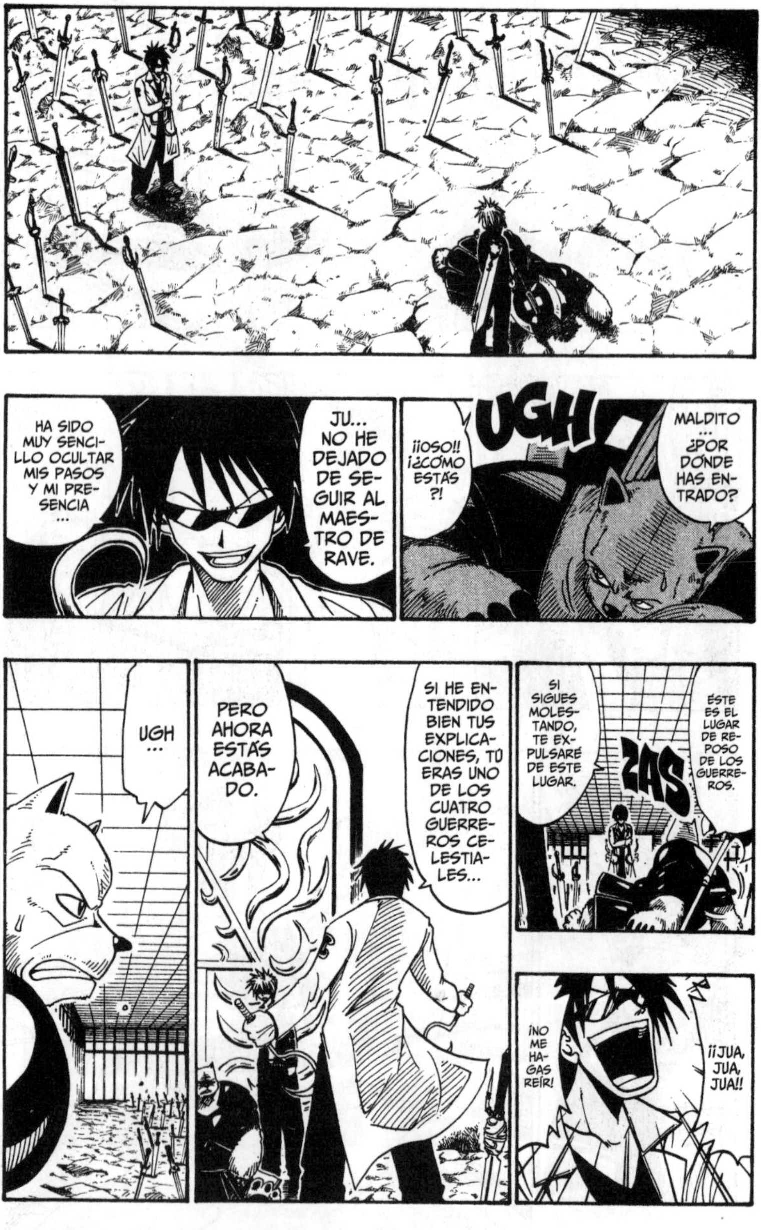
MALDITO... ¿POR DÓNDE HAS ENTRADO?
UGH
¡¡OSO!! ¿¡CÓMO ESTÁS?!
JU... NO HE DEJADO DE SEGUIR AL MAESTRO DE RAVE.
HA SIDO MUY SENCILLO OCULTAR MIS PASOS Y MI PRESENCIA...
ÉSTE ES EL LUGAR DE REPOSO DE LOS GUERREROS.
SI SIGUES MOLESTANDO, TE EXPULSARÉ DE ESTE LUGAR.
ZAS
¡¡JUA, JUA, JUA!!
¡NO ME HAGAS REÍR!
SI HE ENTENDIDO BIEN TUS EXPLICACIONES, TÚ ERAS UNO DE LOS CUATRO GUERREROS CELESTIALES...
PERO AHORA ESTÁS ACABADO.
UGH...

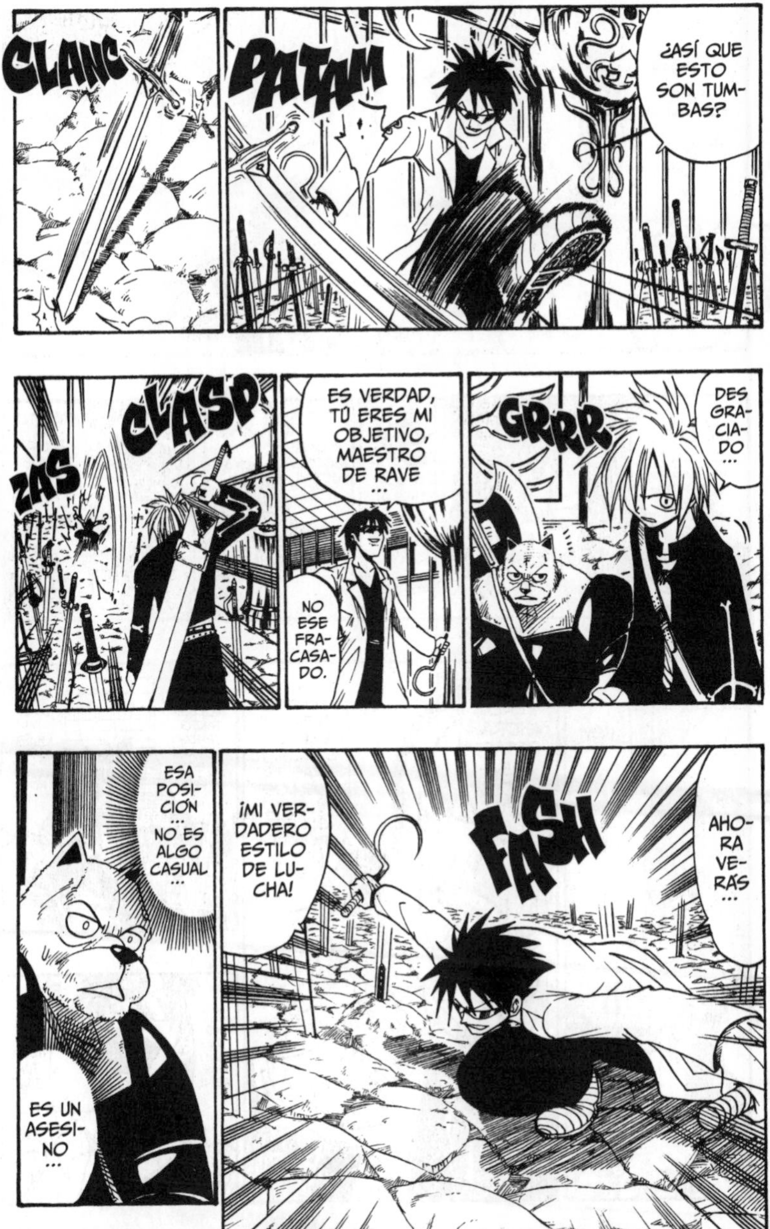
CLANC
PATAM
¿ASÍ QUE ESTO SON TUMBAS?
ZAS
CLASP
ES VERDAD, TÚ ERES MI OBJETIVO, MAESTRO DE RAVE ...
NO ESE FRACASADO.
GRRR
DESGRACIADO ...
ESA POSICIÓN ... NO ES ALGO CASUAL ...
ES UN ASESINO ...
¡MI VERDADERO ESTILO DE LUCHA!
FASH
AHORA VERÁS ...

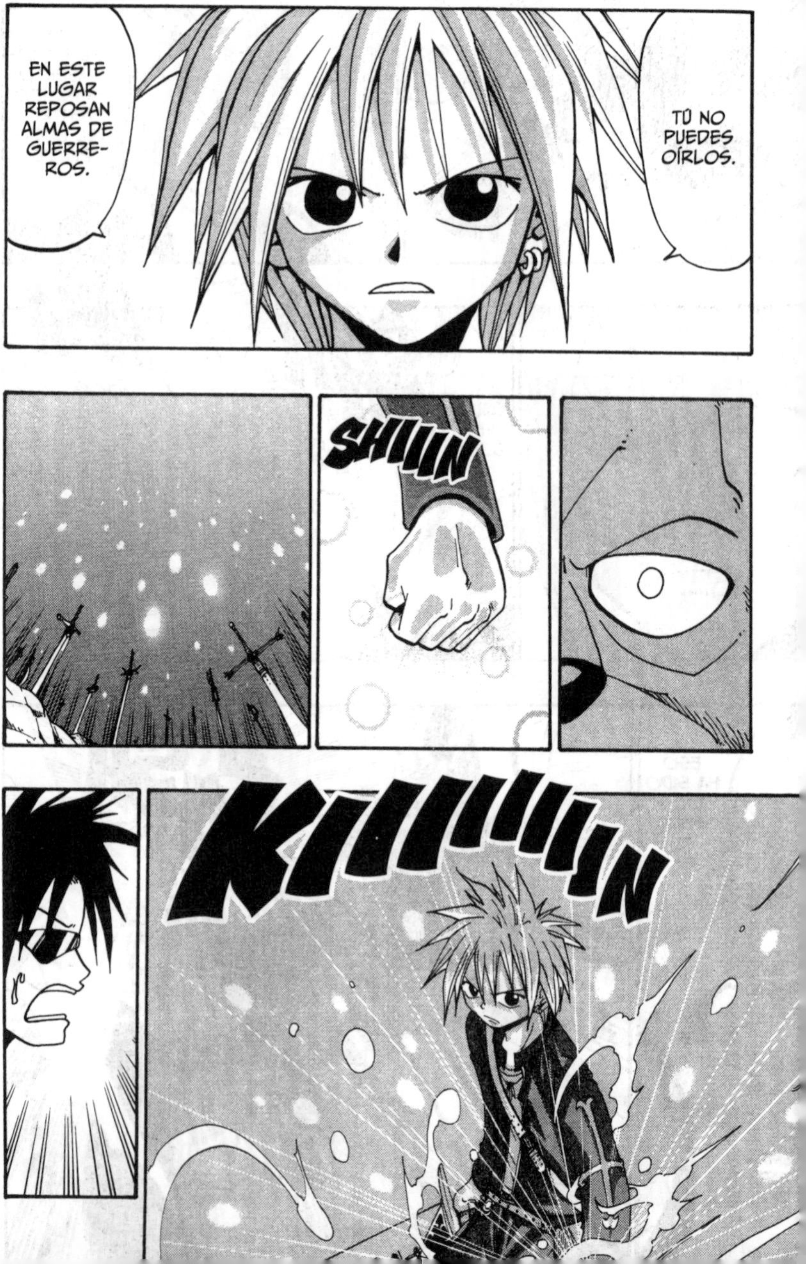
TÚ NO PUEDES OÍRLOS.
EN ESTE LUGAR REPOSAN ALMAS DE GUERRE-ROS.
SHIIIN
KIIIIIIIIN

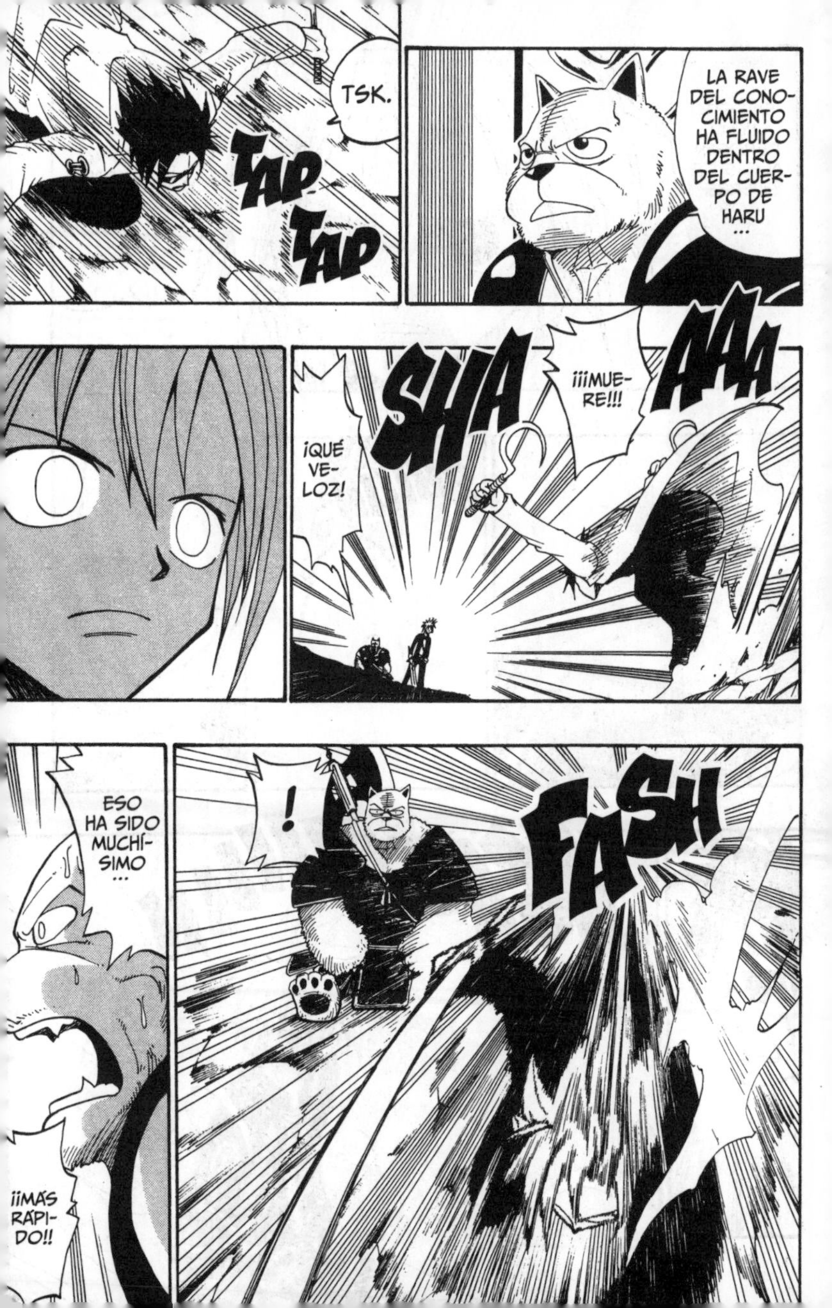
LA RAVE DEL CONOCIMIENTO HA FLUIDO DENTRO DEL CUERPO DE HARU ...
TSK.
TAP TAP
¡¡¡MUERE!!!
SHAAAA
¡QUÉ VELOZ!
!
FASH
ESO HA SIDO MUCHÍSIMO ...
¡¡MÁS RÁPIDO!!

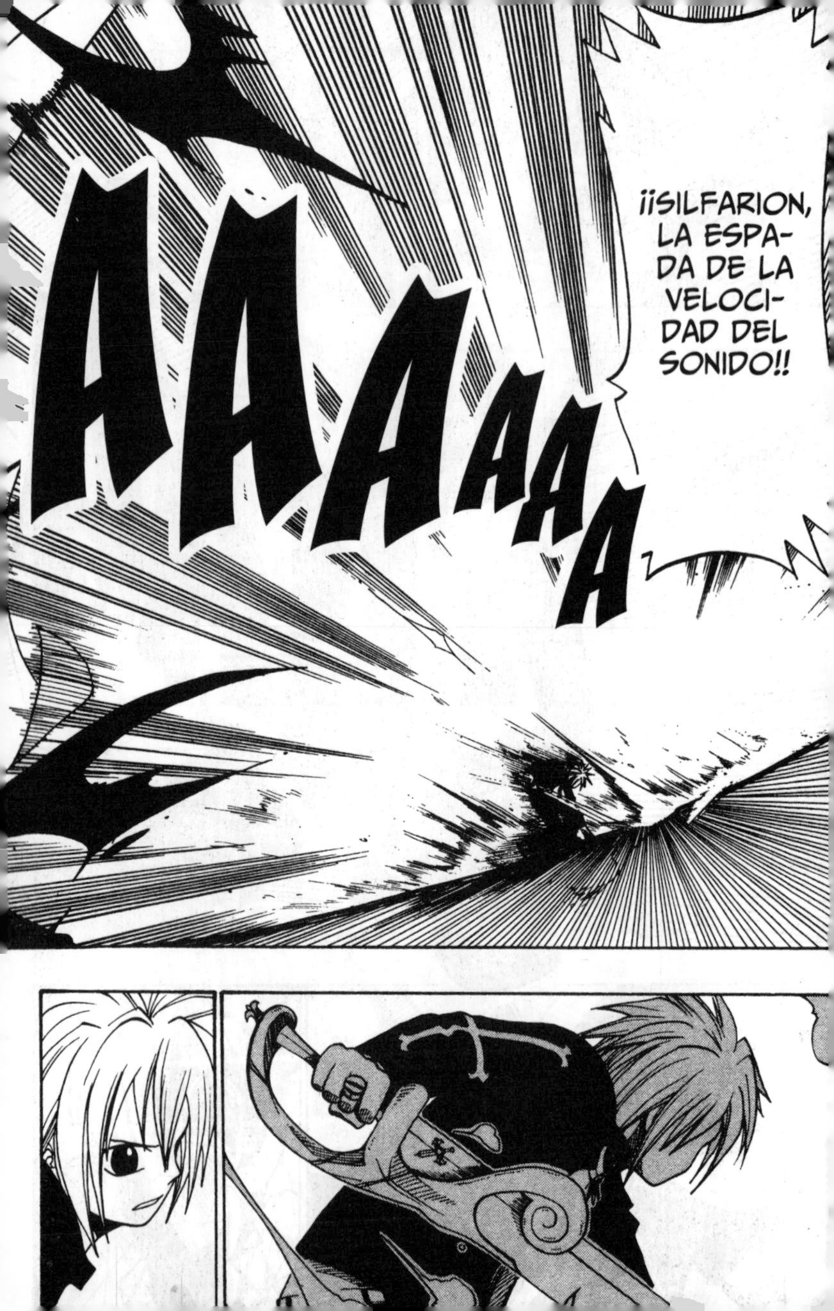
¡¡SILFARION, LA ESPADA DE LA VELOCIDAD DEL SONIDO!!
AAAAAAA

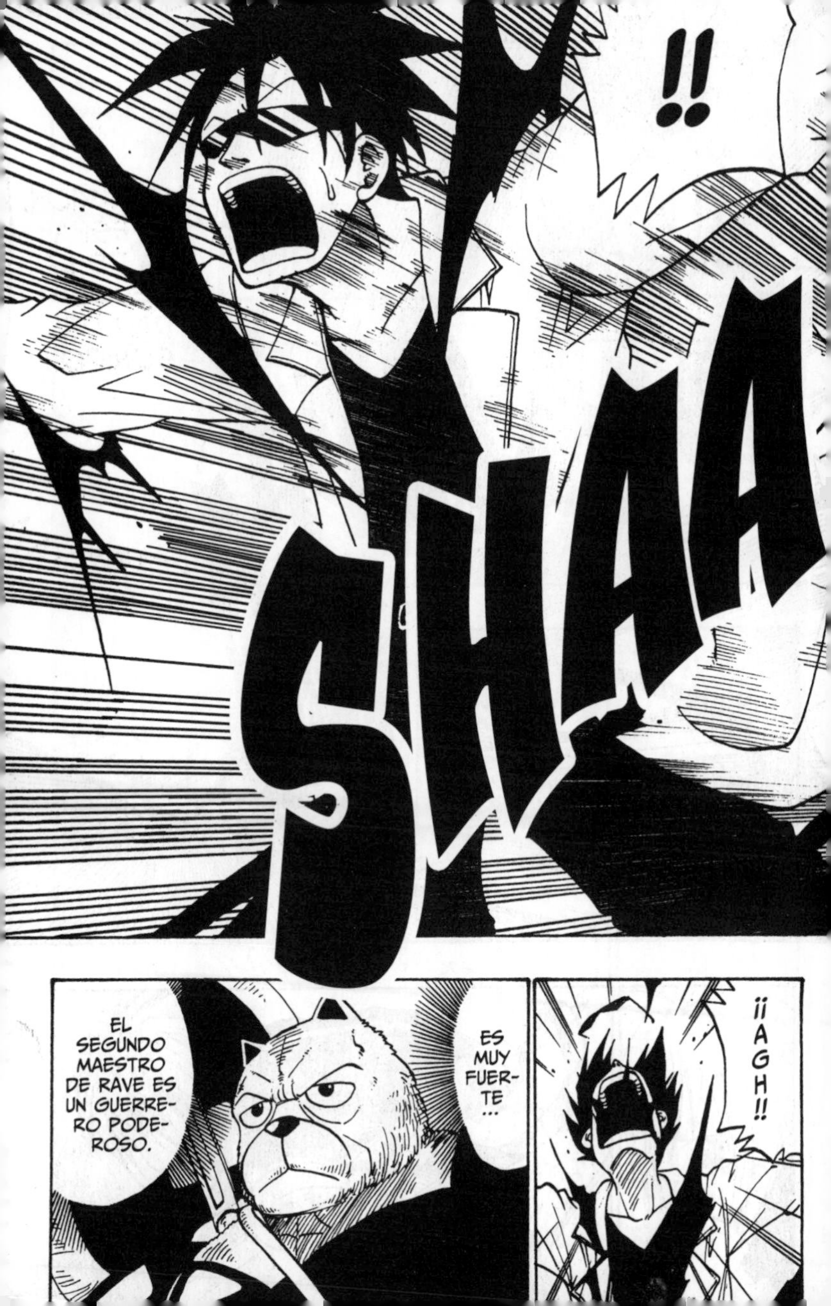
!!
SHAA
¡¡AGH!!
ES MUY FUER-TE ...
EL SEGUNDO MAESTRO DE RAVE ES UN GUERRE-RO PODE-ROSO.

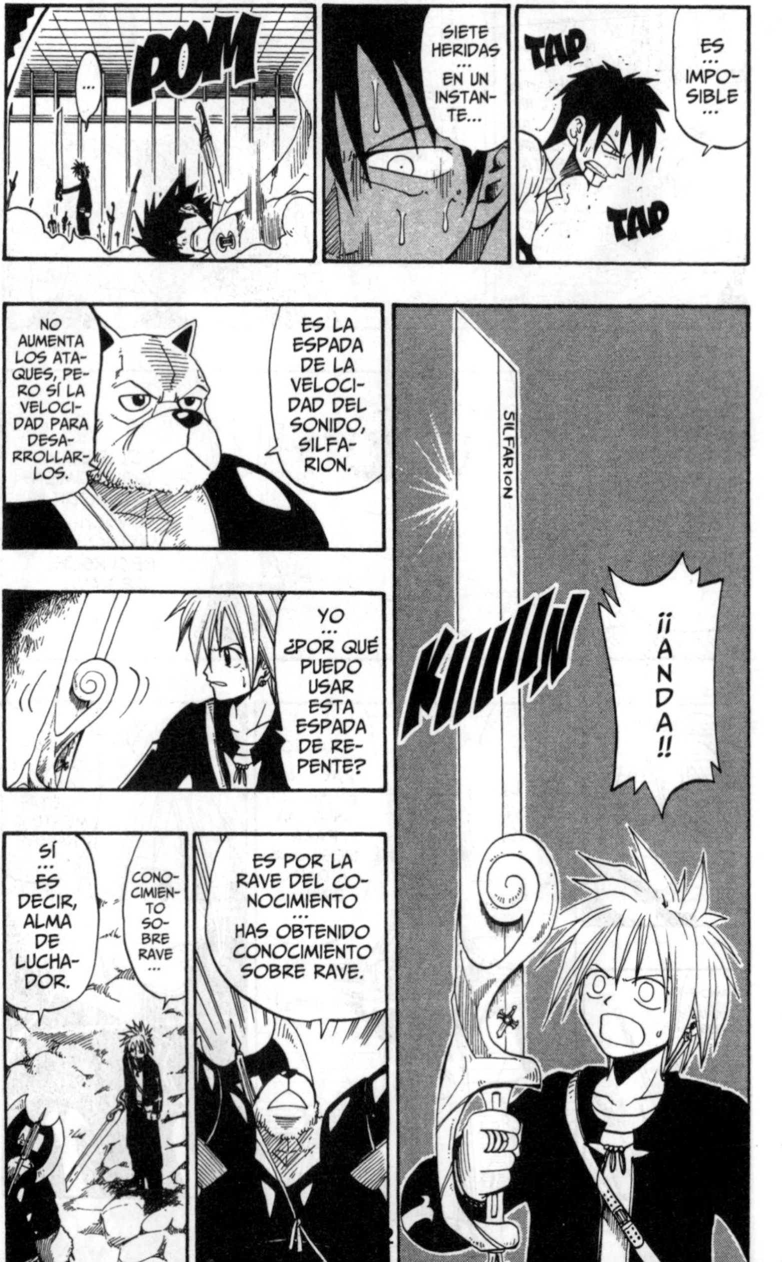

TAP
ES ... IMPOSIBLE ...
TAP
SIETE HERIDAS ... EN UN INSTANTE...
POM
...
SILFARION
KIIIIIN
¡¡ANDA!!
ES LA ESPADA DE LA VELOCIDAD DEL SONIDO, SILFARION.
NO AUMENTA LOS ATAQUES, PERO SÍ LA VELOCIDAD PARA DESARROLLARLOS.
YO ... ¿POR QUÉ PUEDO USAR ESTA ESPADA DE REPENTE?
ES POR LA RAVE DEL CONOCIMIENTO ... HAS OBTENIDO CONOCIMIENTO SOBRE RAVE.
CONOCIMIENTO SOBRE RAVE ...
SÍ ... ES DECIR, ALMA DE LUCHADOR.

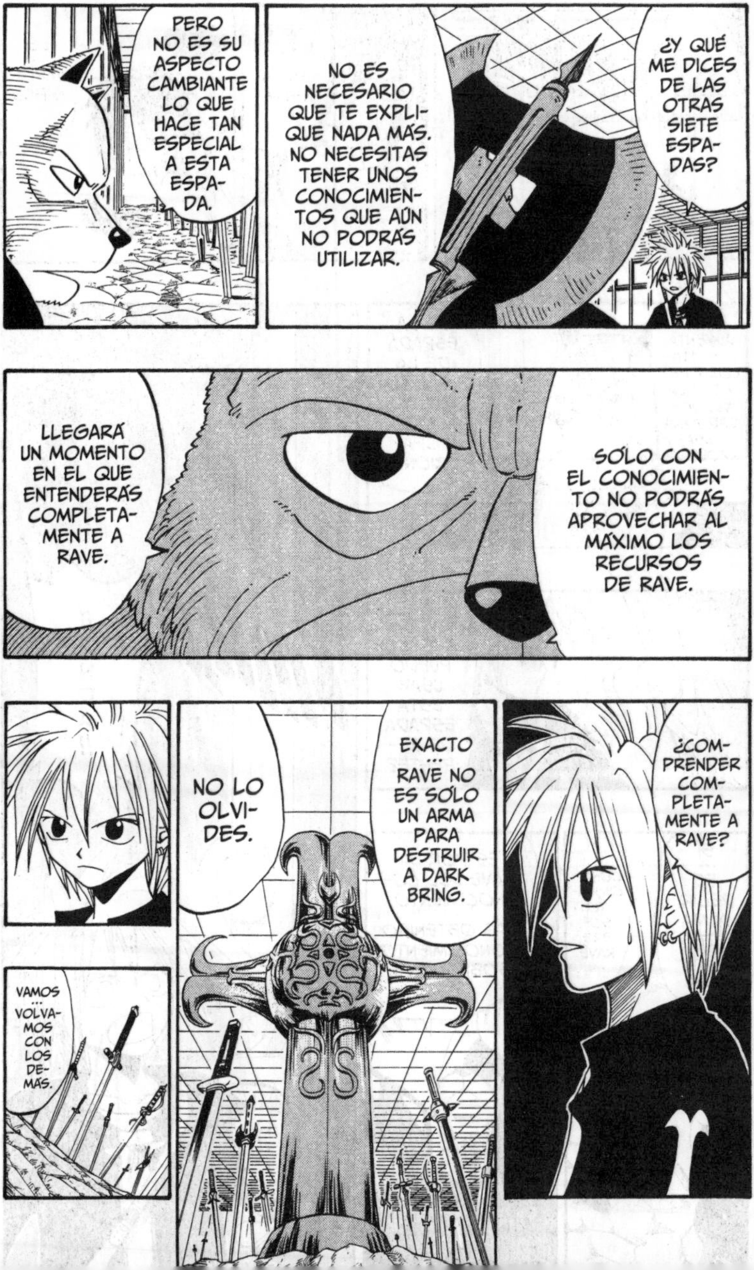
¿Y QUÉ ME DICES DE LAS OTRAS SIETE ESPADAS?
NO ES NECESARIO QUE TE EXPLIQUE NADA MÁS. NO NECESITAS TENER UNOS CONOCIMIENTOS QUE AÚN NO PODRÁS UTILIZAR.
PERO NO ES SU ASPECTO CAMBIANTE LO QUE HACE TAN ESPECIAL A ESTA ESPADA.
SÓLO CON EL CONOCIMIENTO NO PODRÁS APROVECHAR AL MÁXIMO LOS RECURSOS DE RAVE.
LLEGARÁ UN MOMENTO EN EL QUE ENTENDERÁS COMPLETAMENTE A RAVE.
¿COMPRENDER COMPLETAMENTE A RAVE?
EXACTO... RAVE NO ES SÓLO UN ARMA PARA DESTRUIR A DARK BRING.
NO LO OLVIDES.
VAMOS... VOLVAMOS CON LOS DEMÁS.

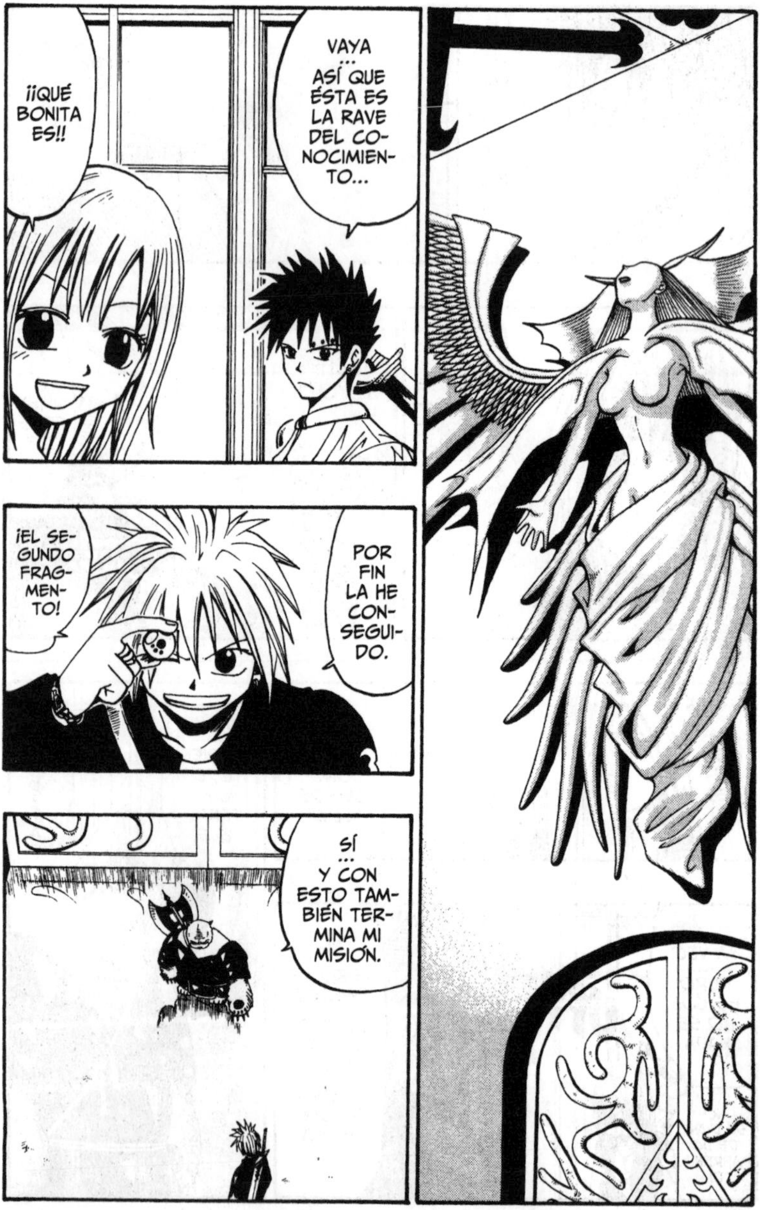
VAYA ... ASÍ QUE ÉSTA ES LA RAVE DEL CONOCIMIENTO...
¡¡QUÉ BONITA ES!!
POR FIN LA HE CONSEGUIDO.
¡EL SEGUNDO FRAGMENTO!
SÍ ... Y CON ESTO TAMBIÉN TERMINA MI MISIÓN.

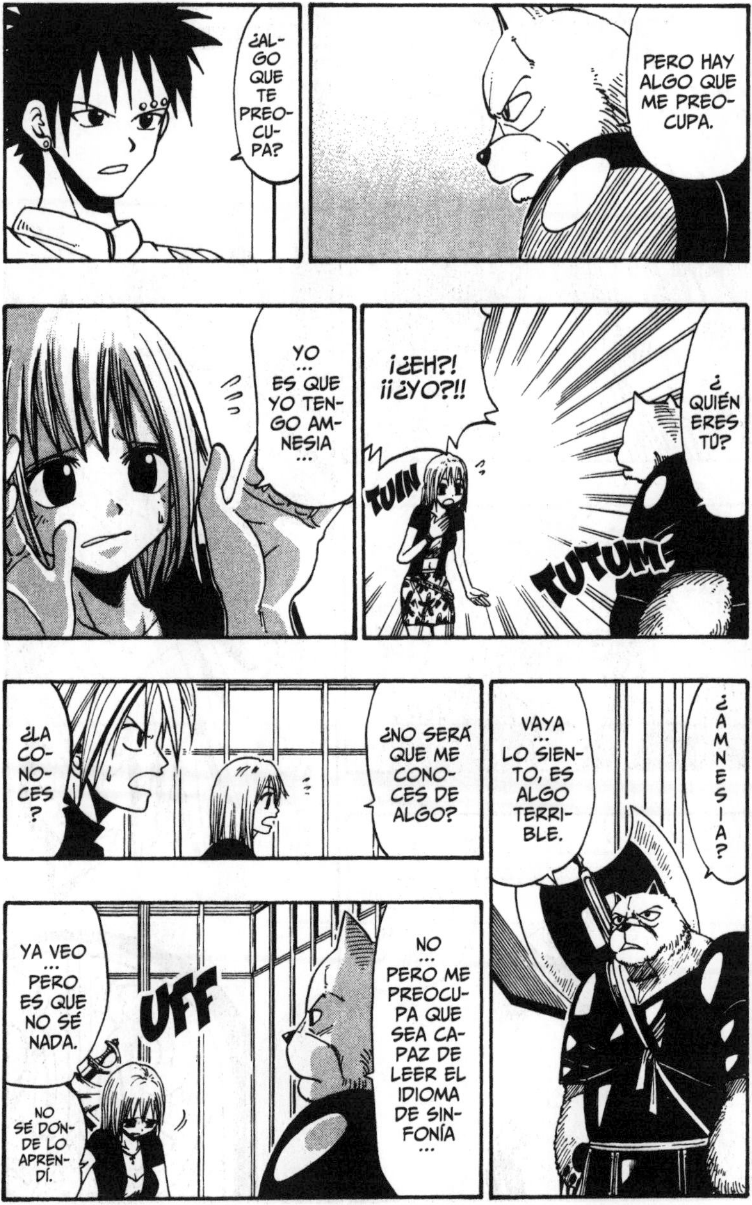
PERO HAY ALGO QUE ME PREOCUPA.
¿ALGO QUE TE PREOCUPA?
¿QUIÉN ERES TÚ?
TUTUM
¡¿EH?! ¡¡¿YO?!!
TUIN
YO... ES QUE YO TENGO AMNESIA...
¿AMNESIA?
VAYA... LO SIENTO, ES ALGO TERRIBLE.
¿NO SERÁ QUE ME CONOCES DE ALGO?
¿LA CONOCES?
NO... PERO ME PREOCUPA QUE SEA CAPAZ DE LEER EL IDIOMA DE SINFONÍA...
UFF
YA VEO... PERO ES QUE NO SÉ NADA.
NO SÉ DÓNDE LO APRENDÍ.

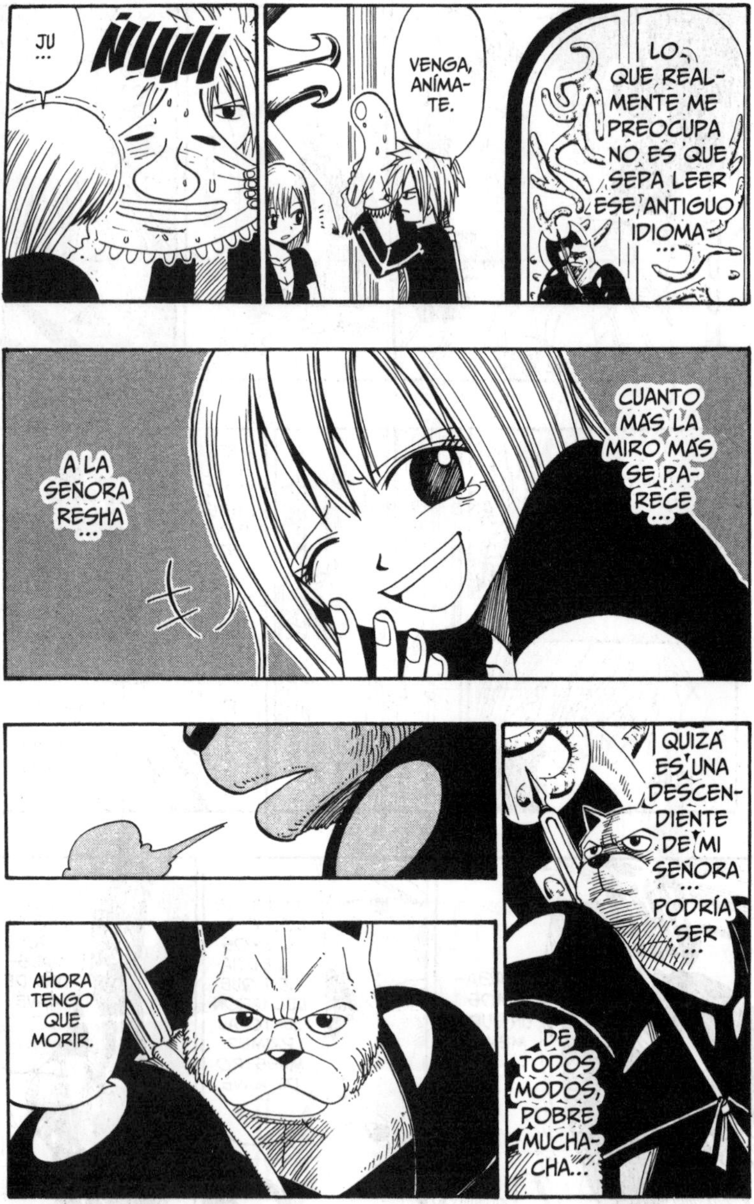
LO QUE REALMENTE ME PREOCUPA NO ES QUE SEPA LEER ESE ANTIGUO IDIOMA...
VENGA, ANÍMATE.
ÑUUU
JU...
CUANTO MÁS LA MIRO MÁS SE PARECE...
A LA SEÑORA RESHA...
QUIZÁ ES UNA DESCENDIENTE DE MI SEÑORA... PODRÍA SER...
DE TODOS MODOS, POBRE MUCHACHA...
AHORA TENGO QUE MORIR.

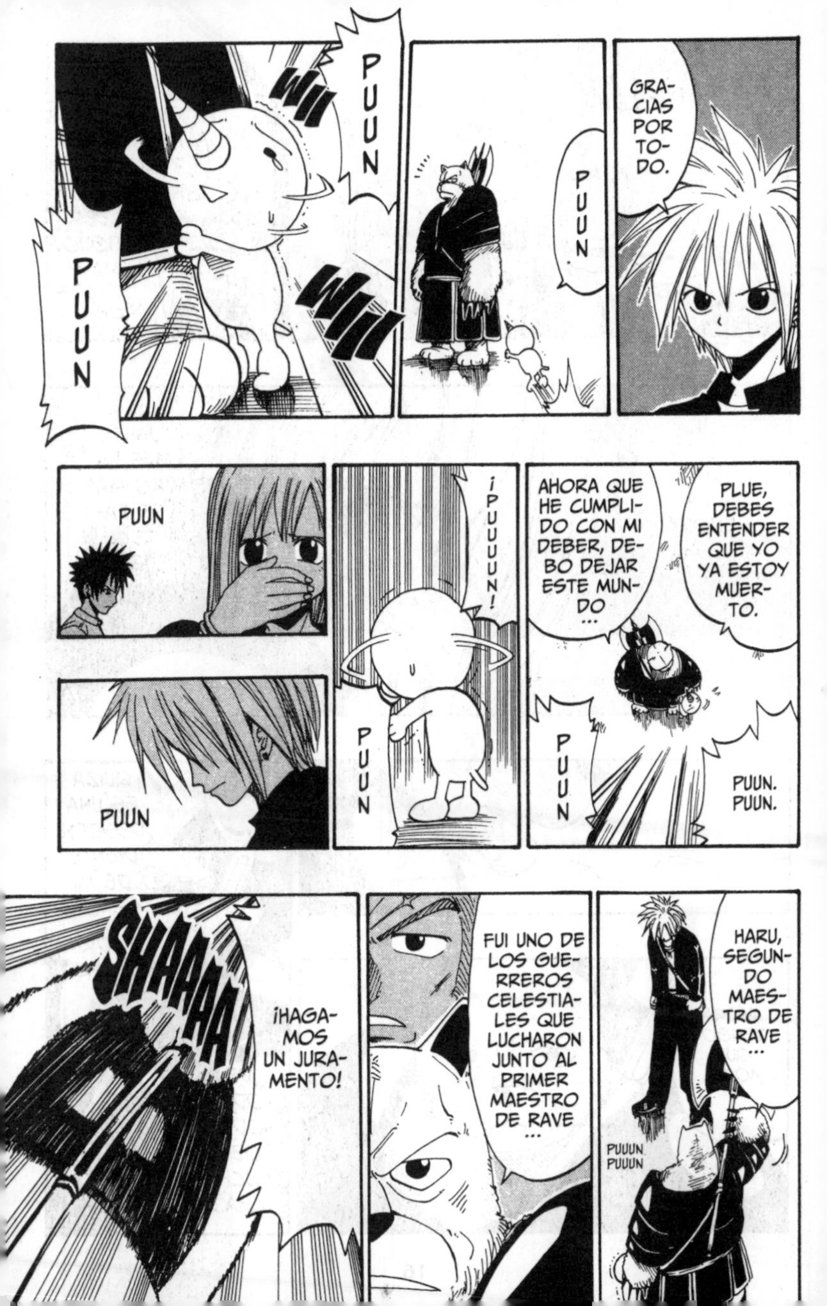
GRACIAS POR TODO.
PUUN
PUUN
WII
WIII
PUUN
PLUE, DEBES ENTENDER QUE YO YA ESTOY MUERTO.
AHORA QUE HE CUMPLIDO CON MI DEBER, DEBO DEJAR ESTE MUNDO...
PUUN. PUUN.
PUUN
¡PUUUUUN!
PUUN
PUUN
PUUN
HARU, SEGUNDO MAESTRO DE RAVE...
PUUUN PUUUN
FUI UNO DE LOS GUERREROS CELESTIALES QUE LUCHARON JUNTO AL PRIMER MAESTRO DE RAVE...
¡HAGAMOS UN JURAMENTO!
SHAAAA

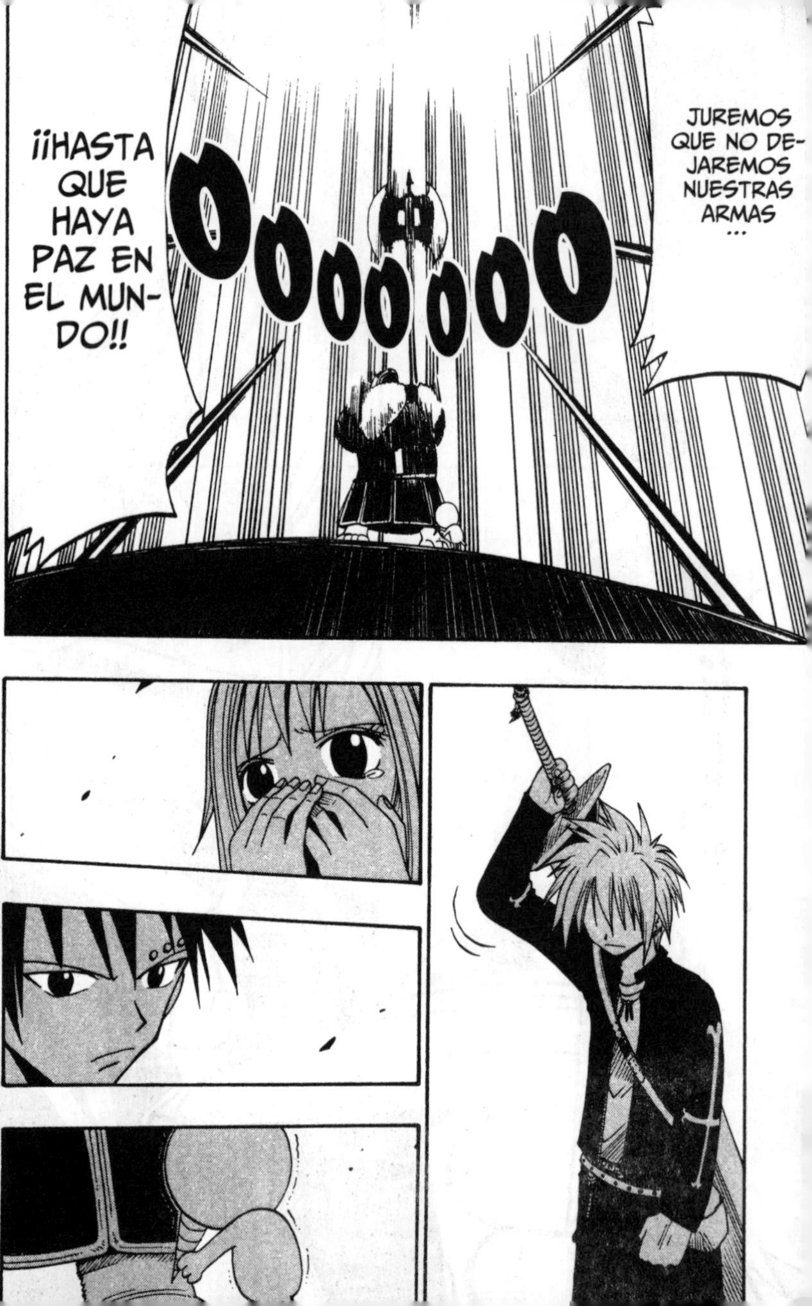
JUREMOS QUE NO DEJAREMOS NUESTRAS ARMAS ...
OOOOOOOO
¡¡HASTA QUE HAYA PAZ EN EL MUNDO!!

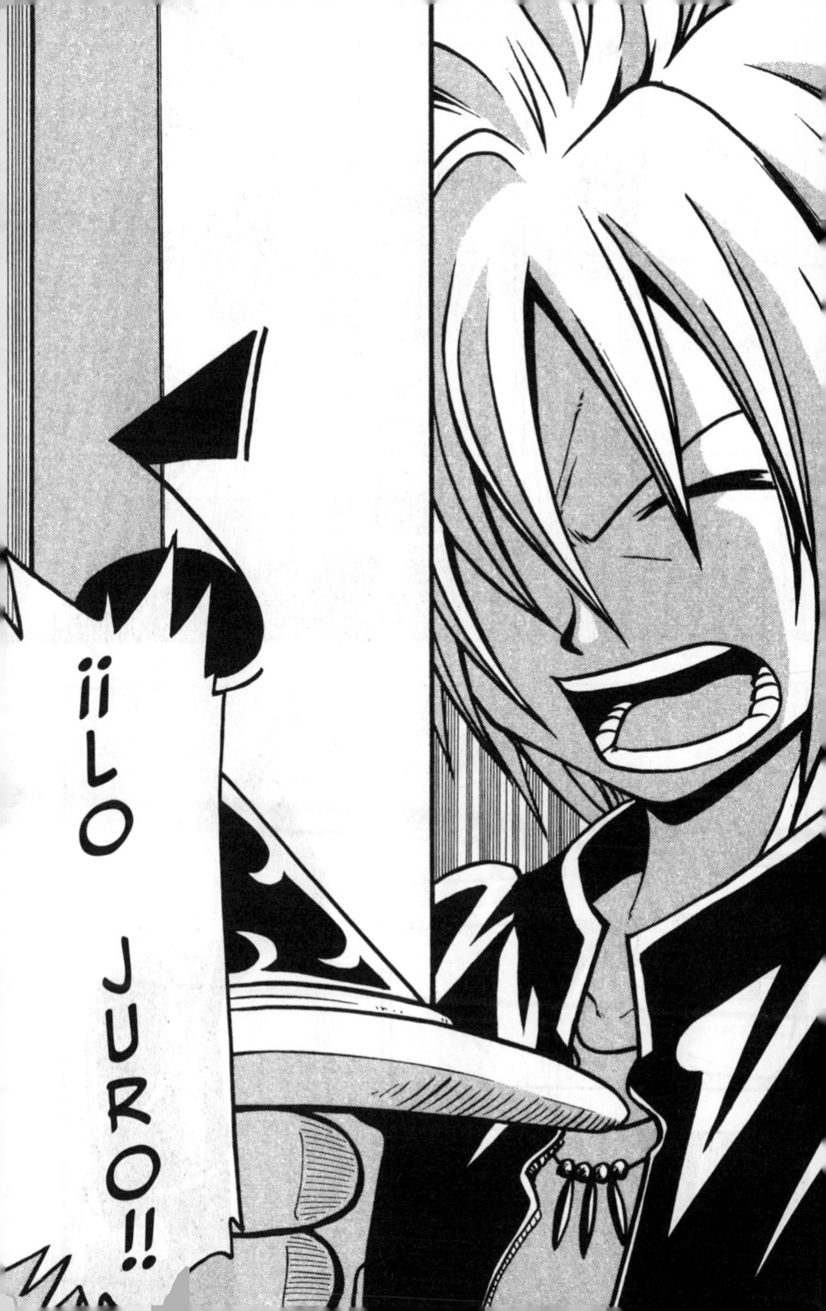
¡¡LO JURO!!

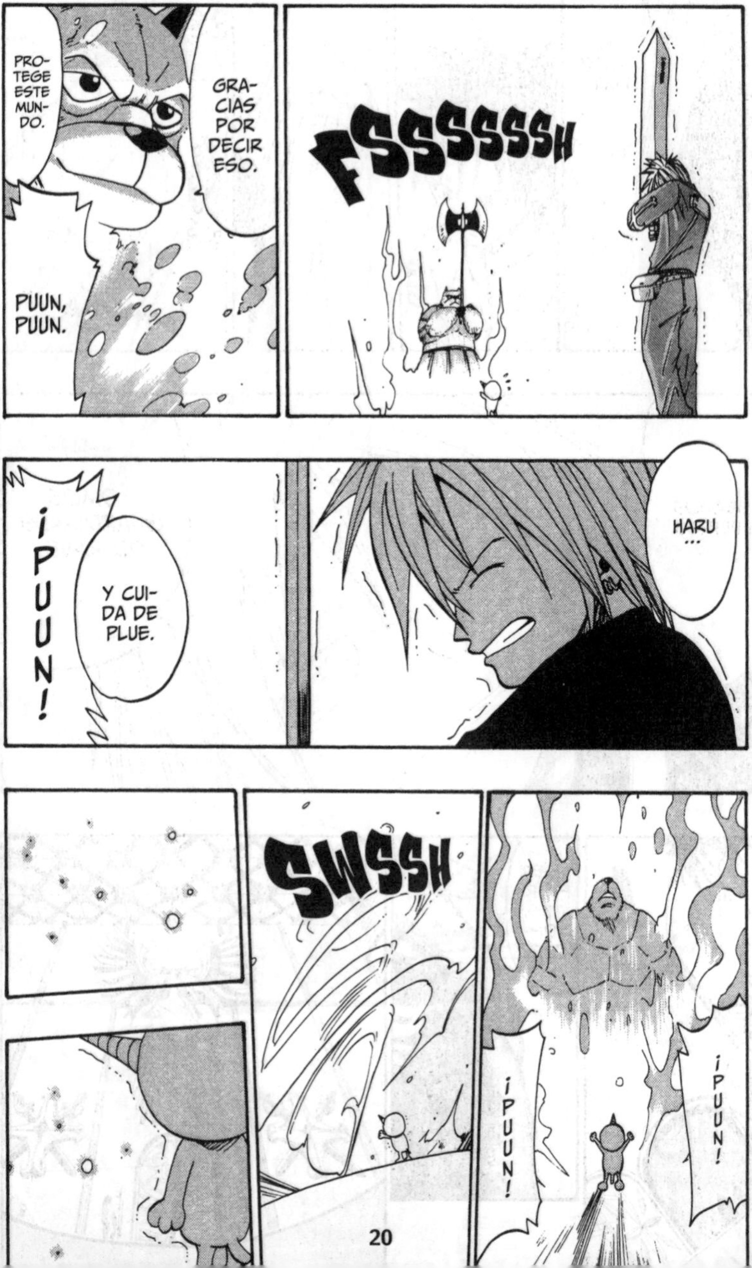
FSSSSSSH
GRA-CIAS POR DECIR ESO.
PRO-TEGE ESTE MUN-DO.
PUUN, PUUN.
HARU ...
Y CUI-DA DE PLUE.
¡PUUUN!
¡PUUN!
¡PUUUN!
SWSSH

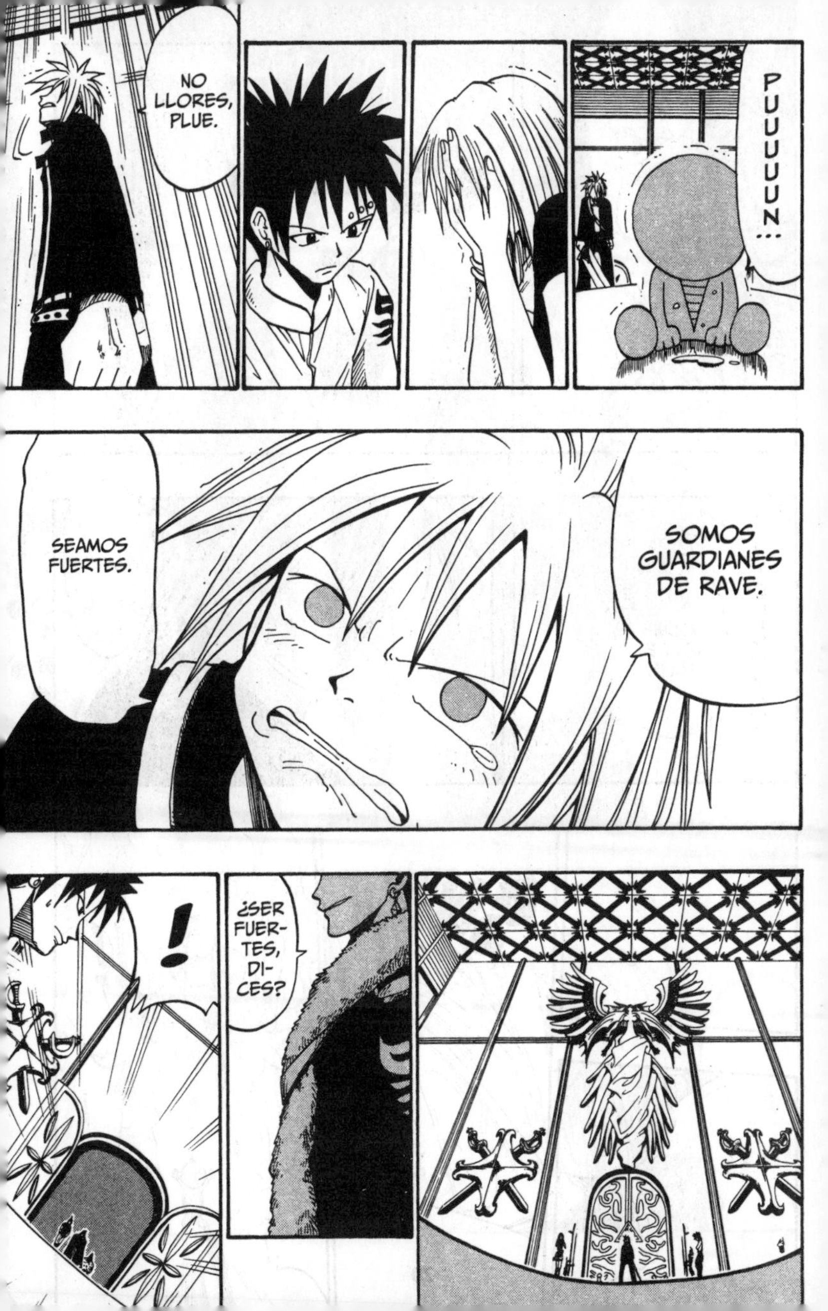
PUUUUUN...
NO LLORES, PLUE.
SOMOS GUARDIANES DE RAVE.
SEAMOS FUERTES.
¿SER FUERTES, DICES?
!

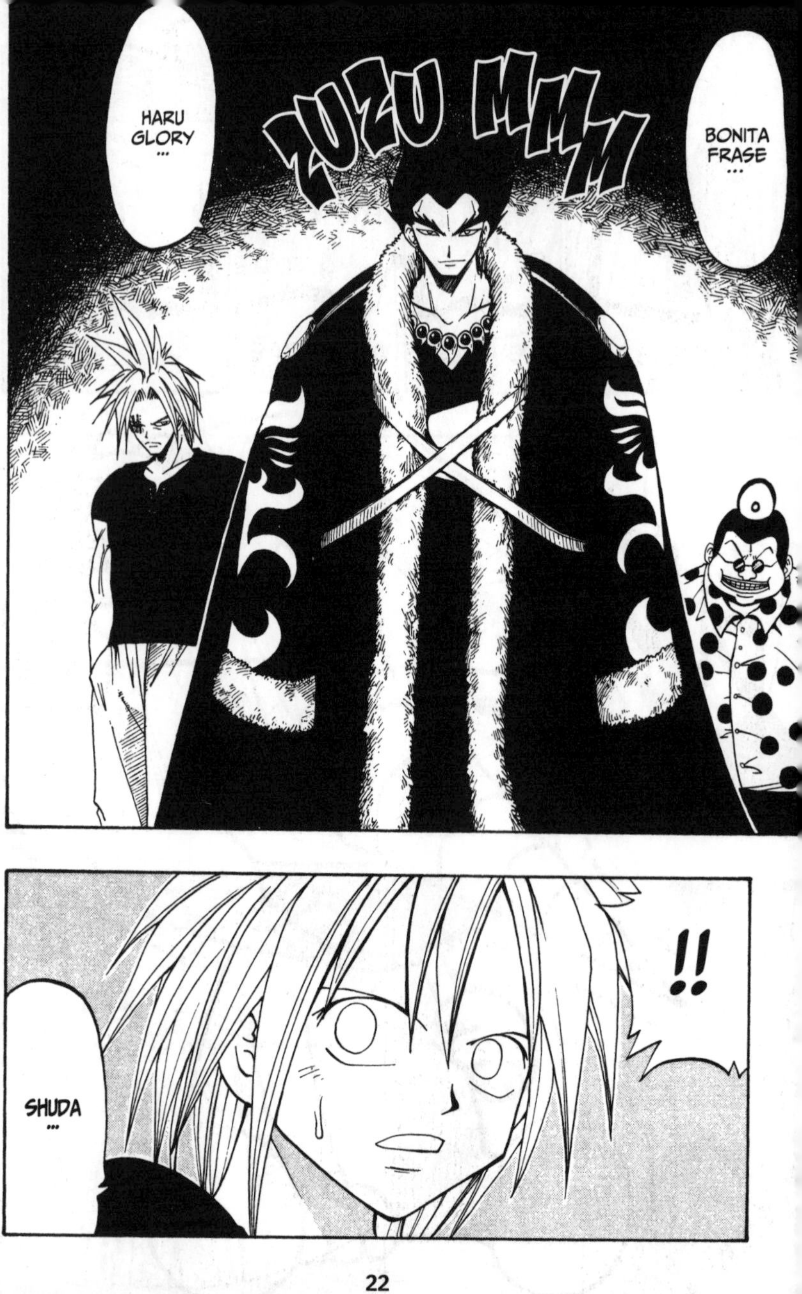
BONITA FRASE ...
ZUZU MMM
HARU GLORY ...
!!
SHUDA ...

RAVE

RAVE 32 ✚ LAS SUCIAS ATADURAS

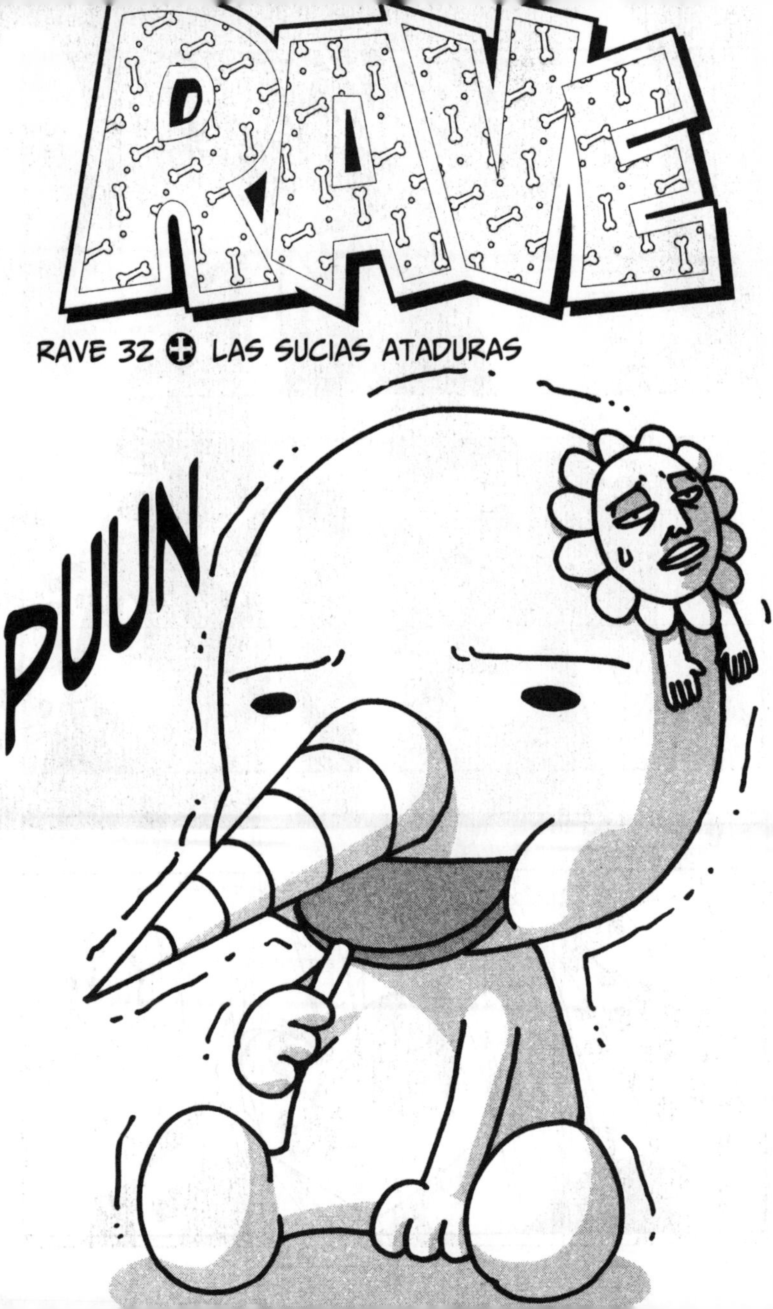
PUUN

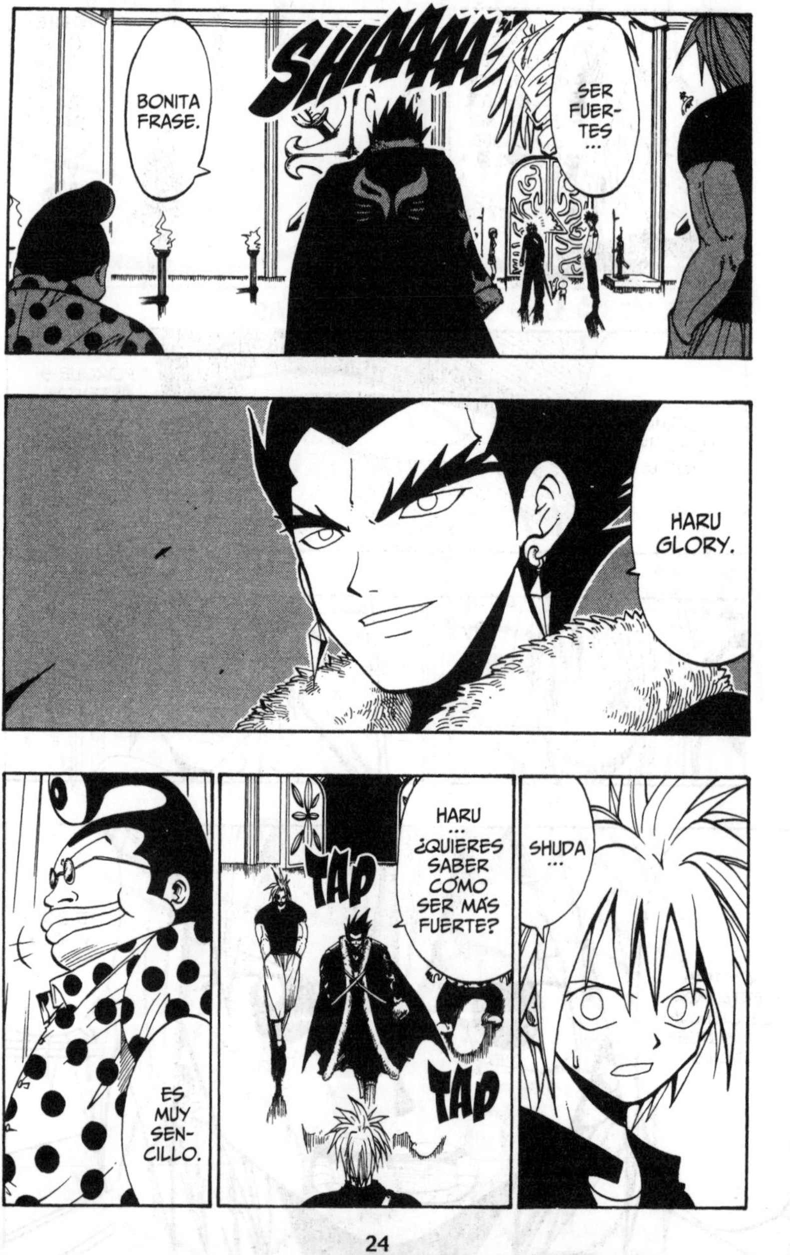
SER FUER-TES...
SHAAAA
BONITA FRASE.
HARU GLORY.
SHUDA...
HARU... ¿QUIERES SABER CÓMO SER MÁS FUERTE?
TAP
TAP
ES MUY SEN-CILLO.

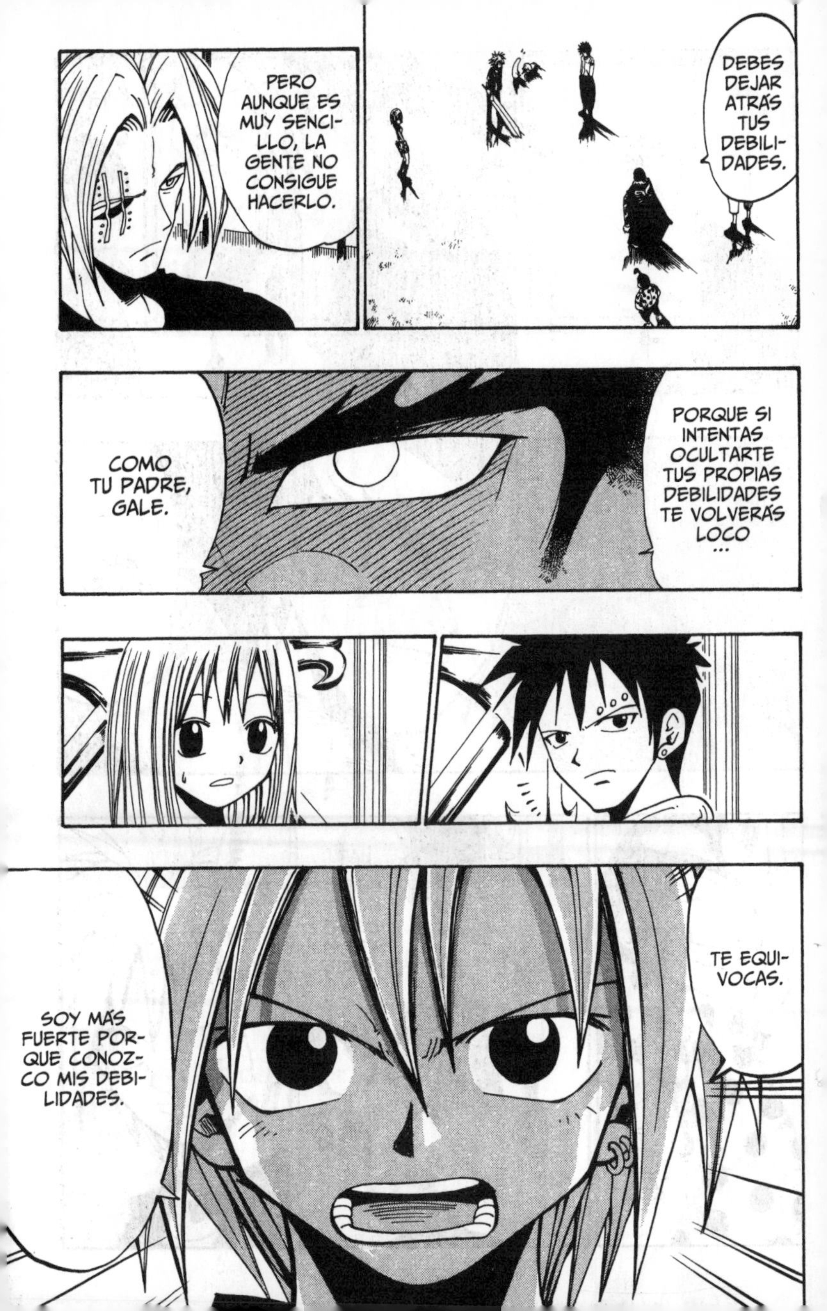
DEBES DEJAR ATRÁS TUS DEBILIDADES.
PERO AUNQUE ES MUY SENCILLO, LA GENTE NO CONSIGUE HACERLO.
PORQUE SI INTENTAS OCULTARTE TUS PROPIAS DEBILIDADES TE VOLVERÁS LOCO ...
COMO TU PADRE, GALE.
TE EQUIVOCAS.
SOY MÁS FUERTE PORQUE CONOZCO MIS DEBILIDADES.

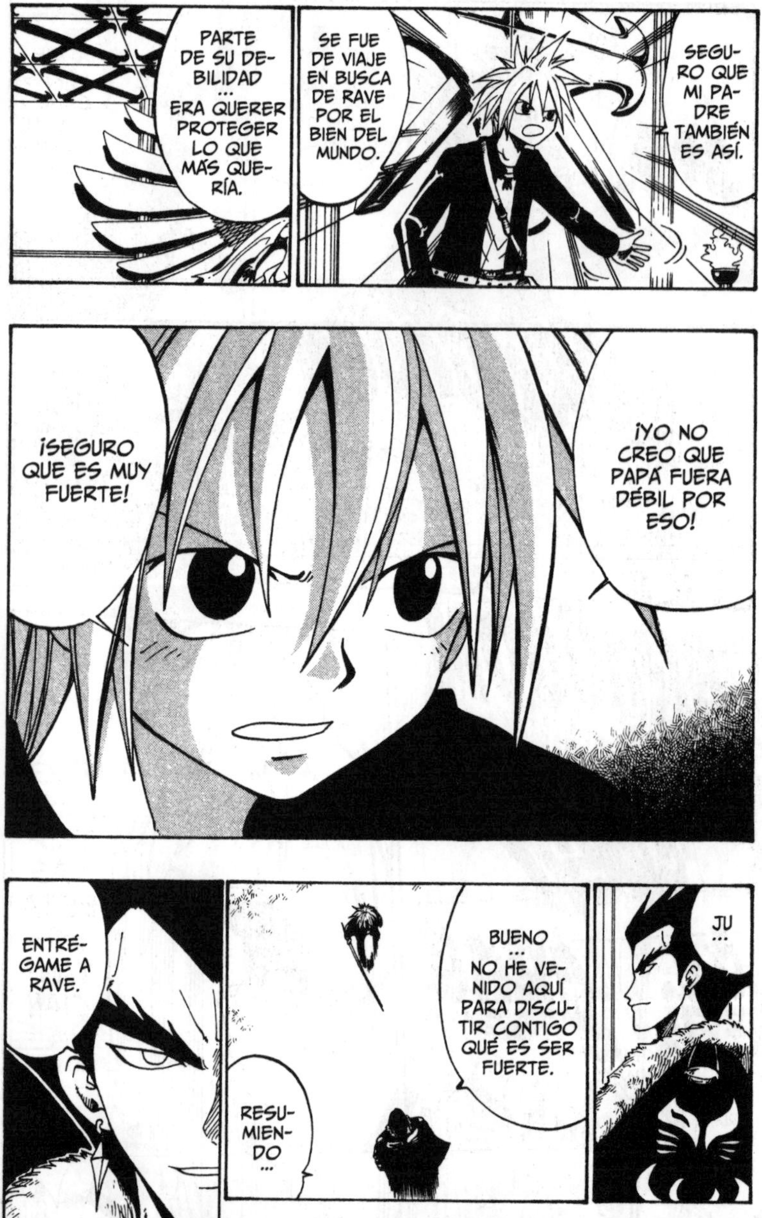
SEGURO QUE MI PADRE TAMBIÉN ES ASÍ.
SE FUE DE VIAJE EN BUSCA DE RAVE POR EL BIEN DEL MUNDO.
PARTE DE SU DEBILIDAD ... ERA QUERER PROTEGER LO QUE MÁS QUERÍA.
¡YO NO CREO QUE PAPÁ FUERA DÉBIL POR ESO!
¡SEGURO QUE ES MUY FUERTE!
JU ...
BUENO ... NO HE VENIDO AQUÍ PARA DISCUTIR CONTIGO QUÉ ES SER FUERTE.
RESUMIENDO ...
ENTRÉGAME A RAVE.

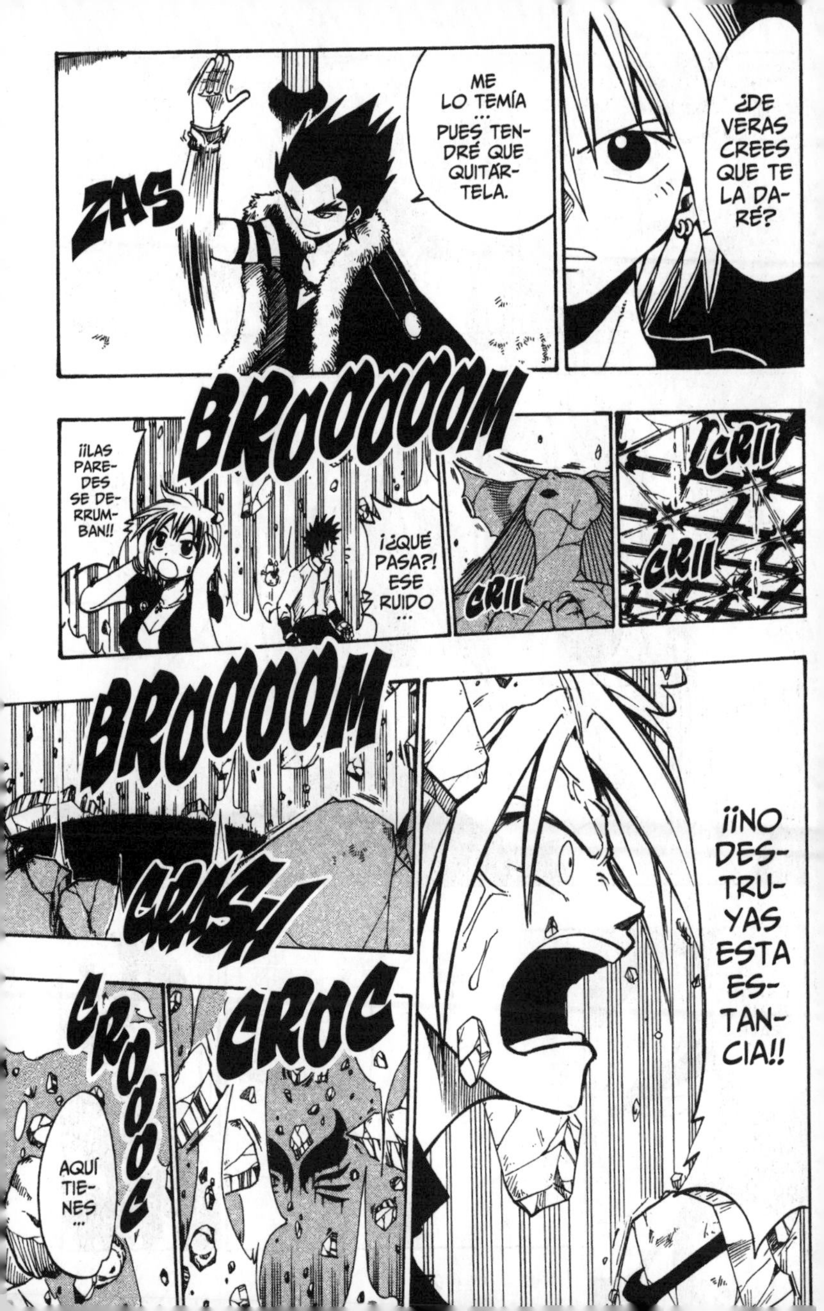
¿DE VERAS CREES QUE TE LA DA-RÉ?
ZAS
ME LO TEMÍA ... PUES TEN-DRÉ QUE QUITÁR-TELA.
BROOOOOOM
¡CRII
CRII
CRII
¡¿QUÉ PASA?! ESE RUIDO ...
¡¡LAS PARE-DES SE DE-RRUM-BAN!!
¡¡NO DES-TRU-YAS ESTA ES-TAN-CIA!!
BROOOOOM
CRASH
CROC
CROOOOC
AQUÍ TIE-NES ...

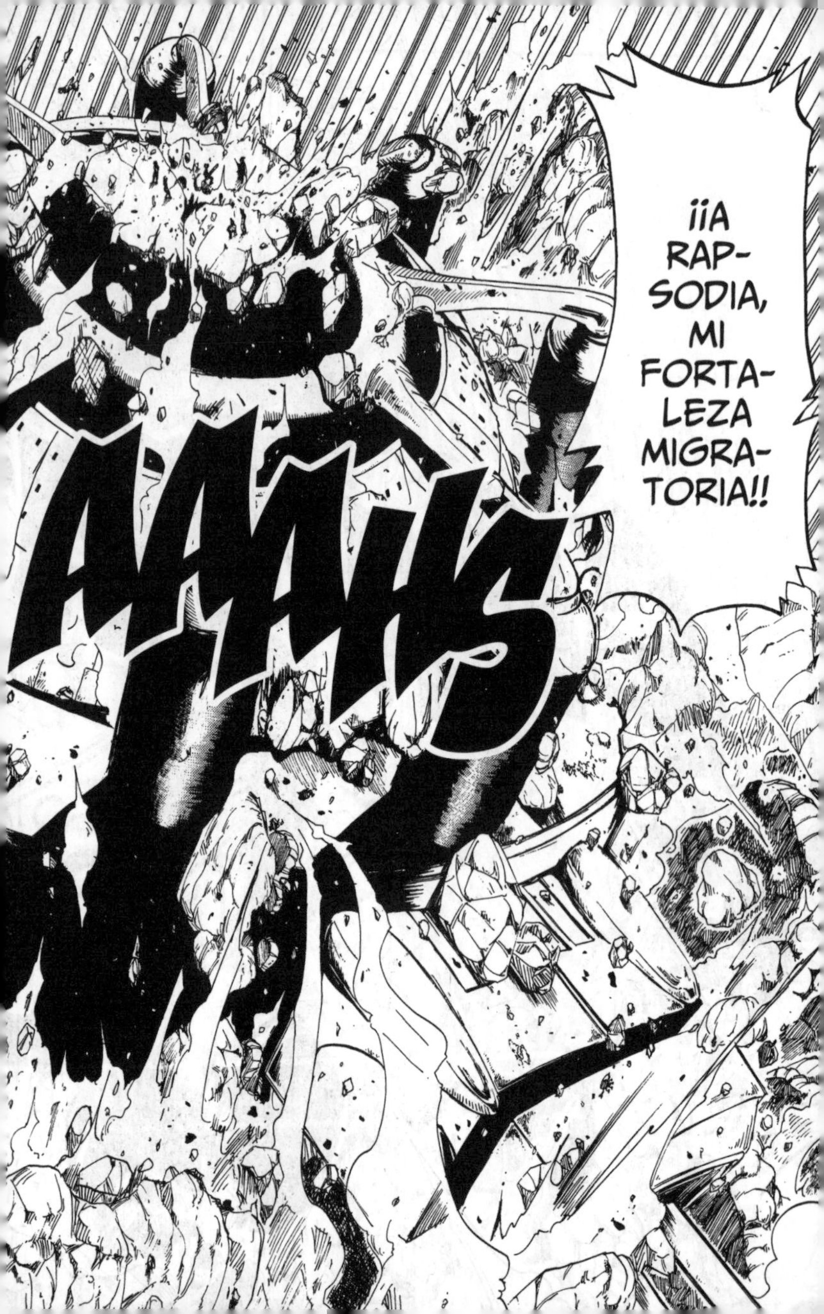
¡¡A RAP-SODIA, MI FORTA-LEZA MIGRA-TORIA!!

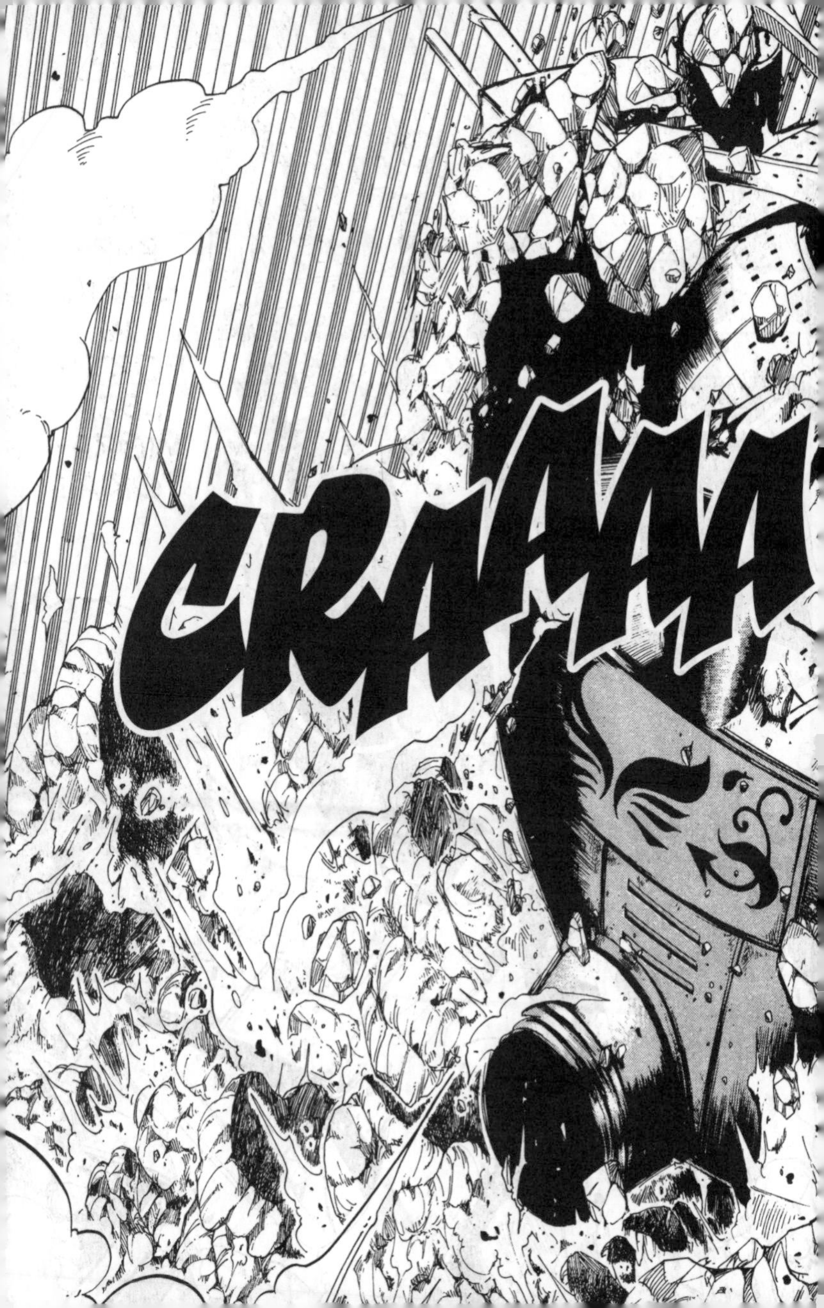
CRAAAA

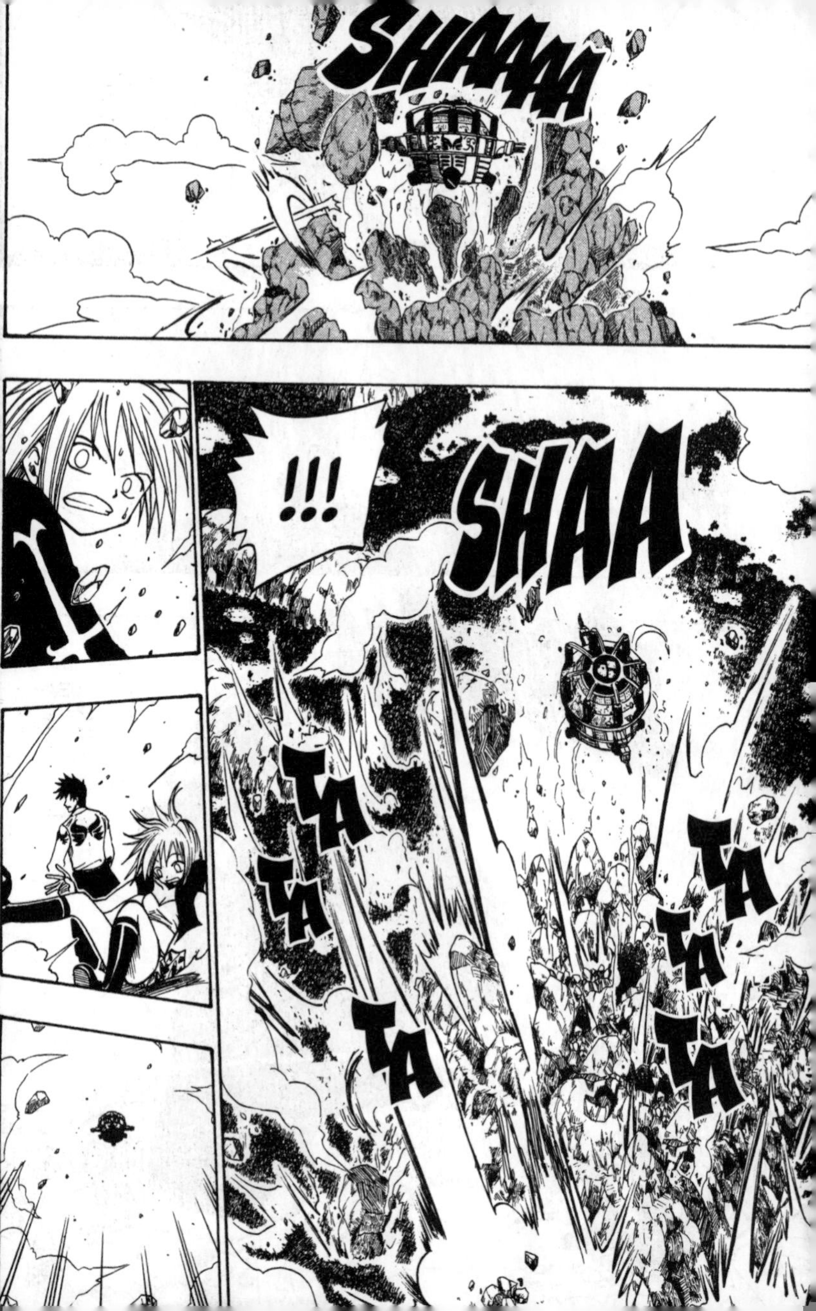
SHAAAAA
SHAA
!!!
TA TA TA TA
TA TA TA TA

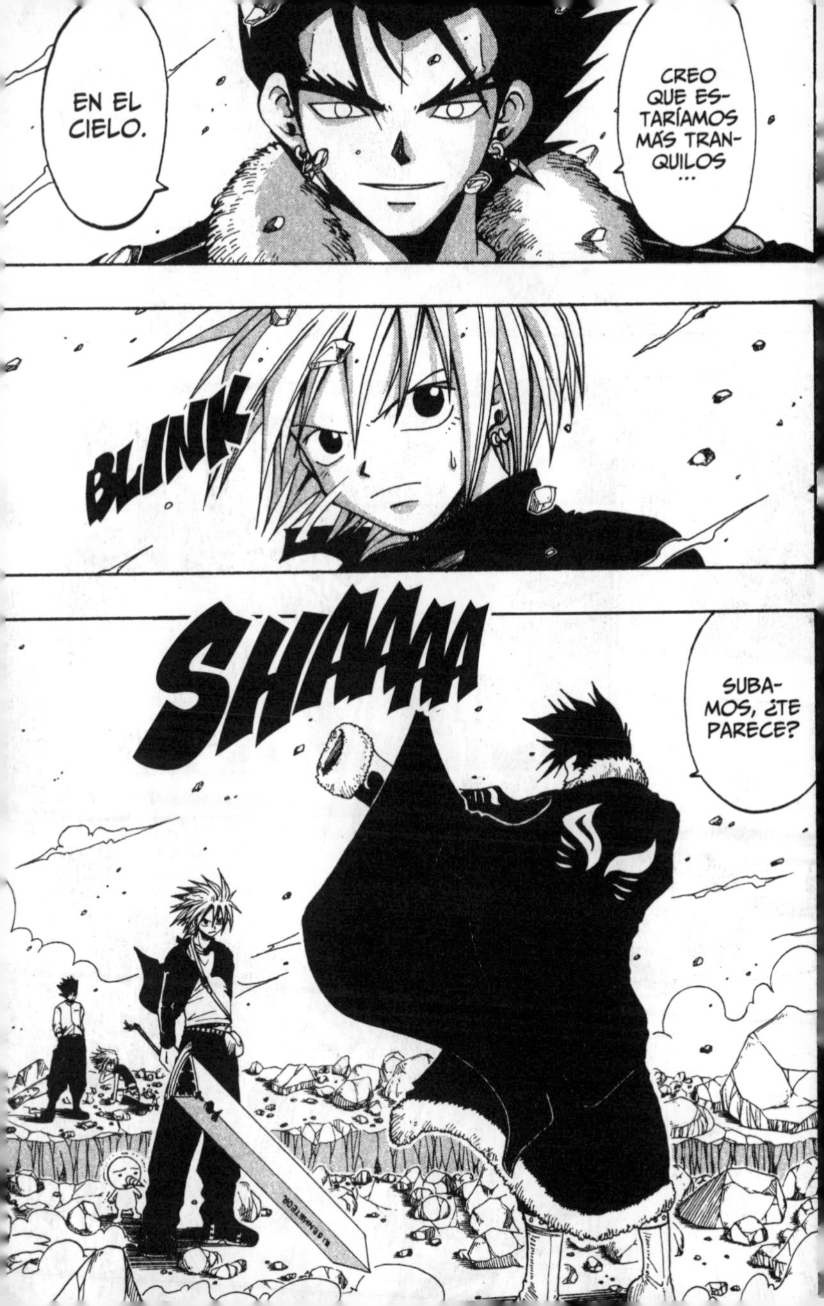

CREO QUE ES-TARÍAMOS MÁS TRAN-QUILOS ...
EN EL CIELO.
BLINK
SHAAAA
SUBA-MOS, ¿TE PARECE?

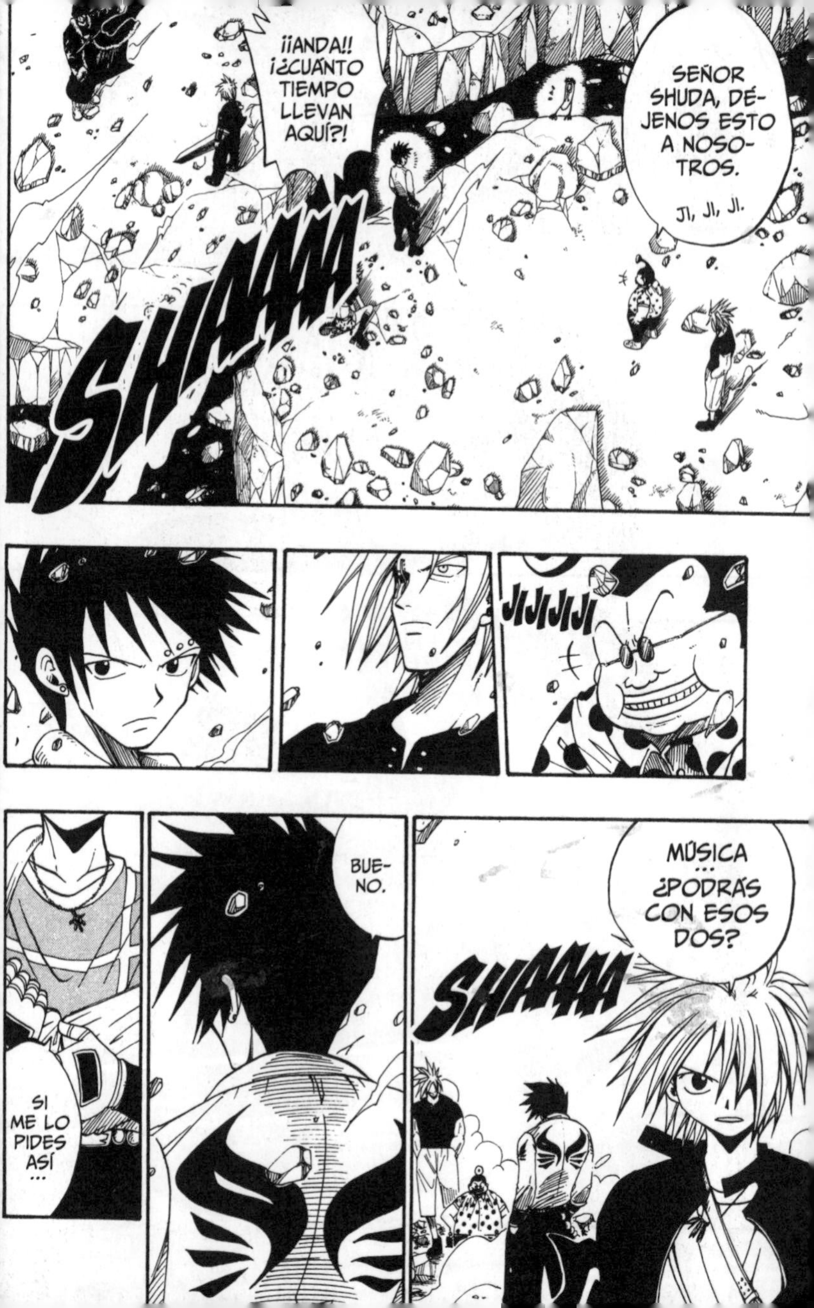
SEÑOR SHUDA, DÉJENOS ESTO A NOSOTROS.
JI, JI, JI.
¡¡ANDA!! ¡¿CUÁNTO TIEMPO LLEVAN AQUÍ?!
SHAAAA
JIJIJIJI
MÚSICA ... ¿PODRÁS CON ESOS DOS?
SHAAAA
BUENO.
SI ME LO PIDES ASÍ ...

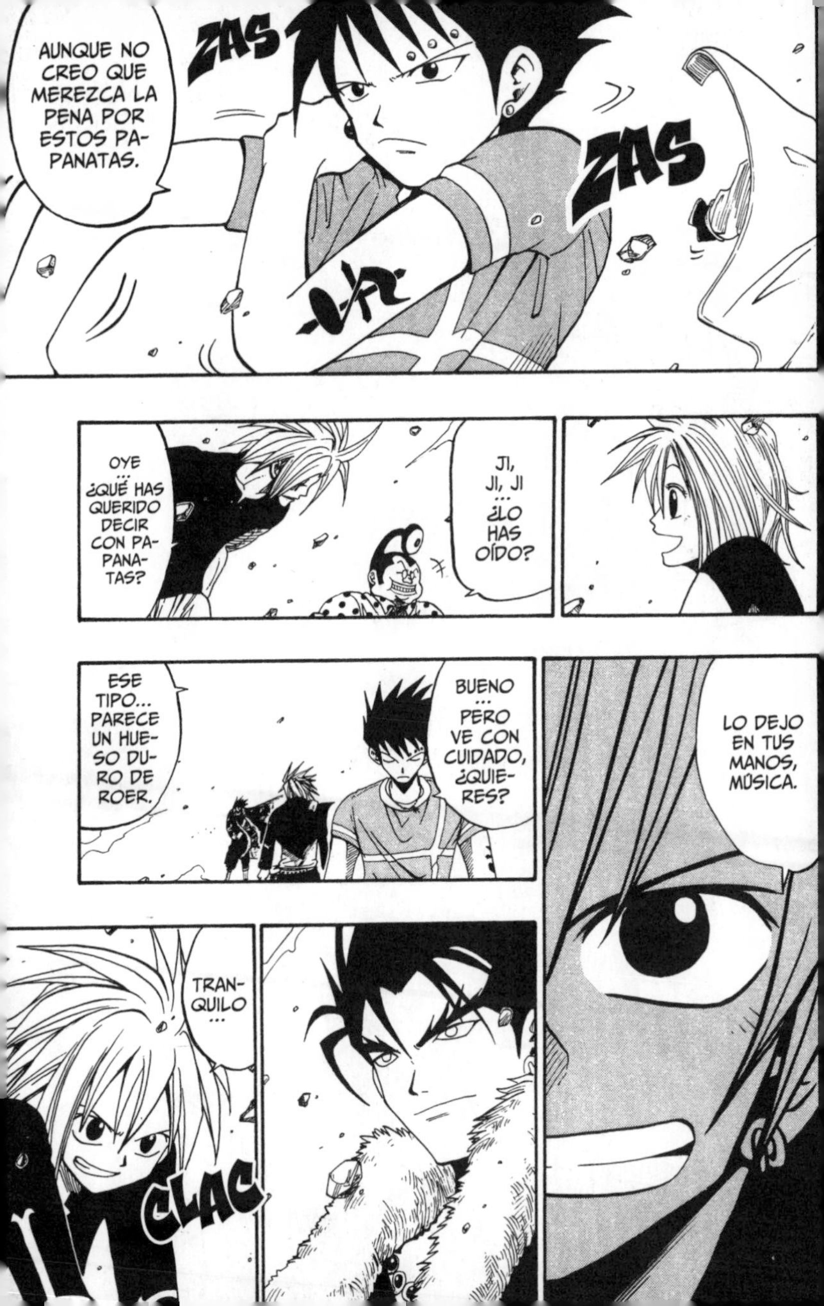
ZAS
ZAS
AUNQUE NO CREO QUE MEREZCA LA PENA POR ESTOS PAPANATAS.
JI, JI, JI... ¿LO HAS OÍDO?
OYE... ¿QUÉ HAS QUERIDO DECIR CON PAPANATAS?
LO DEJO EN TUS MANOS, MÚSICA.
BUENO... PERO VE CON CUIDADO, ¿QUIERES?
ESE TIPO... PARECE UN HUESO DURO DE ROER.
TRANQUILO...
CLAC

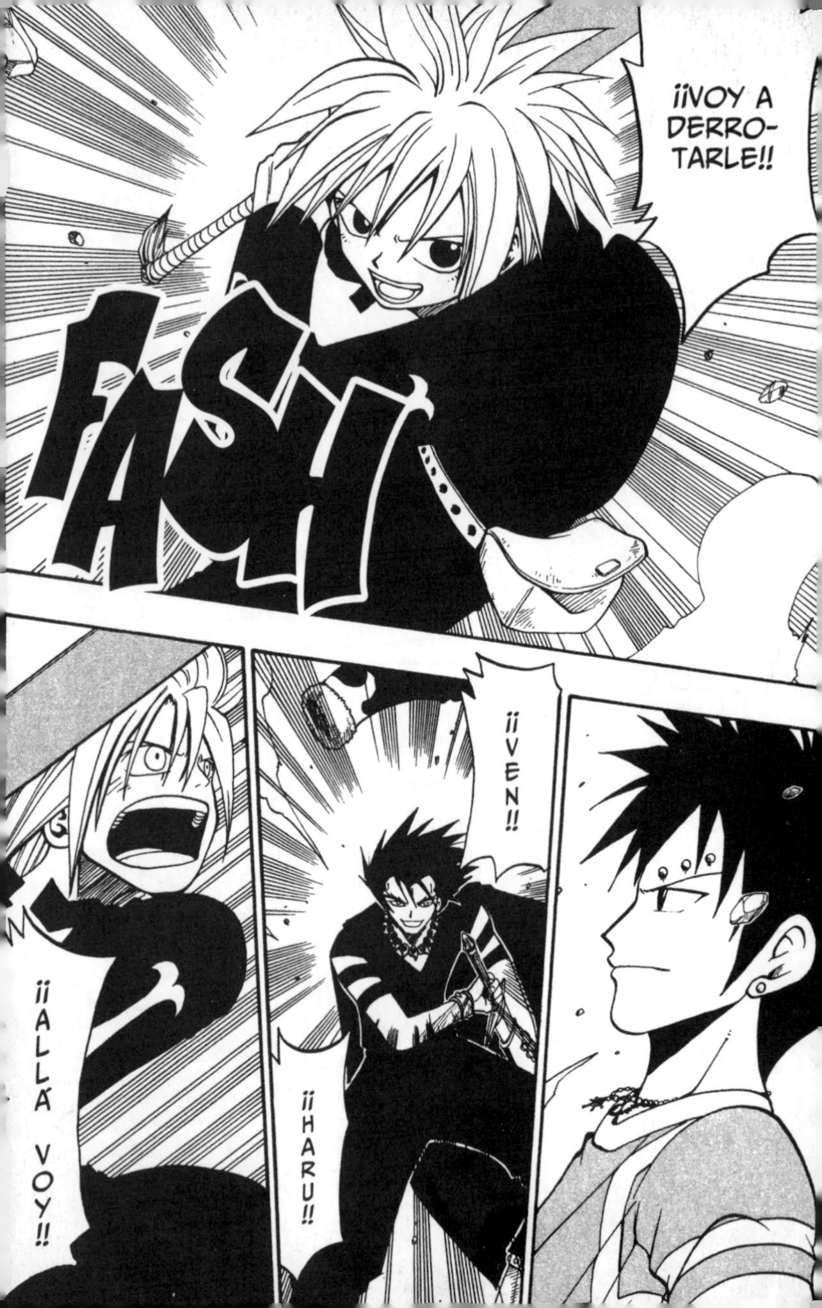

¡¡VOY A DERRO-TARLE!!
FASH
¡¡VEN!!
¡¡HARU!!
¡¡ALLÁ VOY!!

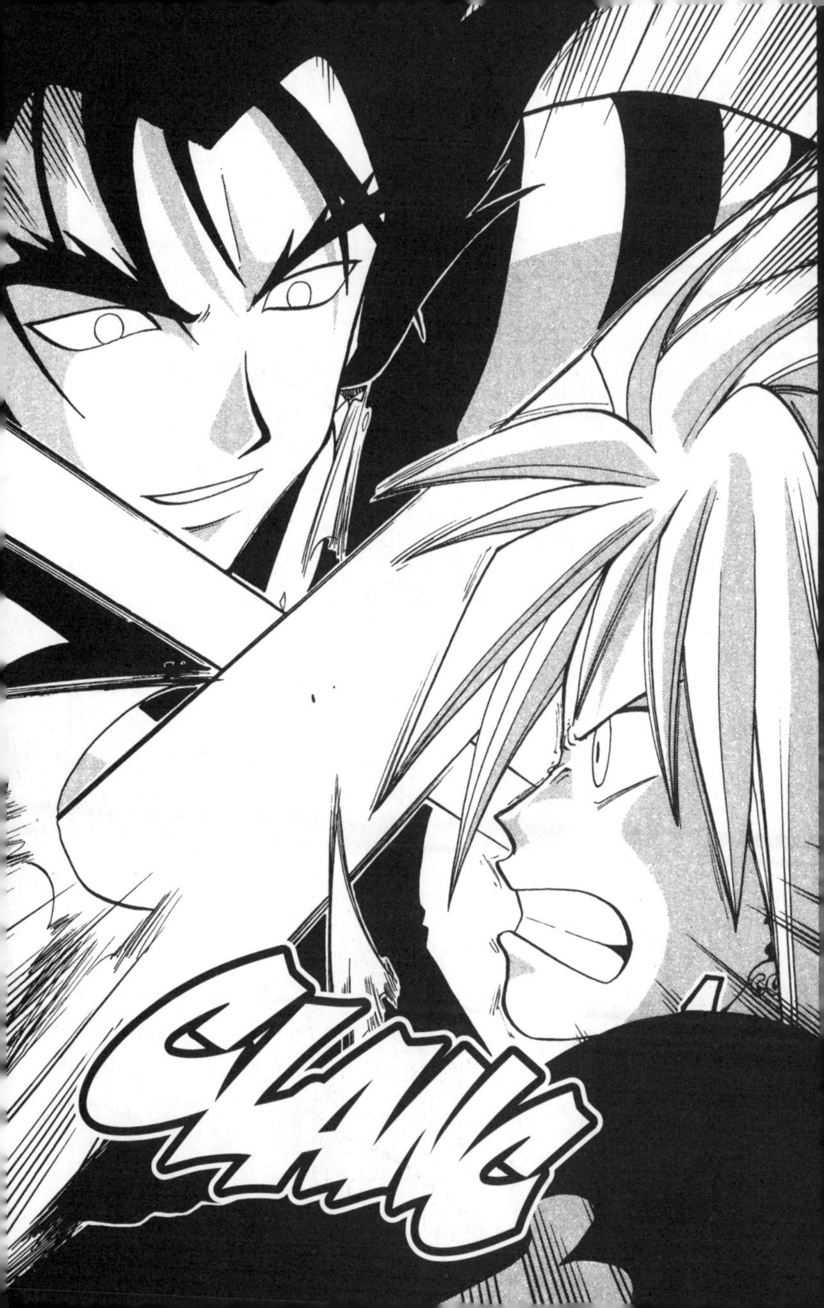
CHANG

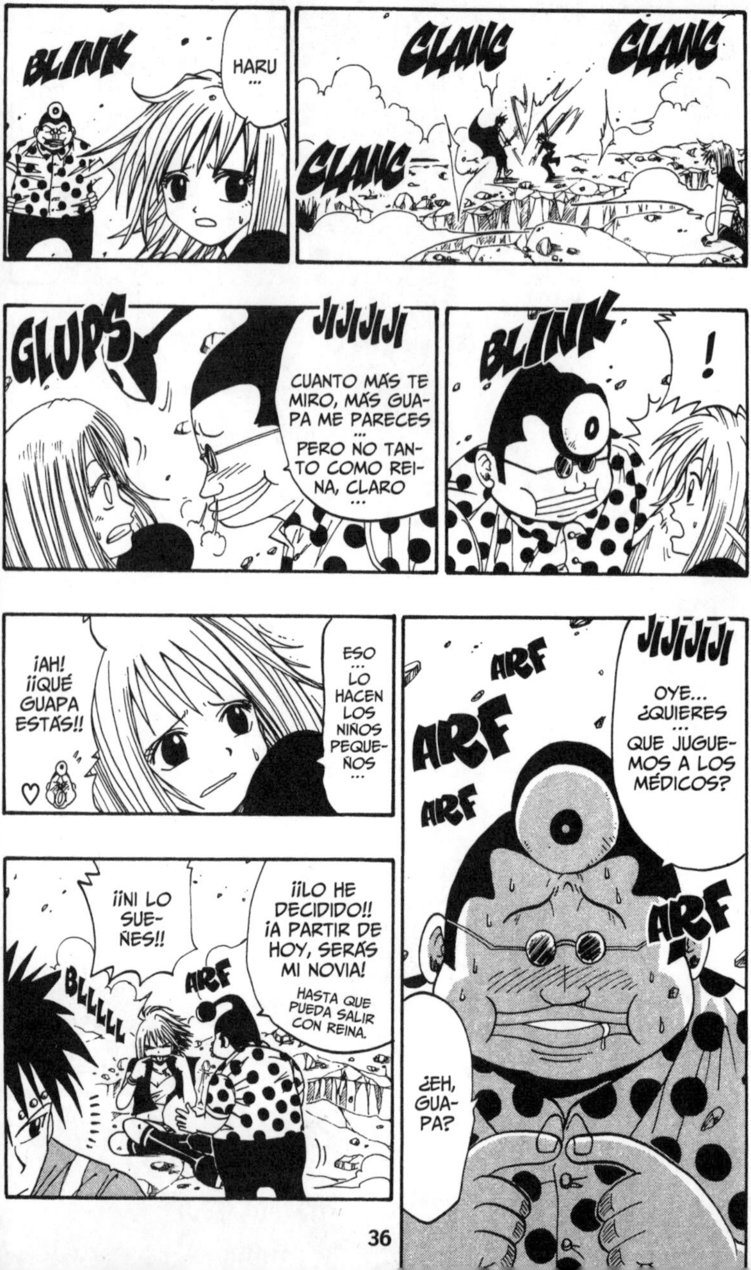
HARU ...
BLINK
CLANG
CLANG
CLANG
JIJIJIJI
CUANTO MÁS TE MIRO, MÁS GUAPA ME PARECES ... PERO NO TANTO COMO REINA, CLARO ...
GLUPS
!
BLINK
JIJIJIJI
OYE... ¿QUIERES ... QUE JUGUEMOS A LOS MÉDICOS?
ARF
ARF
ARF
ESO ... LO HACEN LOS NIÑOS PEQUEÑOS ...
¡AH! ¡¡QUÉ GUAPA ESTÁS!!
ARF
¿EH, GUAPA?
¡¡LO HE DECIDIDO!! ¡A PARTIR DE HOY, SERÁS MI NOVIA!
HASTA QUE PUEDA SALIR CON REINA.
¡¡NI LO SUEÑES!!
ARF
BLLLLL

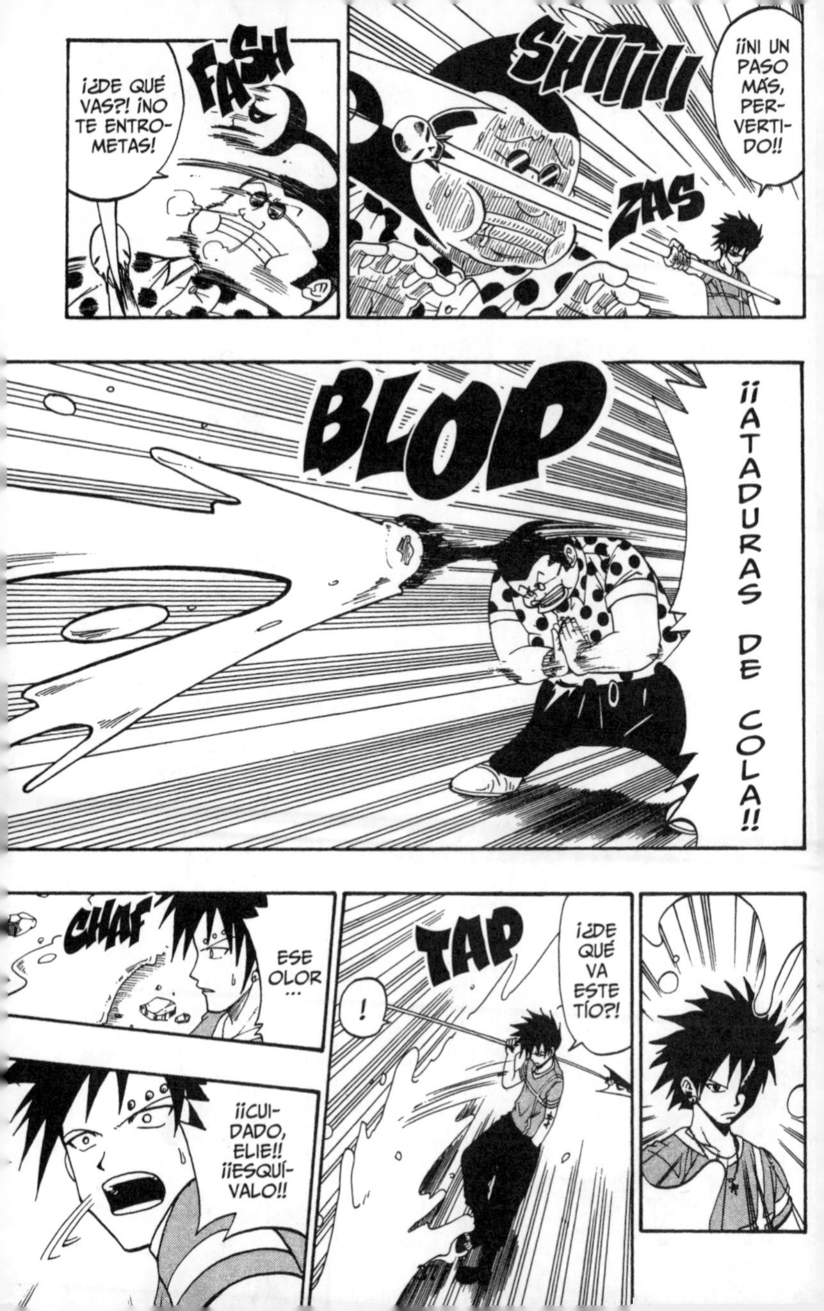
¡¡NI UN PASO MÁS, PERVERTIDO!!
SHUUUU
ZAS
FASH
¡¿DE QUÉ VAS?! ¡NO TE ENTROMETAS!
BLOP
¡¡ATADURAS DE COLA!!
TAP
¡¿DE QUÉ VA ESTE TÍO?!
!
CHAF
ESE OLOR...
¡¡CUIDADO, ELIE!! ¡¡ESQUÍVALO!!

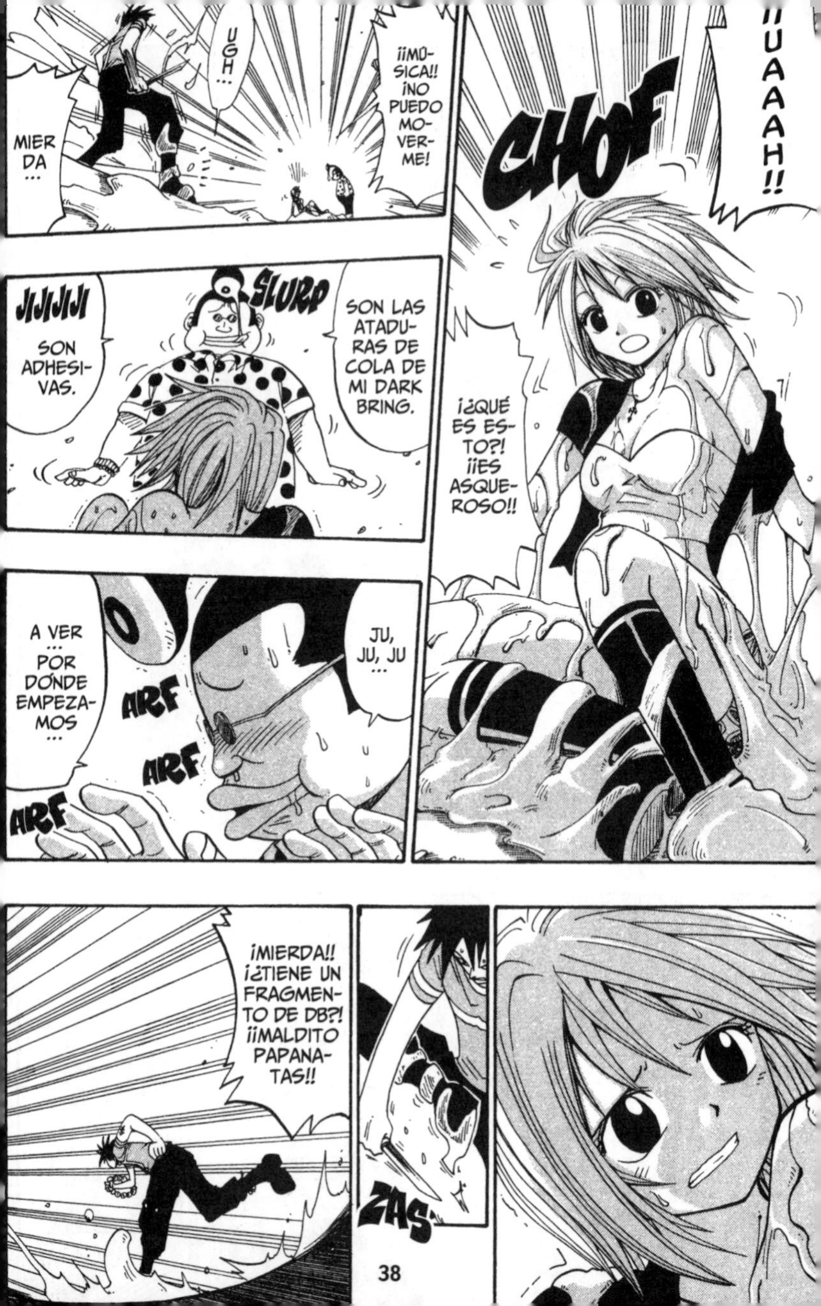
¡¡UAAAAH!!
CHOF
¡¡MÚSICA!! ¡NO PUEDO MOVERME!
UGH...
MIERDA...
¡¿QUÉ ES ESTO?! ¡¡ES ASQUEROSO!!
SON LAS ATADURAS DE COLA DE MI DARK BRING.
SLURP
JIJIJIJI
SON ADHESIVAS.
JU, JU, JU...
ARF
ARF
ARF
A VER... POR DÓNDE EMPEZAMOS...
ZAS
¡MIERDA!! ¡¿TIENE UN FRAGMENTO DE DB?! ¡¡MALDITO PAPANATAS!!

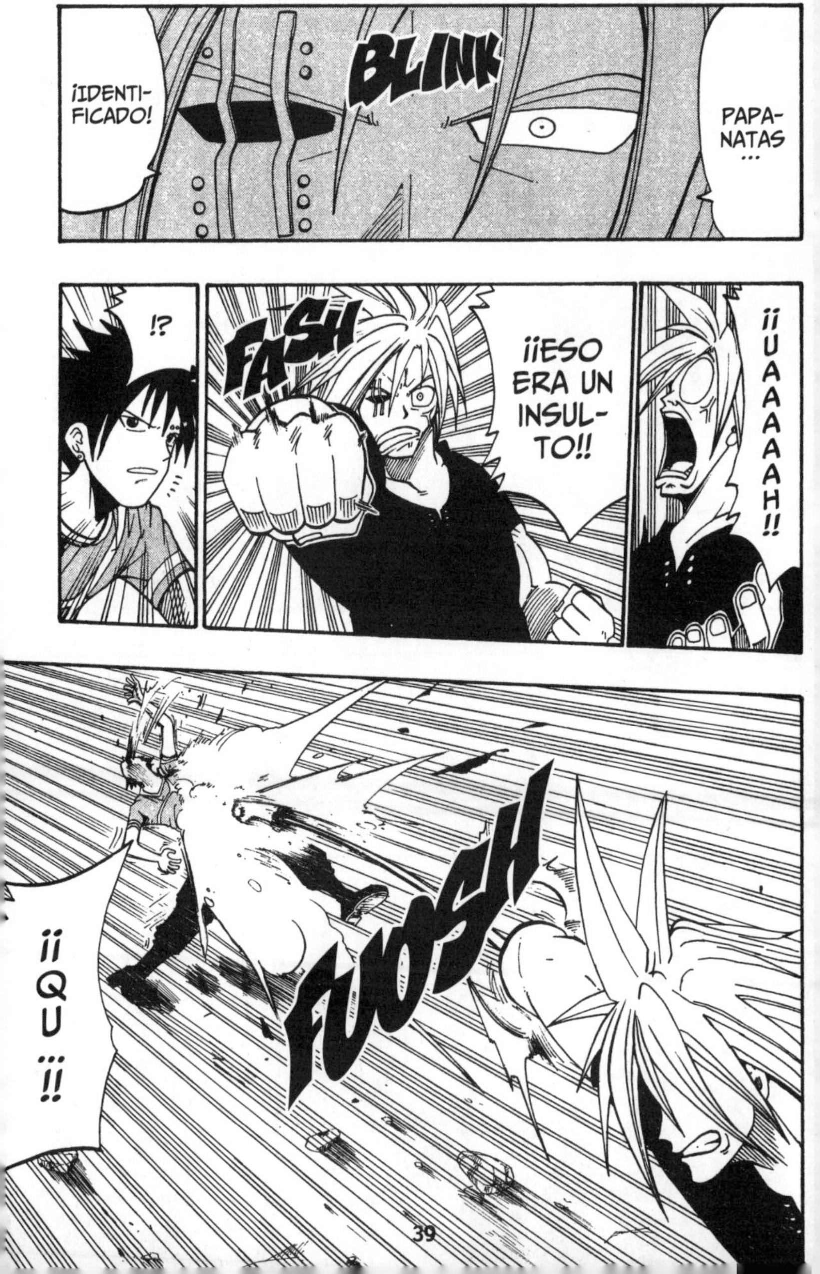
¡IDENTI-
FICADO!
BLINK
PAPA-
NATAS
...
!?
FASH
¡¡ESO
ERA UN
INSUL-
TO!!
¡¡UAAAAAAAH!!
¡¡QU...!!
FUOSH

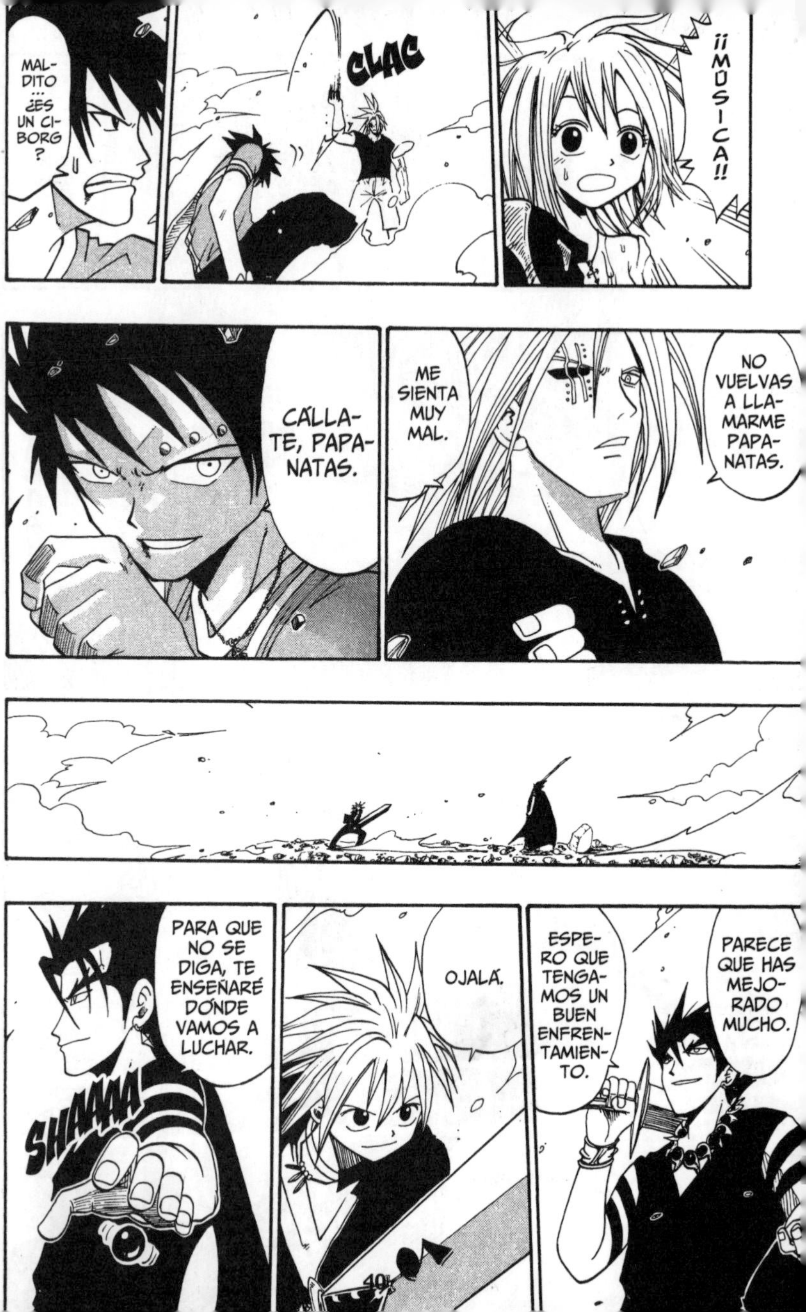
¡¡MÚSICA!!
CLAC
MALDITO... ¿ES UN CIBORG?
NO VUELVAS A LLAMARME PAPANATAS.
ME SIENTA MUY MAL.
CÁLLATE, PAPANATAS.
PARECE QUE HAS MEJORADO MUCHO.
ESPERO QUE TENGAMOS UN BUEN ENFRENTAMIENTO.
OJALÁ.
PARA QUE NO SE DIGA, TE ENSEÑARÉ DÓNDE VAMOS A LUCHAR.
SHAAAA

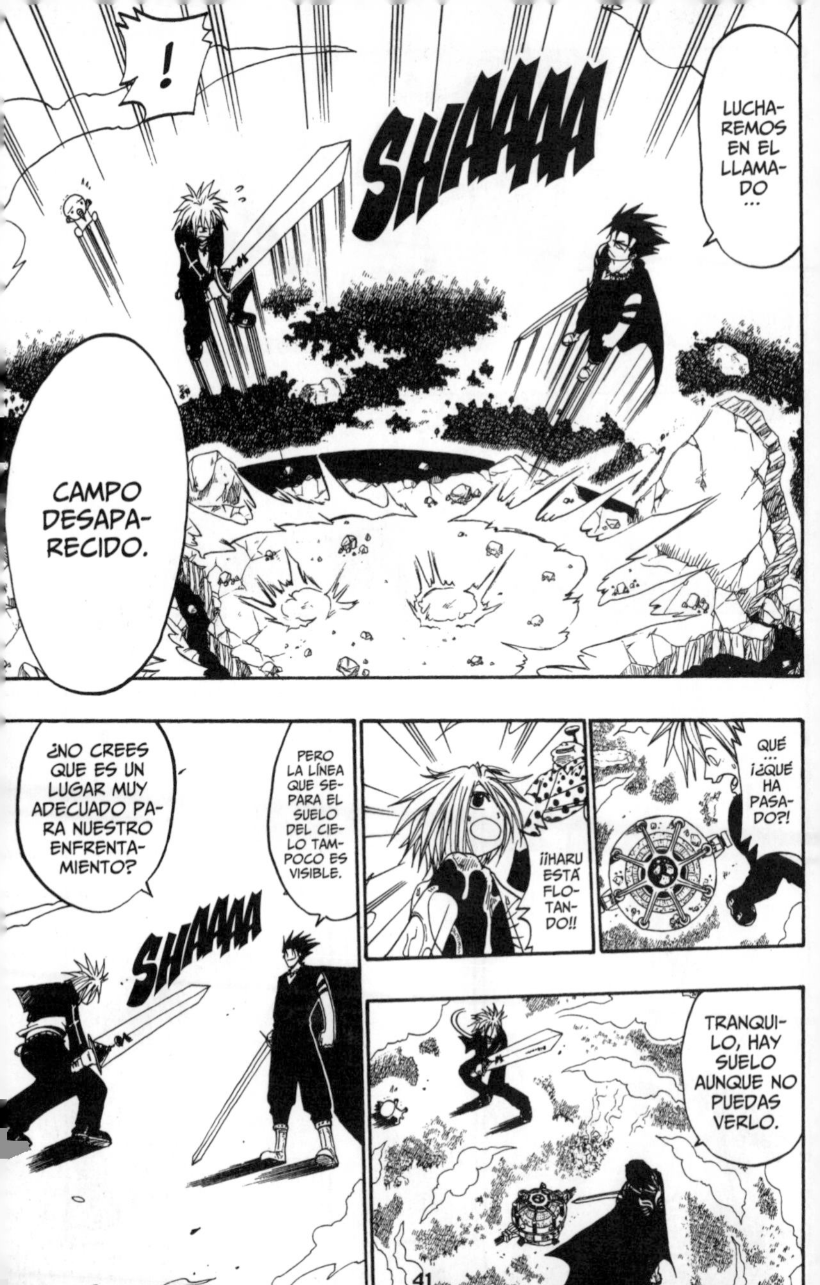
!
SHAAAA
LUCHAREMOS EN EL LLAMADO ...
CAMPO DESAPARECIDO.
QUÉ... ¡¿QUÉ HA PASADO?!
¡¡HARU ESTÁ FLOTANDO!!
TRANQUILO, HAY SUELO AUNQUE NO PUEDAS VERLO.
PERO LA LÍNEA QUE SEPARA EL SUELO DEL CIELO TAMPOCO ES VISIBLE.
¿NO CREES QUE ES UN LUGAR MUY ADECUADO PARA NUESTRO ENFRENTAMIENTO?
SHAAAA

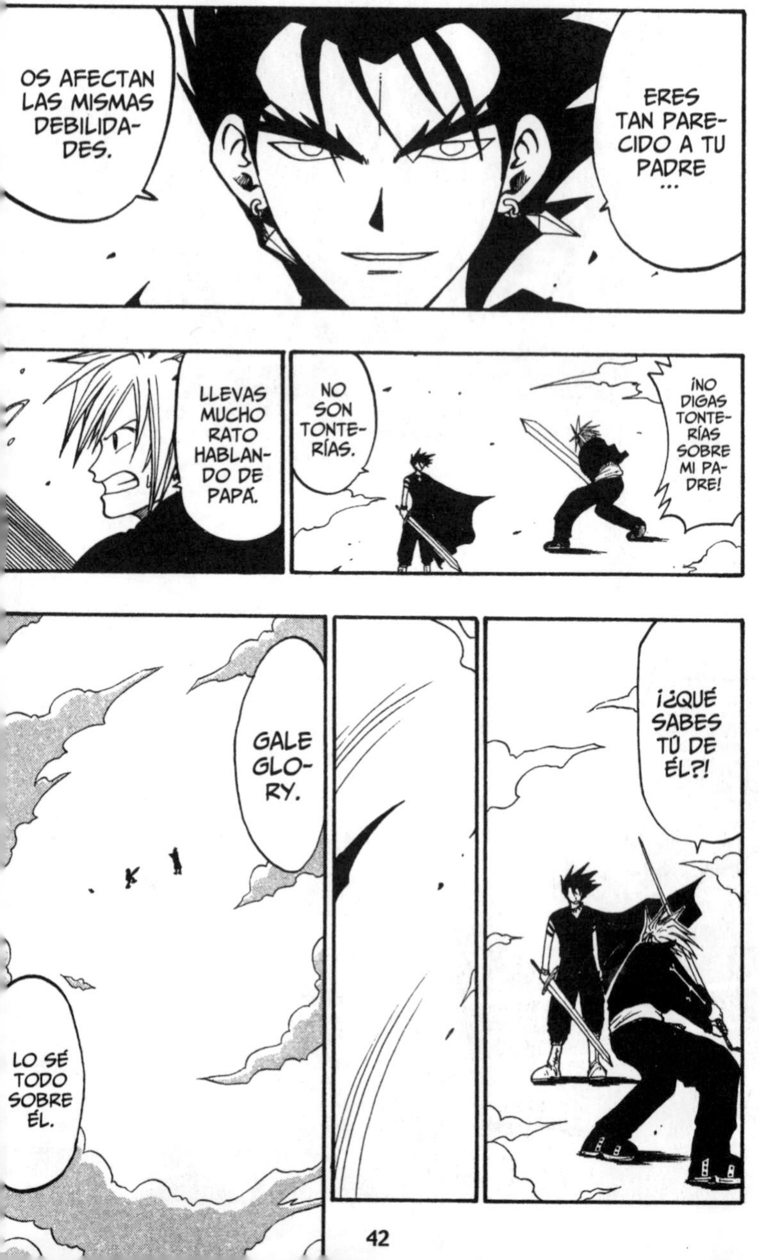
ERES TAN PARECIDO A TU PADRE ...
OS AFECTAN LAS MISMAS DEBILIDADES.
¡NO DIGAS TONTERÍAS SOBRE MI PADRE!
NO SON TONTERÍAS.
LLEVAS MUCHO RATO HABLANDO DE PAPÁ.
¡¿QUÉ SABES TÚ DE ÉL?!
GALE GLORY.
LO SÉ TODO SOBRE ÉL.

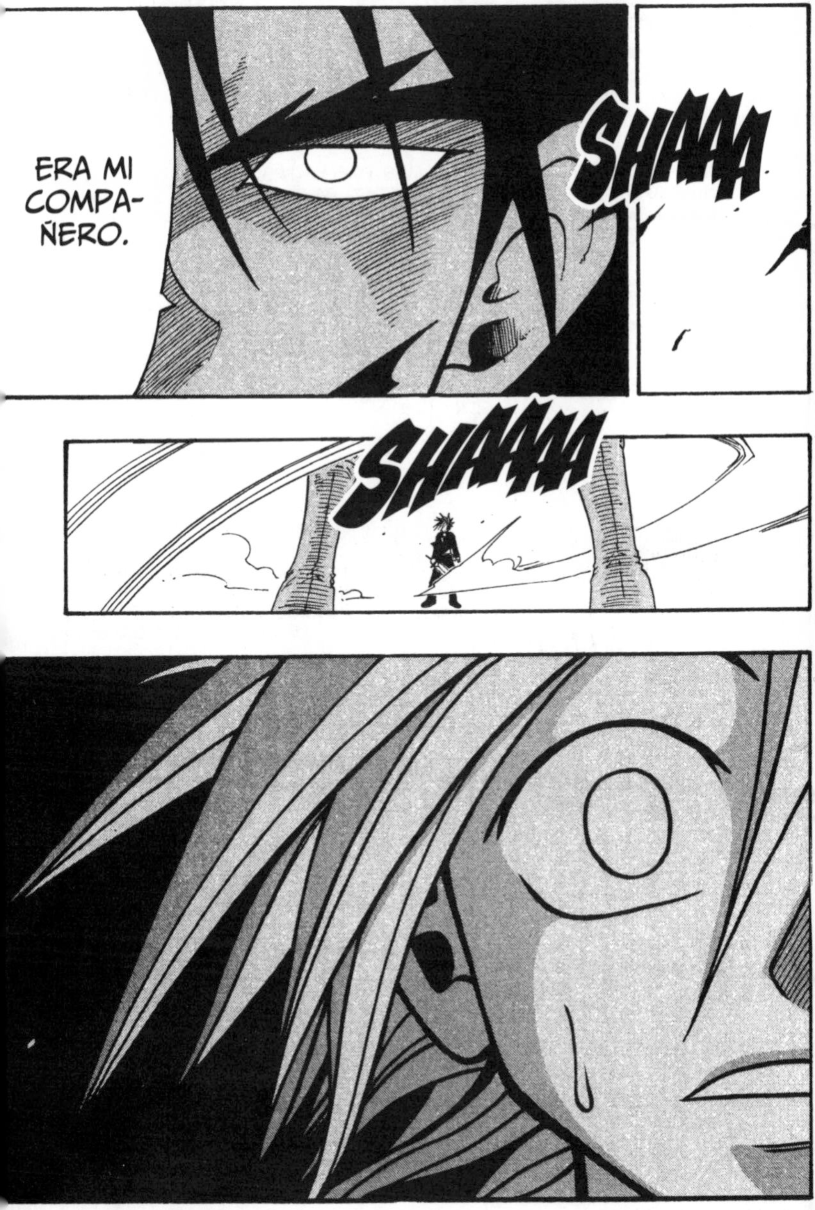
SHIAAA
ERA MI COMPAÑERO.
SHIAAAA

¡¡RESPONDO A VUESTRAS PREGUNTAS!!

¡HOLA! CADA VEZ TENGO MÁS Y MÁS PREGUNTAS SOBRE LA SERIE. ¡TENGO TANTAS DUDAS QUE CONTESTAR! PARECE QUE HAY BASTANTES ENIGMAS... EN LA REVISTA DONDE SE PUBLICABA RAVE POR PRIMERA VEZ TENGO UN RINCÓN PARA RESPONDER PREGUNTAS...

P: LA ESPADA DE LOS DIEZ PODERES FUE CREADA POR EL ABUELO MÚSICA?

HIRO: EXACTAMENTE. CUANDO EL ABUELO MÚSICA TENÍA 20 AÑOS LA HIZO PARA QUE SHIBA PUDIERA USAR A RAVE.

P: ¿CREES QUE PODRÍA PONERME PIERCINGS COMO LOS DE MÚSICA (EL JOVEN)?

HIRO: QUIZÁ...

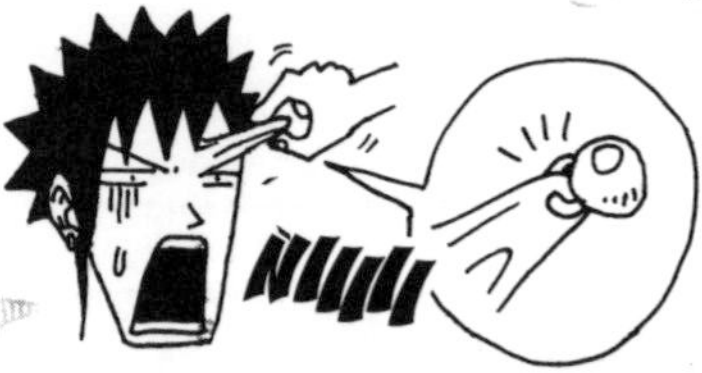
¡NIIII!

ESE TIPO DE DECORACIÓN SE LLEVA SOBRE LA PIEL, PENSÁOSLO MUY BIEN ANTES DE PONEROS ALGUNO, PORQUE DUELEN. TAMBIÉN PODÉIS PROBAR CON OTROS QUE SON SÓLO ADHESIVOS.

P: ¿LOS PADRES DE LEVIN DE RAVE 007 NO SERÁN, POR CASUALIDAD...?

HIRO: ¿DE VERAS LO CREÉIS? ME TEMO QUE NO TIENEN NADA QUE VER...

P: ¿PLUE ES DE VERAS UN PERRO?

HIRO: NO IMPORTA LAS VECES QUE DIGA QUE EL POBRE ES UN PERRO, NADIE ME CREE... PLUE... PERDÓNALES, NO SABEN LO QUE DICEN.

P: ¿LEES LAS CARTAS QUE VIENEN SIN NOMBRE NI DIRECCIÓN?

HIRO: AHORA TENGO LA CASA LLENA DE CARTAS DE FANS PORQUE NO TENGO TIEMPO DE LEERLAS TODAS, PERO SÍ, LAS LEO TENGAN O NO REMITENTE, O DIRECCIÓN. Y LAS GUARDO TODAS PORQUE SON MUY IMPORTANTES PARA MÍ.

P: ¿DELANTE DEL MUSEO QUE APARECE EN EL CAPÍTULO 38 NO ESTÁ FEBER?

HIRO: PUES NO ME HE DADO CUENTA... ¿AÚN OS ACORDÁIS DE ÉL? LOS QUE SÍ APARECEN SON LOS NUMBER MAN...

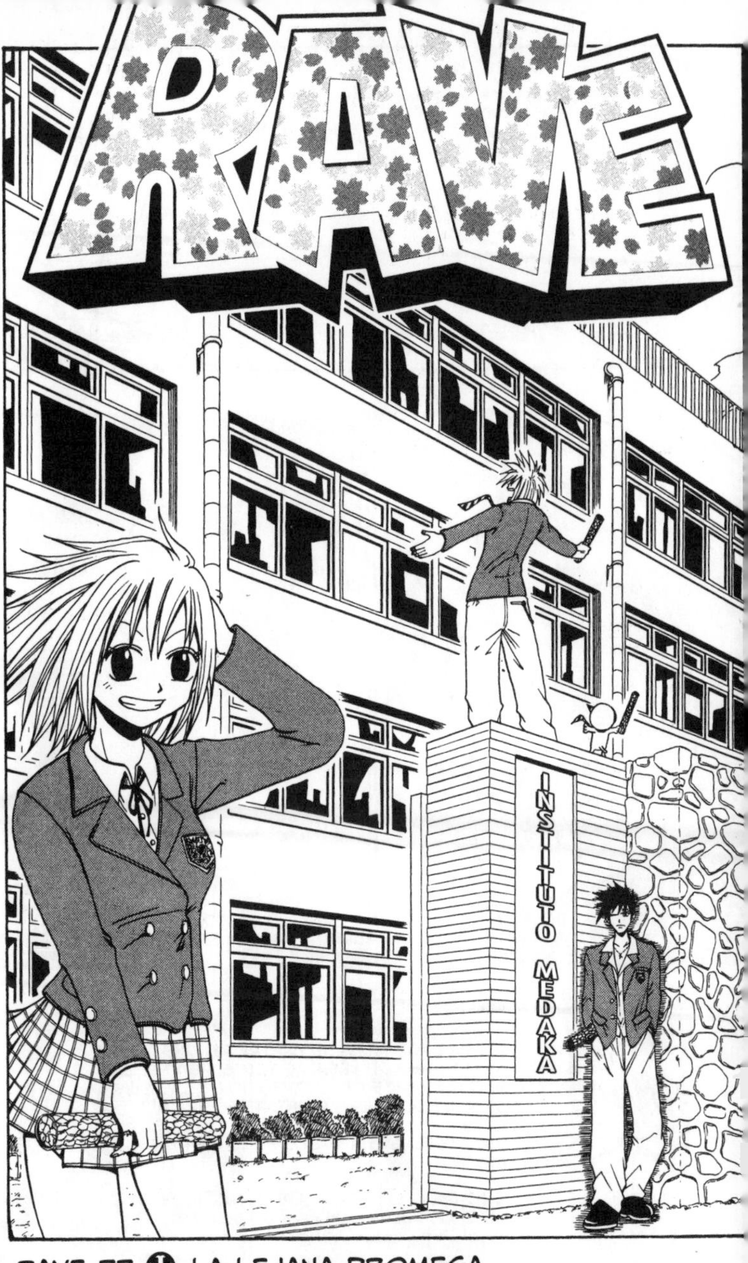
RAVE
INSTITUTO MEDAKA

RAVE 33 ✠ LA LEJANA PROMESA

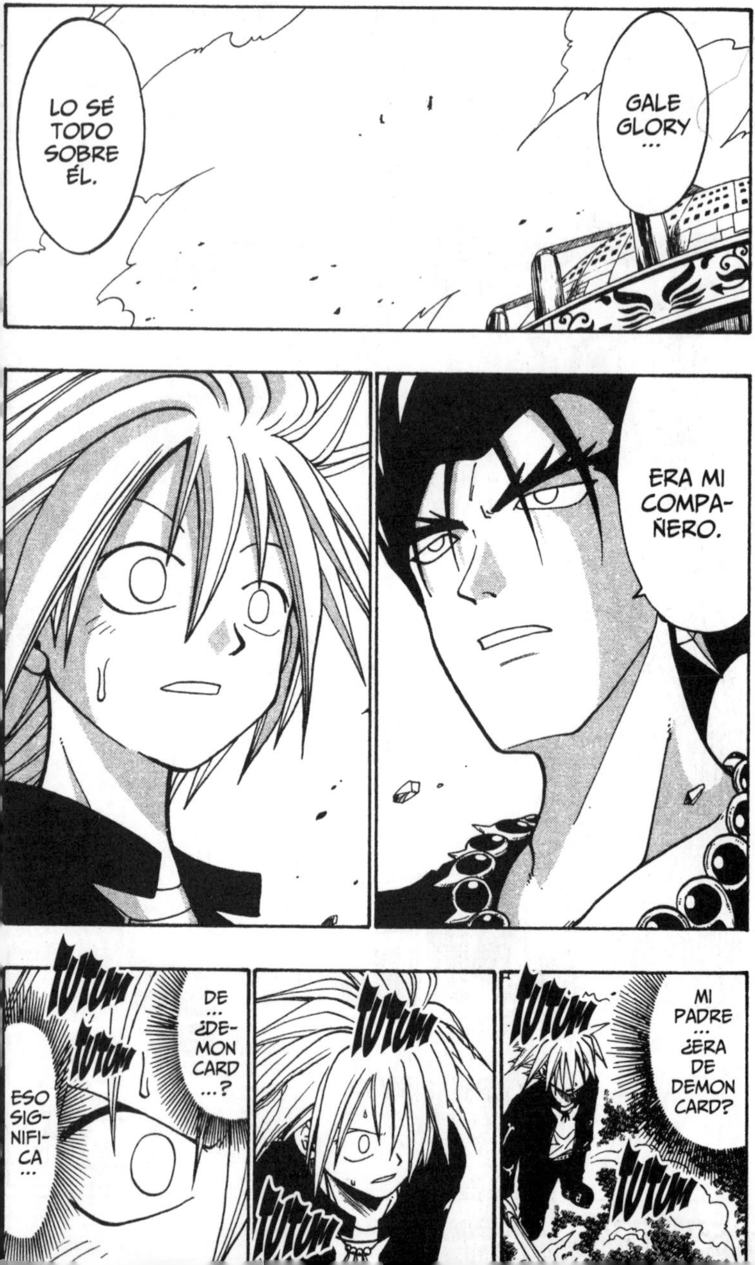
GALE GLORY ...
LO SÉ TODO SOBRE ÉL.
ERA MI COMPAÑERO.
MI PADRE ... ¿ERA DE DEMON CARD?
TUTUM
TUTUM
TUTUM
TUTUM
DE ... ¿DEMON CARD ...?
TUTUM
TUTUM
ESO SIGNIFICA ...

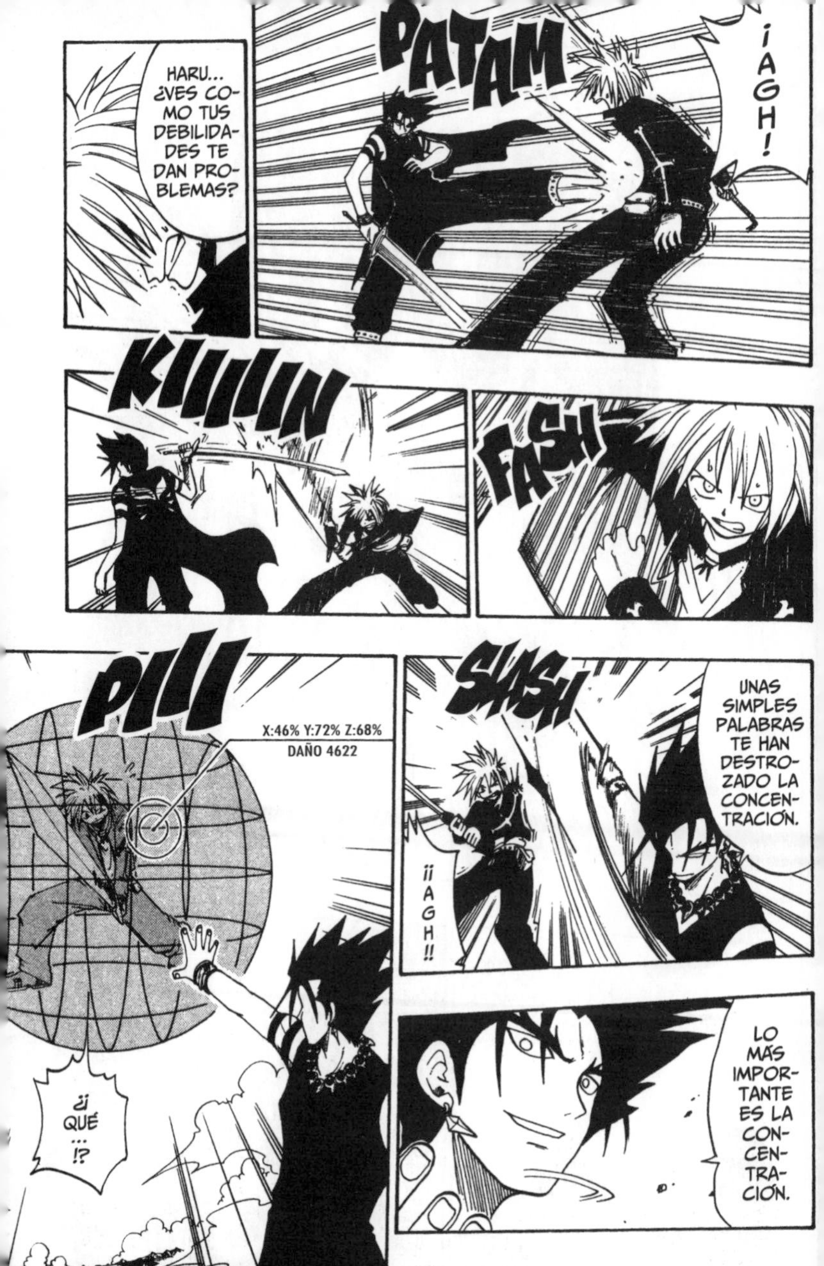
PATAM
¡AGH!
HARU... ¿VES COMO TUS DEBILIDADES TE DAN PROBLEMAS?
FASH
KIIIIIN
SLASH
UNAS SIMPLES PALABRAS TE HAN DESTROZADO LA CONCENTRACIÓN.
¡¡AGH!!
PI I
X:46% Y:72% Z:68%
DAÑO 4622
¿¡QUÉ...!?
LO MÁS IMPORTANTE ES LA CONCENTRACIÓN.

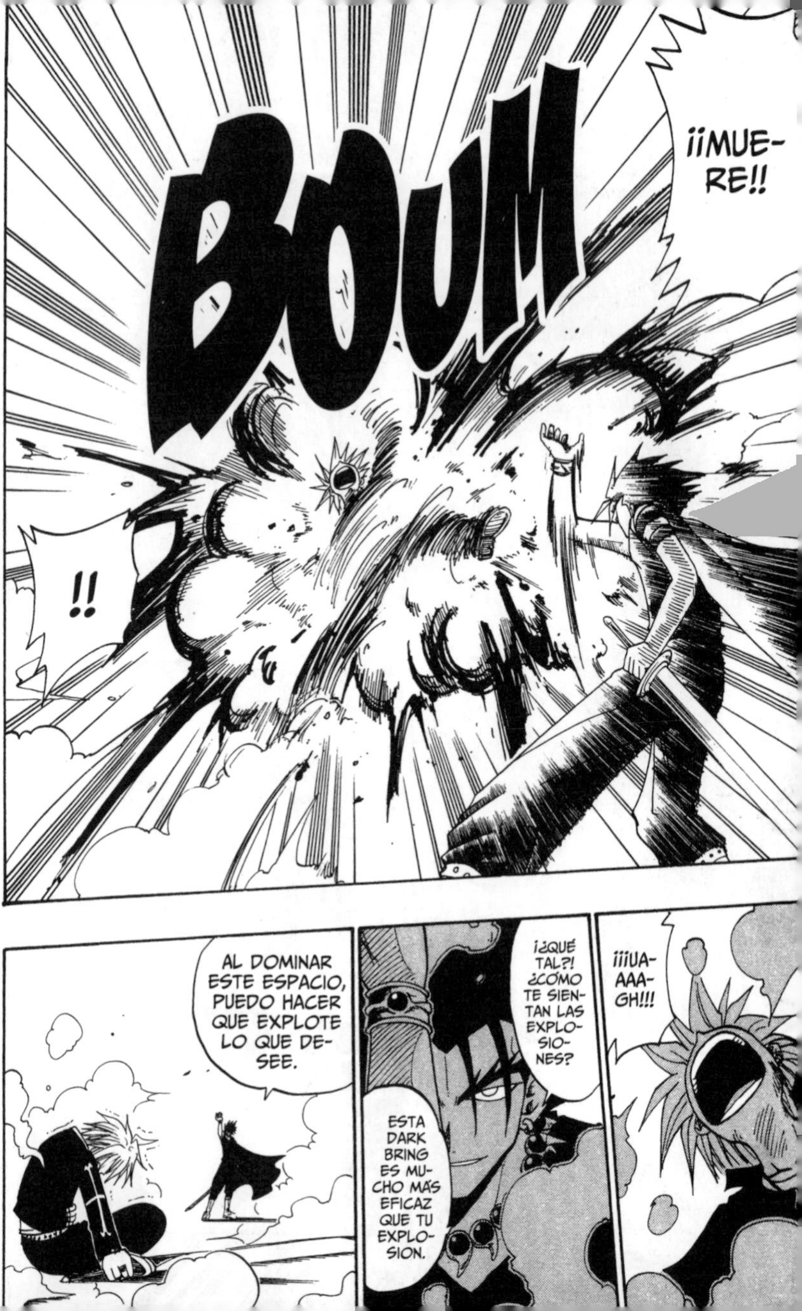
¡¡MUERE!!
BOUM
!!
¡¡¡UAAAAGH!!!
¡¿QUÉ TAL?! ¿CÓMO TE SIENTAN LAS EXPLOSIONES?
ESTA DARK BRING ES MUCHO MÁS EFICAZ QUE TU EXPLOSION.
AL DOMINAR ESTE ESPACIO, PUEDO HACER QUE EXPLOTE LO QUE DESEE.

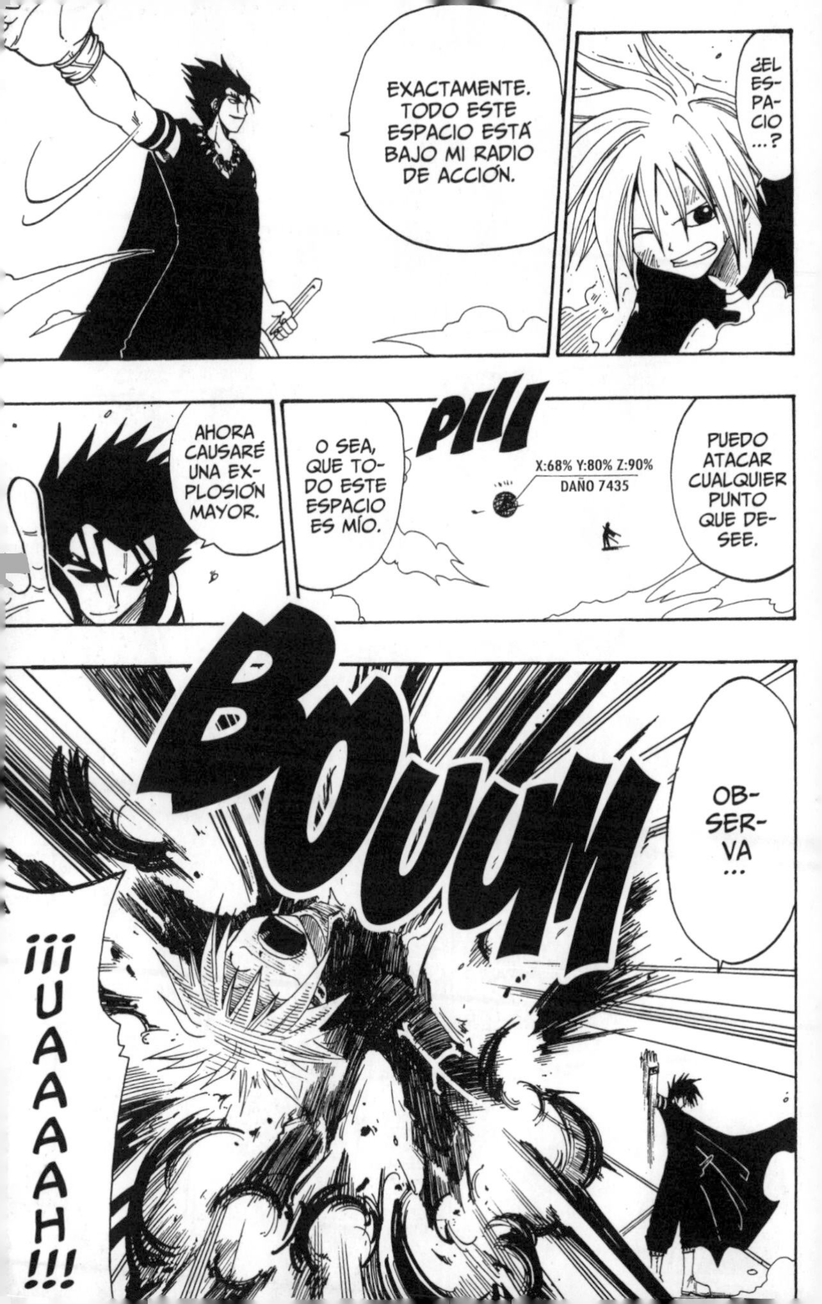
¿EL ESPACIO...?
EXACTAMENTE. TODO ESTE ESPACIO ESTÁ BAJO MI RADIO DE ACCIÓN.
PUEDO ATACAR CUALQUIER PUNTO QUE DESEE.
PIII
X:68% Y:80% Z:90%
DAÑO 7435
O SEA, QUE TODO ESTE ESPACIO ES MÍO.
AHORA CAUSARÉ UNA EXPLOSIÓN MAYOR.
OBSERVA...
BOUUM
¡¡¡UAAAAAAH!!!

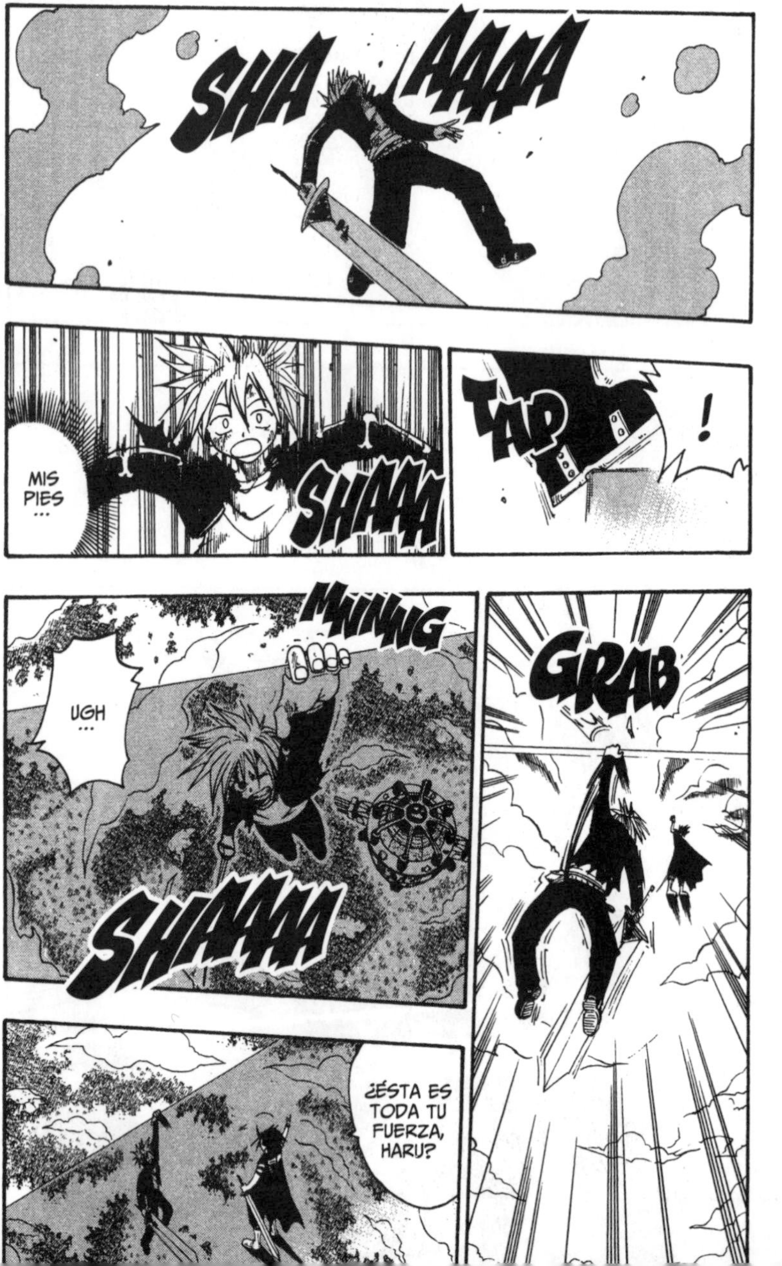
SHA AAAAA
TAP
!
SHAAAA
MIS PIES...
GRAB
MNNNG
UGH...
SHAAAA
¿ÉSTA ES TODA TU FUERZA, HARU?

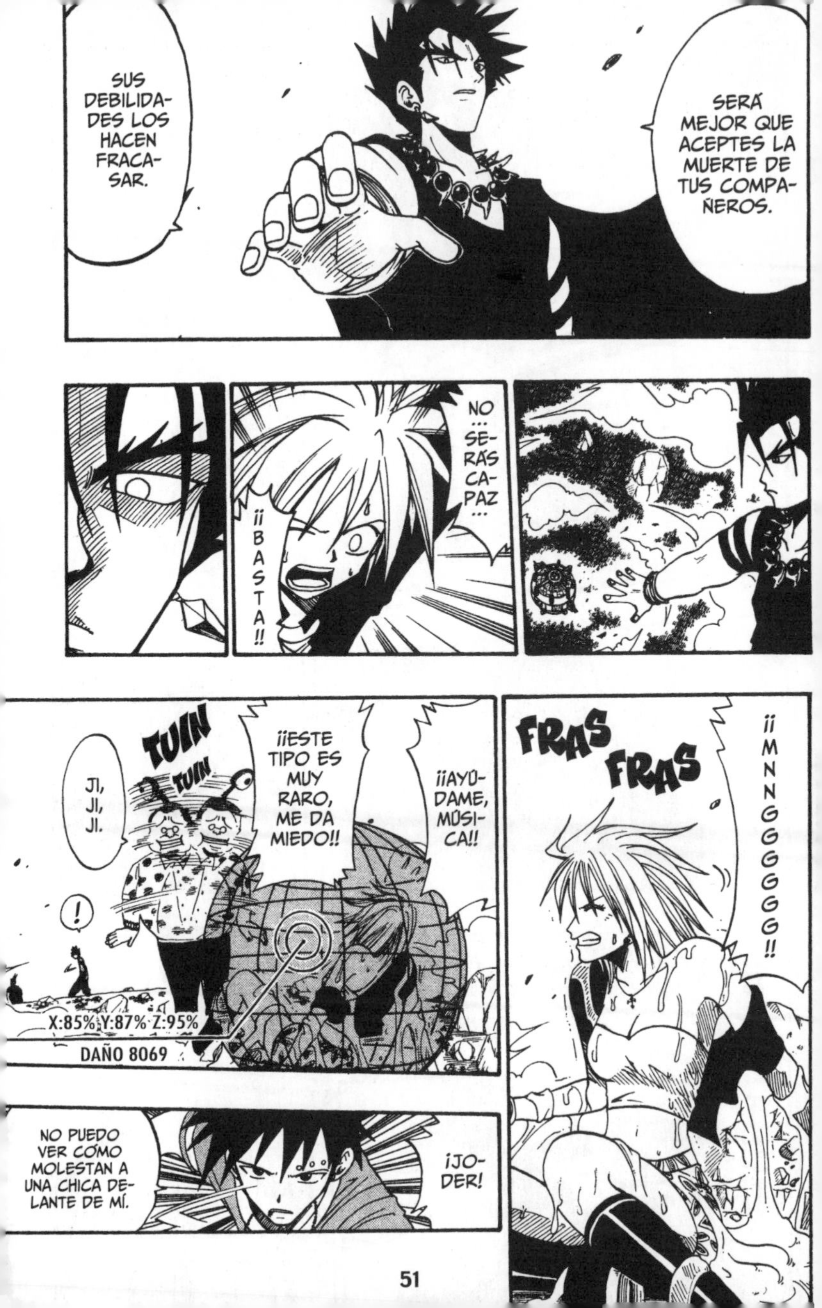
SERÁ MEJOR QUE ACEPTES LA MUERTE DE TUS COMPAÑEROS.
SUS DEBILIDADES LOS HACEN FRACASAR.
NO... SERÁS CAPAZ...
¡¡BASTA!!
FRAS FRAS
¡¡MNNGGGGGGG!!
¡¡AYÚDAME, MÚSICA!!
¡¡ESTE TIPO ES MUY RARO, ME DA MIEDO!!
TUIN TUIN
JI, JI, JI.
!
X:85% Y:87% Z:95%
DAÑO 8069
¡JODER!
NO PUEDO VER CÓMO MOLESTAN A UNA CHICA DELANTE DE MÍ.

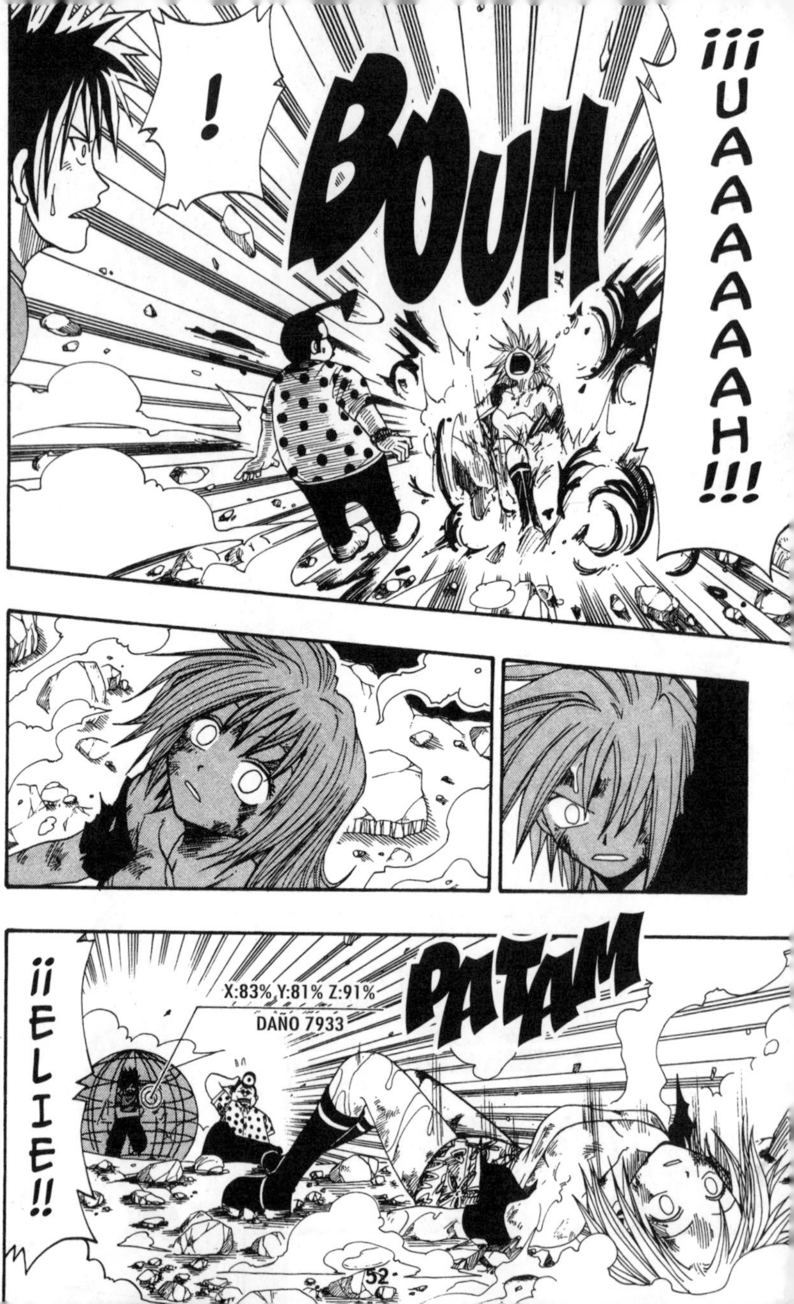
!
BOUM
¡¡¡UAAAAAAAAH!!!
X:83% Y:81% Z:91%
DAÑO 7933
PATAM
¡¡ELLIE!!

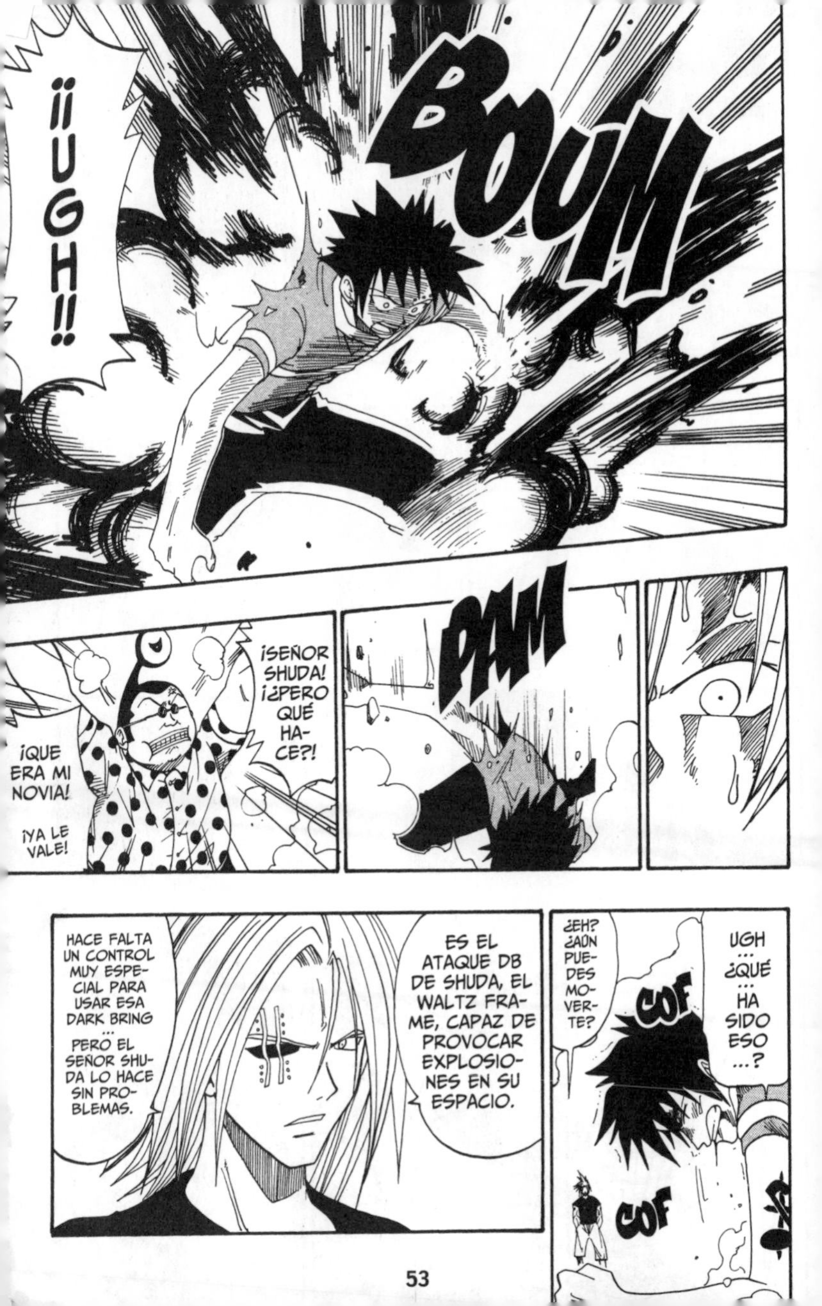
BOUM
¡¡UGH!!
PAM
¡SEÑOR SHUDA! ¡¿PERO QUÉ HACE?!
¡QUE ERA MI NOVIA!
¡YA LE VALE!
UGH ... ¿QUÉ ... HA SIDO ESO ...?
COF
COF
¿EH? ¿AÚN PUEDES MOVERTE?
ES EL ATAQUE DB DE SHUDA, EL WALTZ FRAME, CAPAZ DE PROVOCAR EXPLOSIONES EN SU ESPACIO.
HACE FALTA UN CONTROL MUY ESPECIAL PARA USAR ESA DARK BRING ... PERO EL SEÑOR SHUDA LO HACE SIN PROBLEMAS.

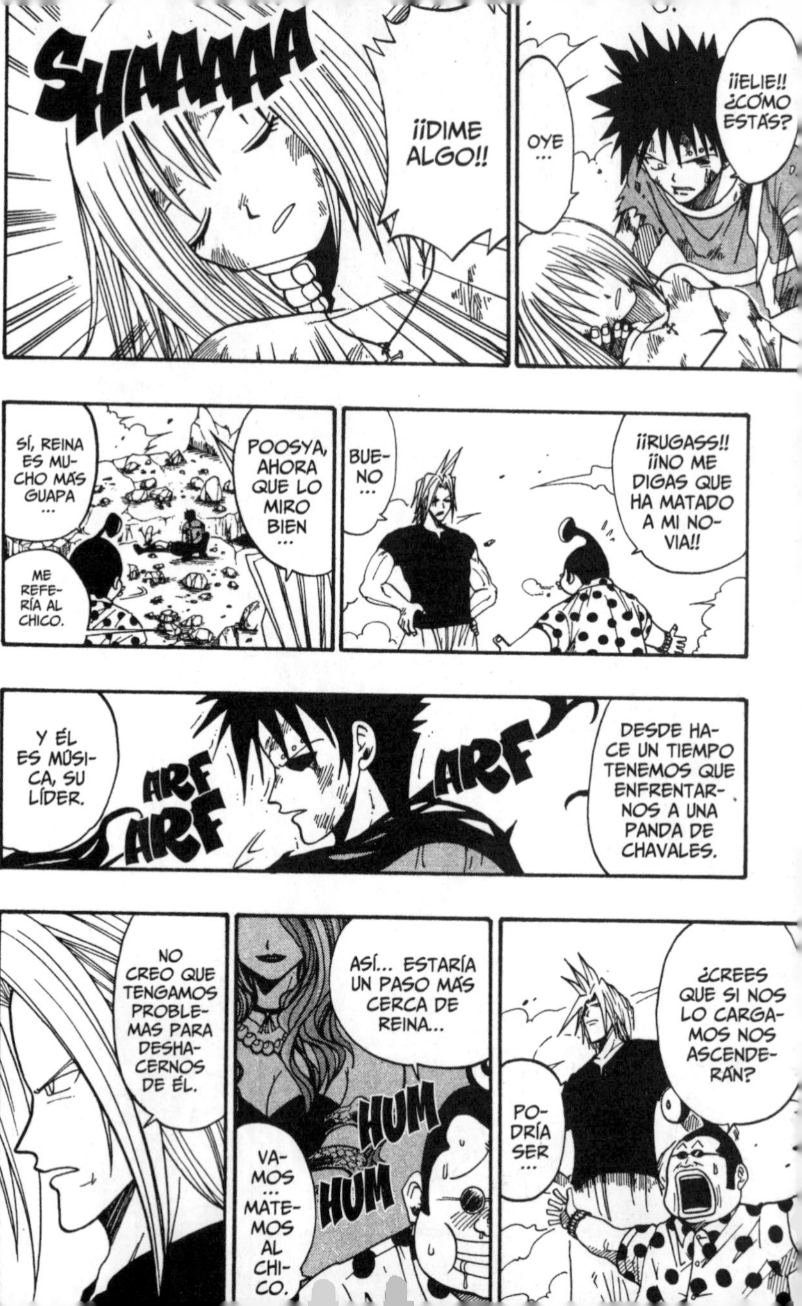
¡¡ELIE!! ¿CÓMO ESTÁS?
OYE ...
SHAAAAA
¡¡DIME ALGO!!
¡¡RUGASS!! ¡¡NO ME DIGAS QUE HA MATADO A MI NOVIA!!
BUENO ...
POOSYA, AHORA QUE LO MIRO BIEN ...
SÍ, REINA ES MUCHO MÁS GUAPA ...
ME REFERÍA AL CHICO.
DESDE HACE UN TIEMPO TENEMOS QUE ENFRENTARNOS A UNA PANDA DE CHAVALES.
ARF
ARF
ARF
Y ÉL ES MÚSICA, SU LÍDER.
¿CREES QUE SI NOS LO CARGAMOS NOS ASCENDERÁN?
PODRÍA SER ...
ASÍ... ESTARÍA UN PASO MÁS CERCA DE REINA...
HUM
HUM
VAMOS ... MATEMOS AL CHICO.
NO CREO QUE TENGAMOS PROBLEMAS PARA DESHACERNOS DE ÉL.

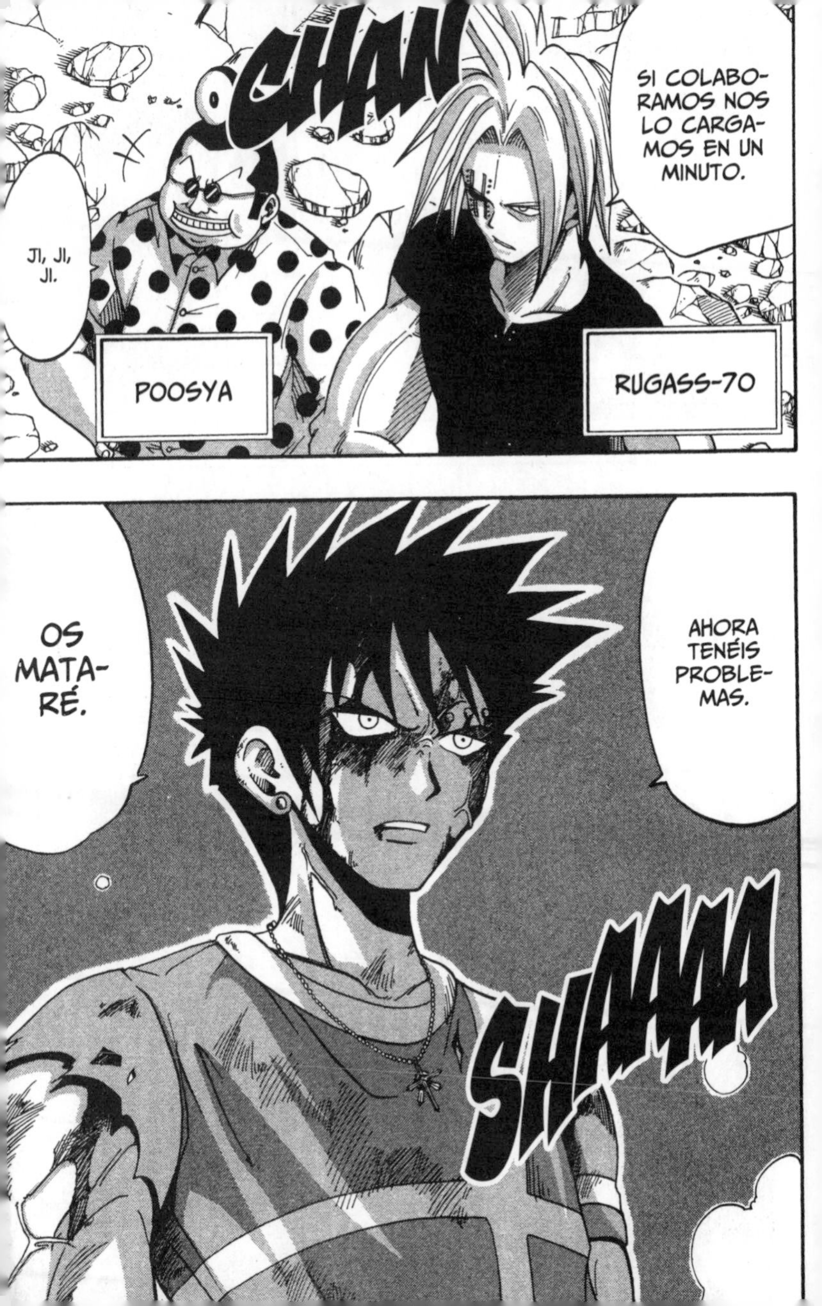
SI COLABORAMOS NOS LO CARGAMOS EN UN MINUTO.
CHAN
JI, JI, JI.
RUGASS-70
POOSYA
AHORA TENÉIS PROBLEMAS.
OS MATARÉ.
SHAAAA

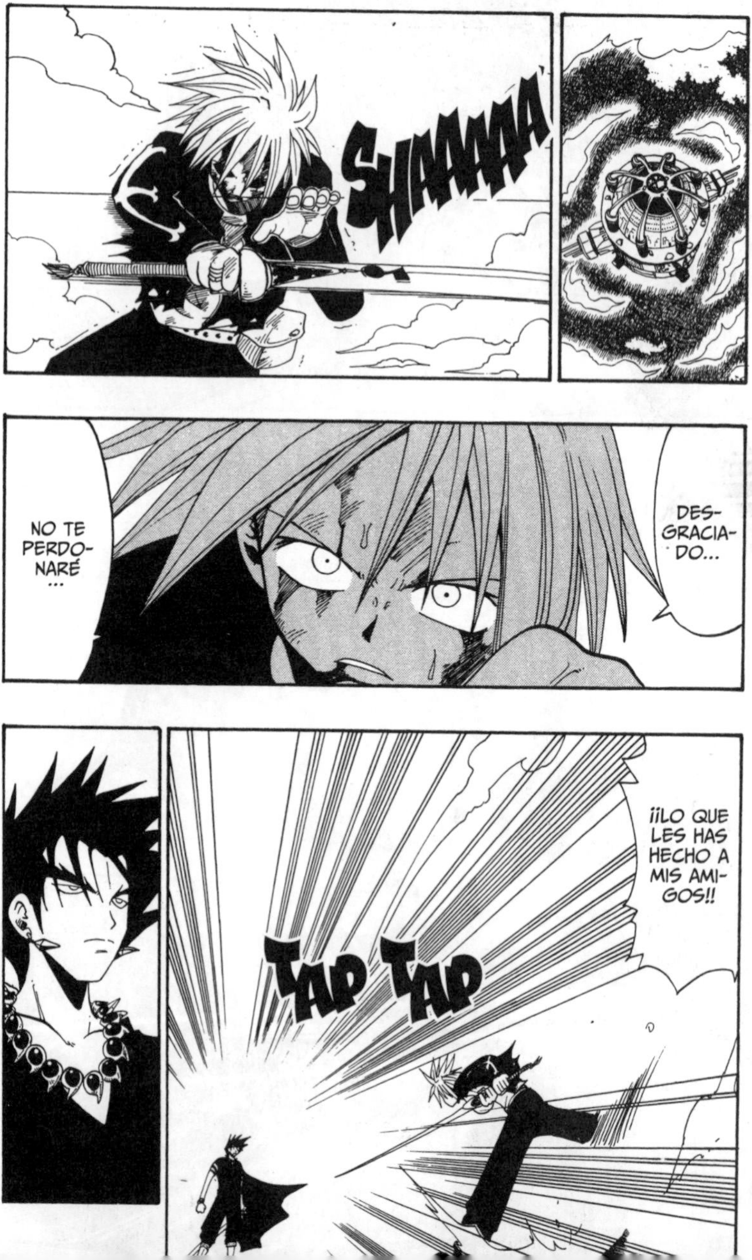
SHAAAAA
DESGRACIADO...
NO TE PERDONARÉ...
¡¡LO QUE LES HAS HECHO A MIS AMIGOS!!
TAP TAP

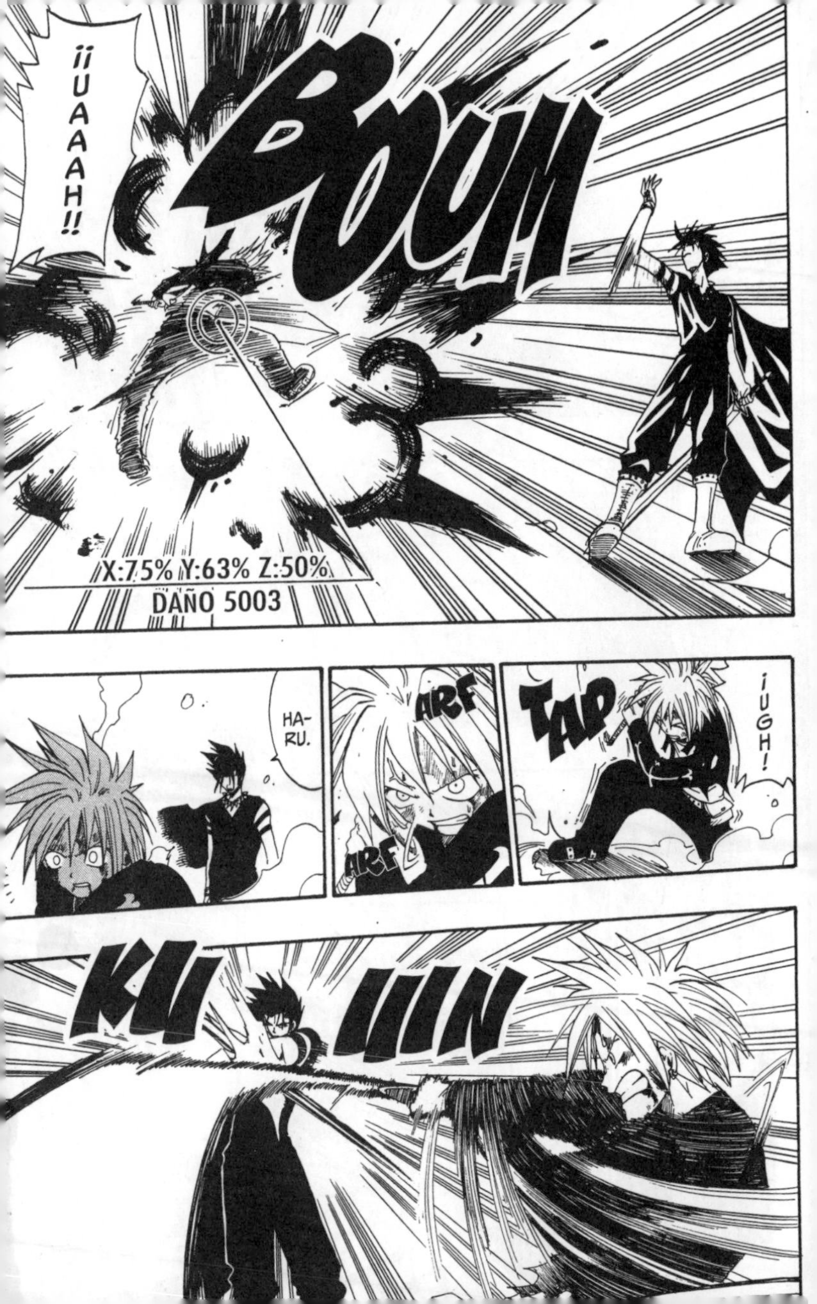
¡¡UAAAAH!!
BOOM
X:75% Y:63% Z:50%
DAÑO 5003
¡UGH!
TAP
ARF
ARF
HA-RU.
KI IIIN

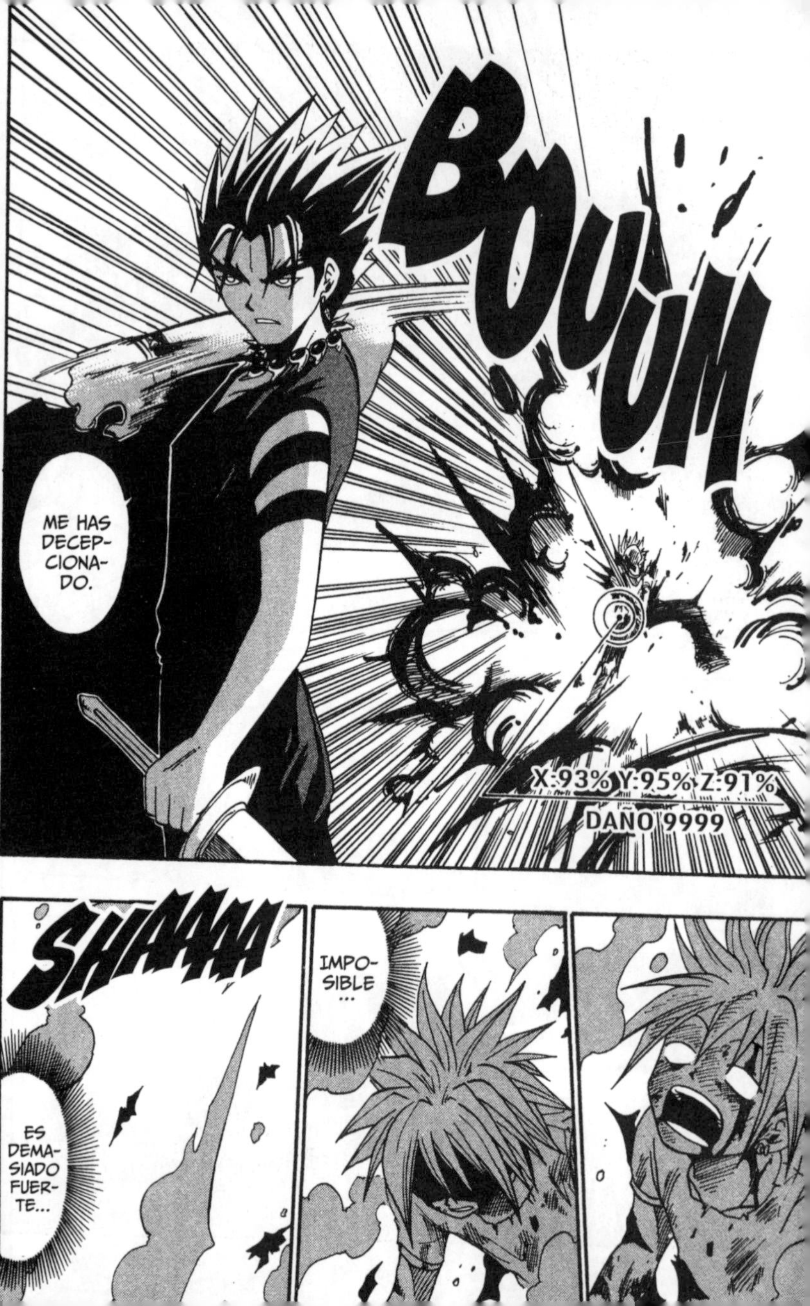
BOOUUM
ME HAS DECEPCIONADO.
X:93% Y:95% Z:91%
DAÑO 9999
IMPOSIBLE...
SHAAAA
ES DEMASIADO FUERTE...

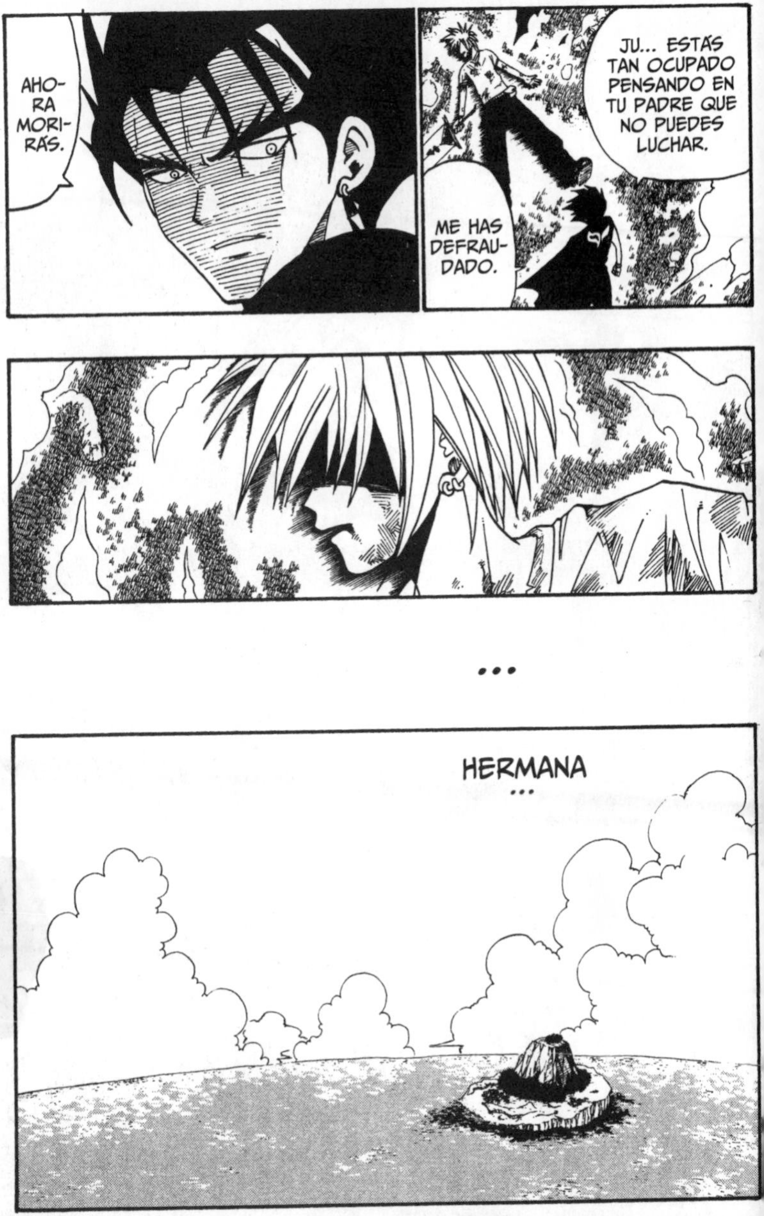
JU... ESTÁS TAN OCUPADO PENSANDO EN TU PADRE QUE NO PUEDES LUCHAR.
ME HAS DEFRAUDADO.
AHORA MORIRÁS.
...
HERMANA ...

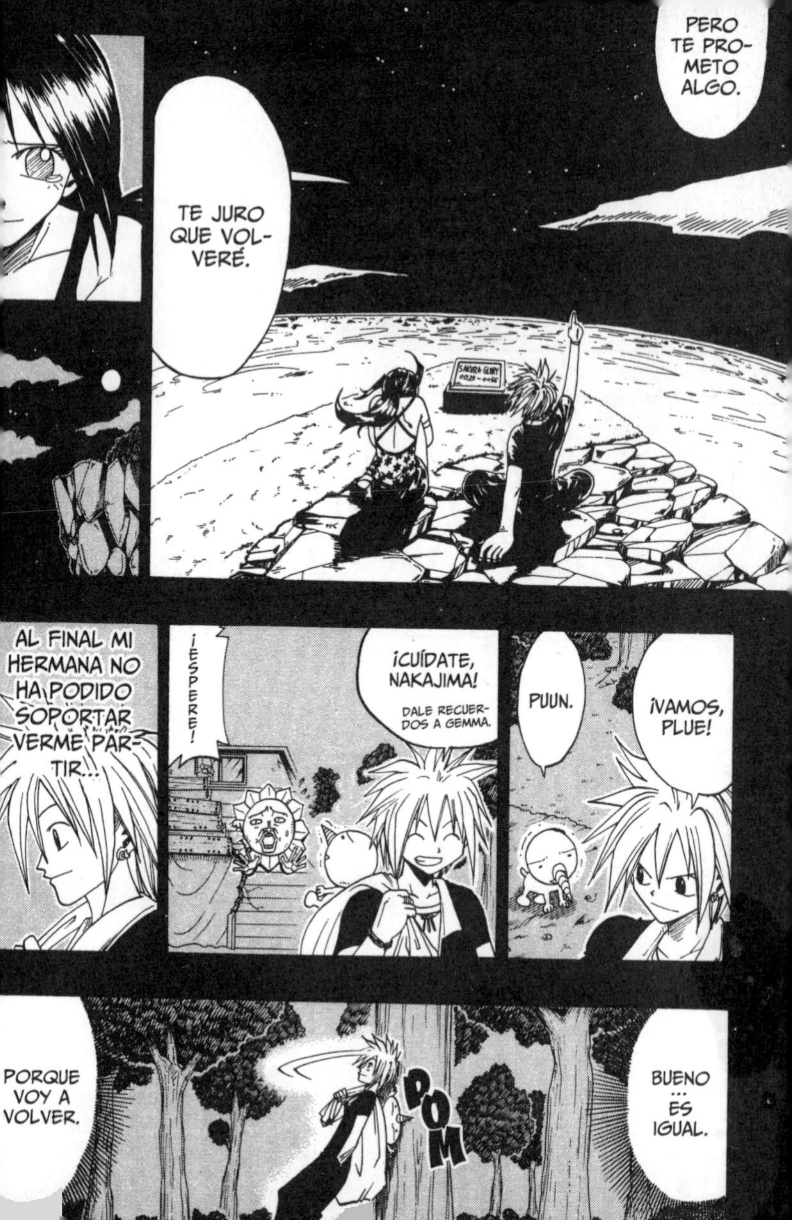
PERO TE PROMETO ALGO.
TE JURO QUE VOLVERÉ.
¡VAMOS, PLUE!
PUUN.
¡CUÍDATE, NAKAJIMA!
DALE RECUERDOS A GEMMA.
¡ESPERE!
AL FINAL MI HERMANA NO HA PODIDO SOPORTAR VERME PARTIR...
BUENO... ES IGUAL.
POM
PORQUE VOY A VOLVER.

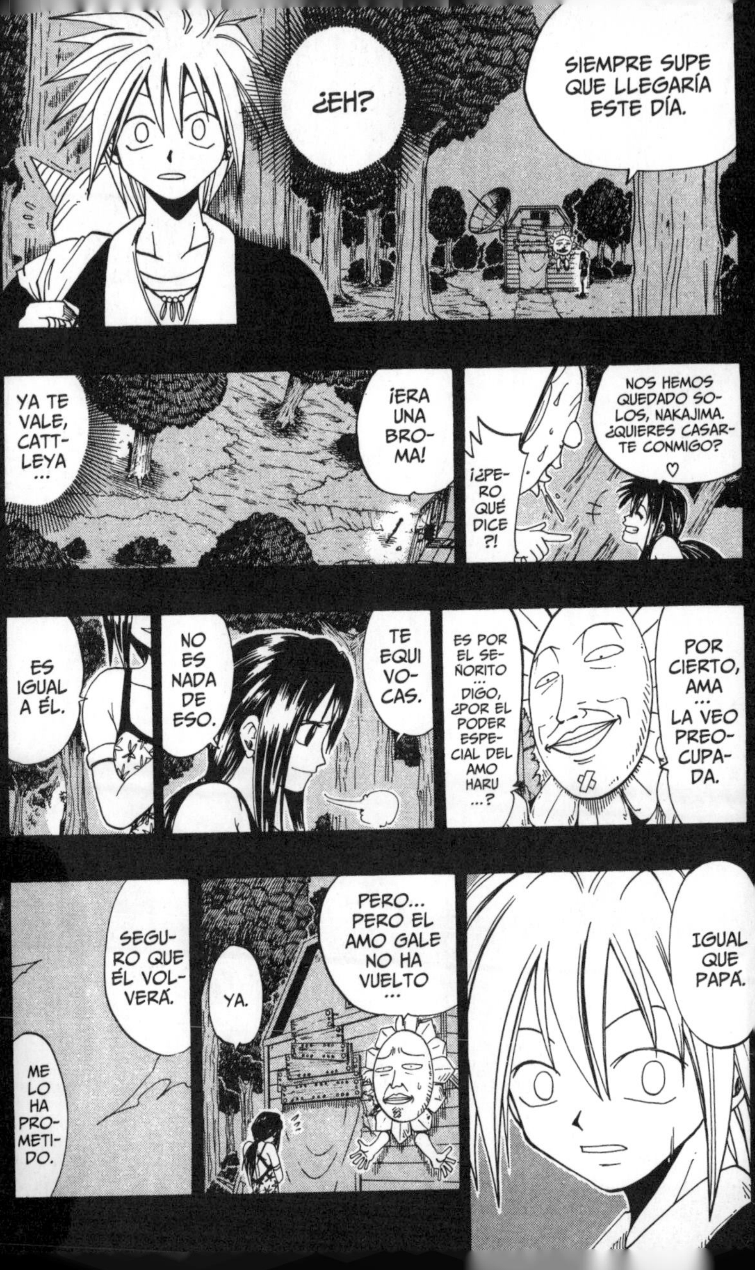
SIEMPRE SUPE QUE LLEGARÍA ESTE DÍA.
¿EH?
NOS HEMOS QUEDADO SOLOS, NAKAJIMA. ¿QUIERES CASARTE CONMIGO? ♡
¡¿PERO QUÉ DICE?!
¡ERA UNA BROMA!
YA TE VALE, CATTLEYA...
POR CIERTO, AMA... LA VEO PREOCUPADA.
ES POR EL SEÑORITO... DIGO, ¿POR EL PODER ESPECIAL DEL AMO HARU...?
TE EQUIVOCAS.
NO ES NADA DE ESO.
ES IGUAL A ÉL.
IGUAL QUE PAPÁ.
PERO... PERO EL AMO GALE NO HA VUELTO...
YA.
SEGURO QUE ÉL VOLVERÁ.
ME LO HA PROMETIDO.

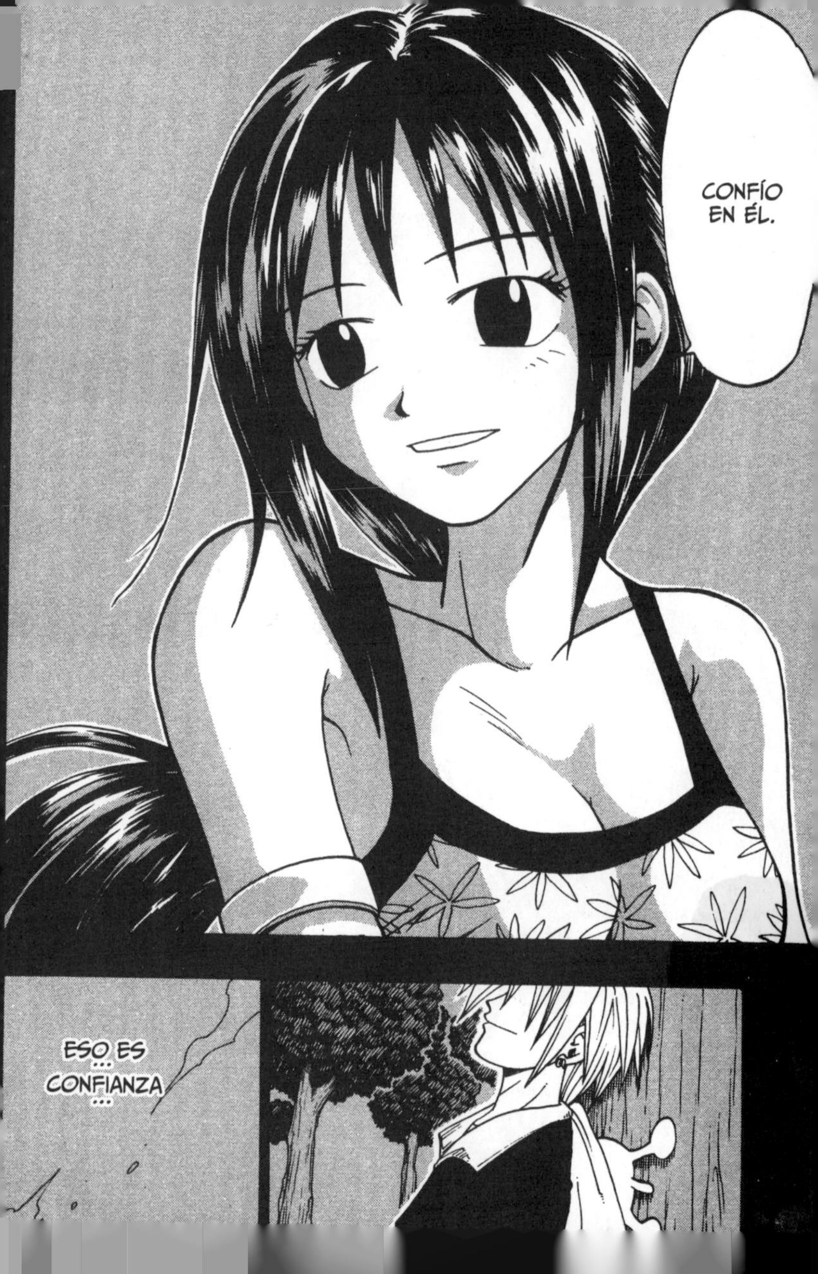
CONFÍO EN ÉL.
ESO ES ... CONFIANZA ...

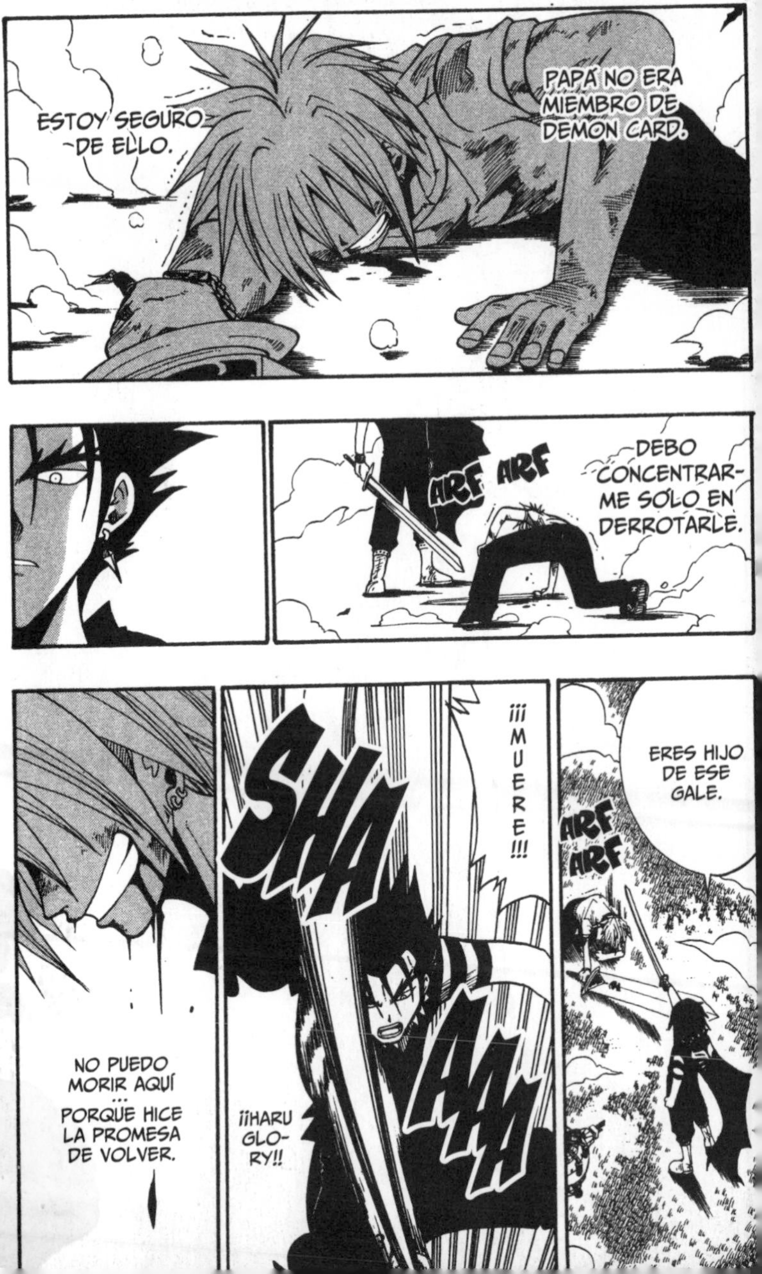
PAPÁ NO ERA MIEMBRO DE DEMON CARD.
ESTOY SEGURO DE ELLO.
ARF ARF
DEBO CONCENTRARME SOLO EN DERROTARLE.
ERES HIJO DE ESE GALE.
ARF ARF
¡¡¡MUERE!!!
SHA
AAA
¡¡HARU GLORY!!
NO PUEDO MORIR AQUÍ... PORQUE HICE LA PROMESA DE VOLVER.

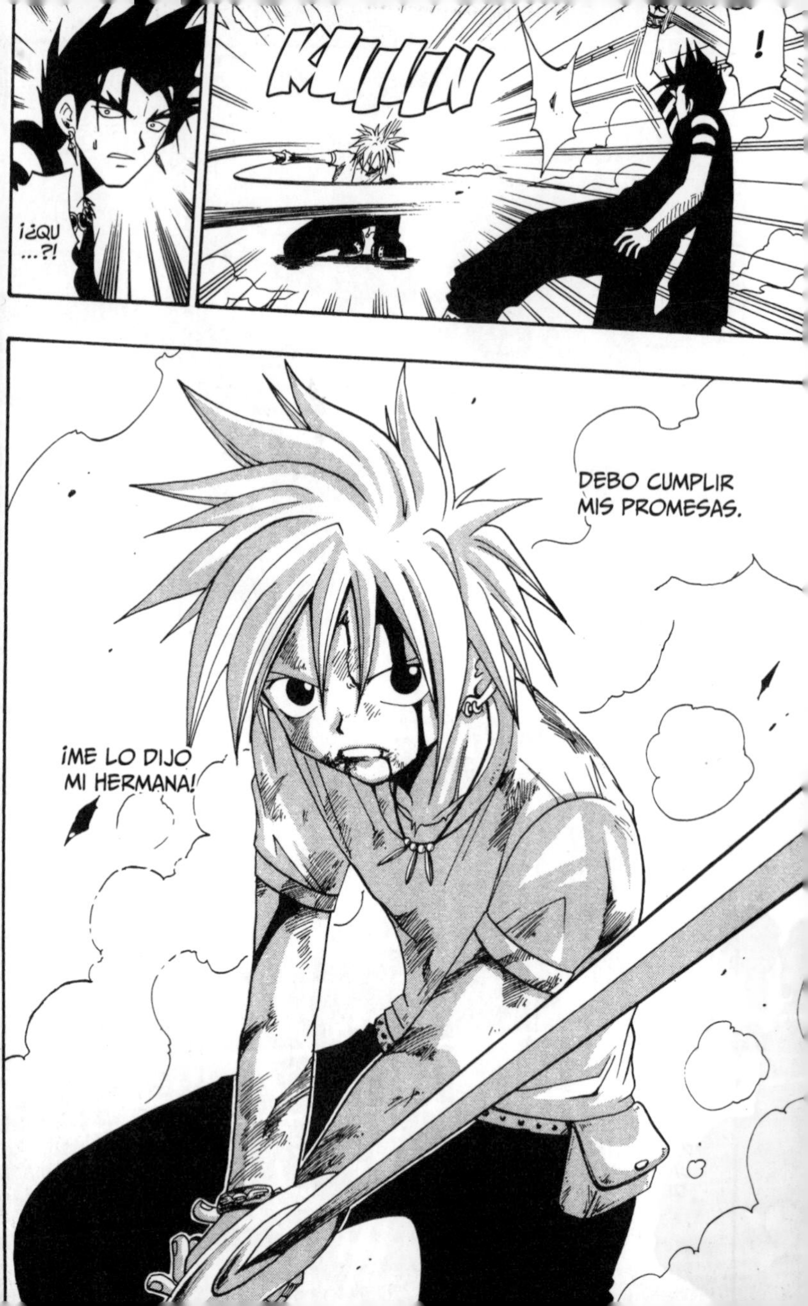
!
KUIIIN
¡¿QU ...?!
DEBO CUMPLIR MIS PROMESAS.
¡ME LO DIJO MI HERMANA!

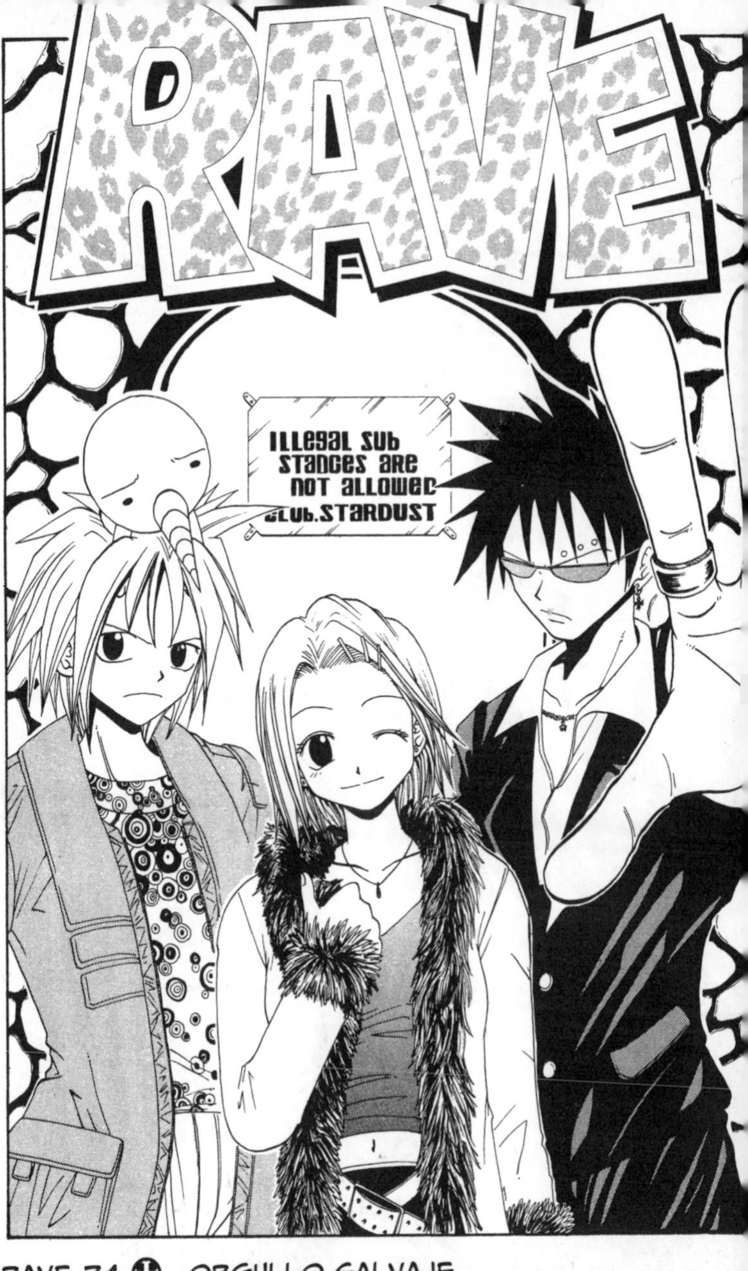
RAVE
ILLEGAL SUB
STANCES ARE
NOT ALLOWED
CLUB.STARDUST

RAVE 34 ✠ ORGULLO SALVAJE

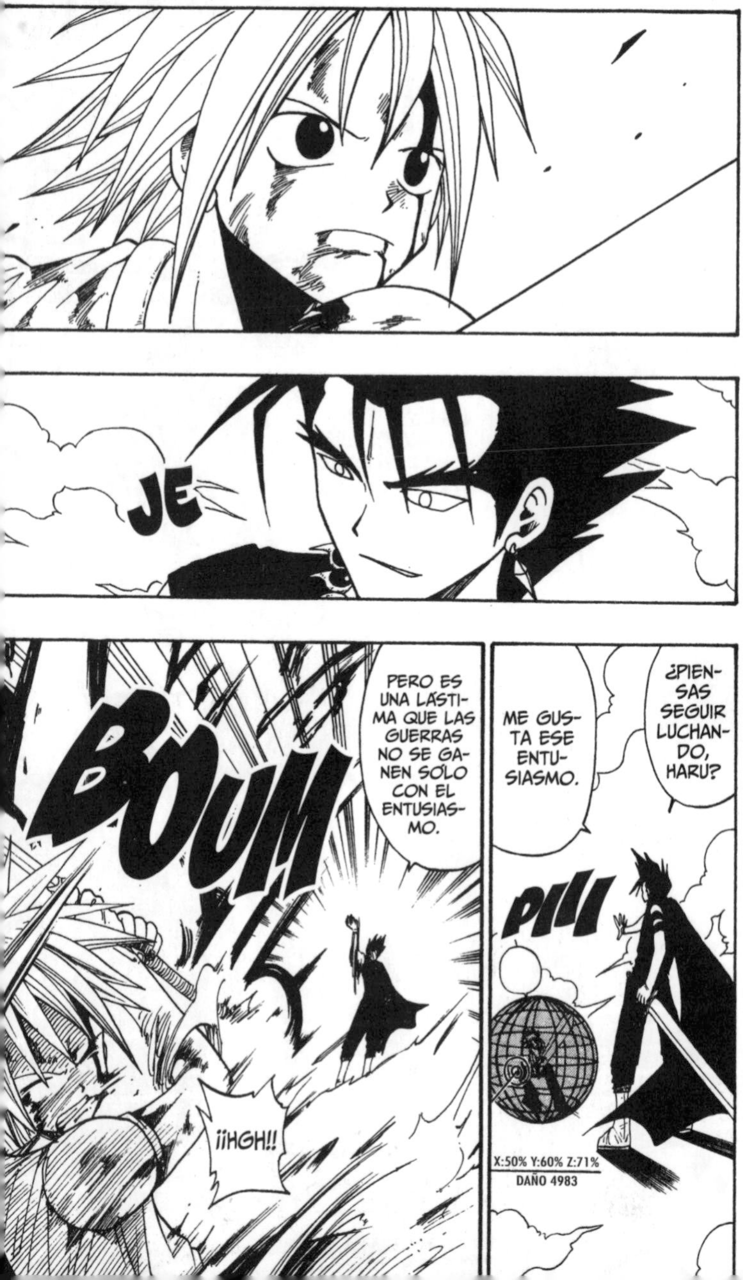
JE
¿PIENSAS SEGUIR LUCHANDO, HARU?
ME GUSTA ESE ENTUSIASMO.
PIII
X:50% Y:60% Z:71%
DAÑO 4983
PERO ES UNA LÁSTIMA QUE LAS GUERRAS NO SE GANEN SÓLO CON EL ENTUSIASMO.
BOUM
¡¡HGH!!

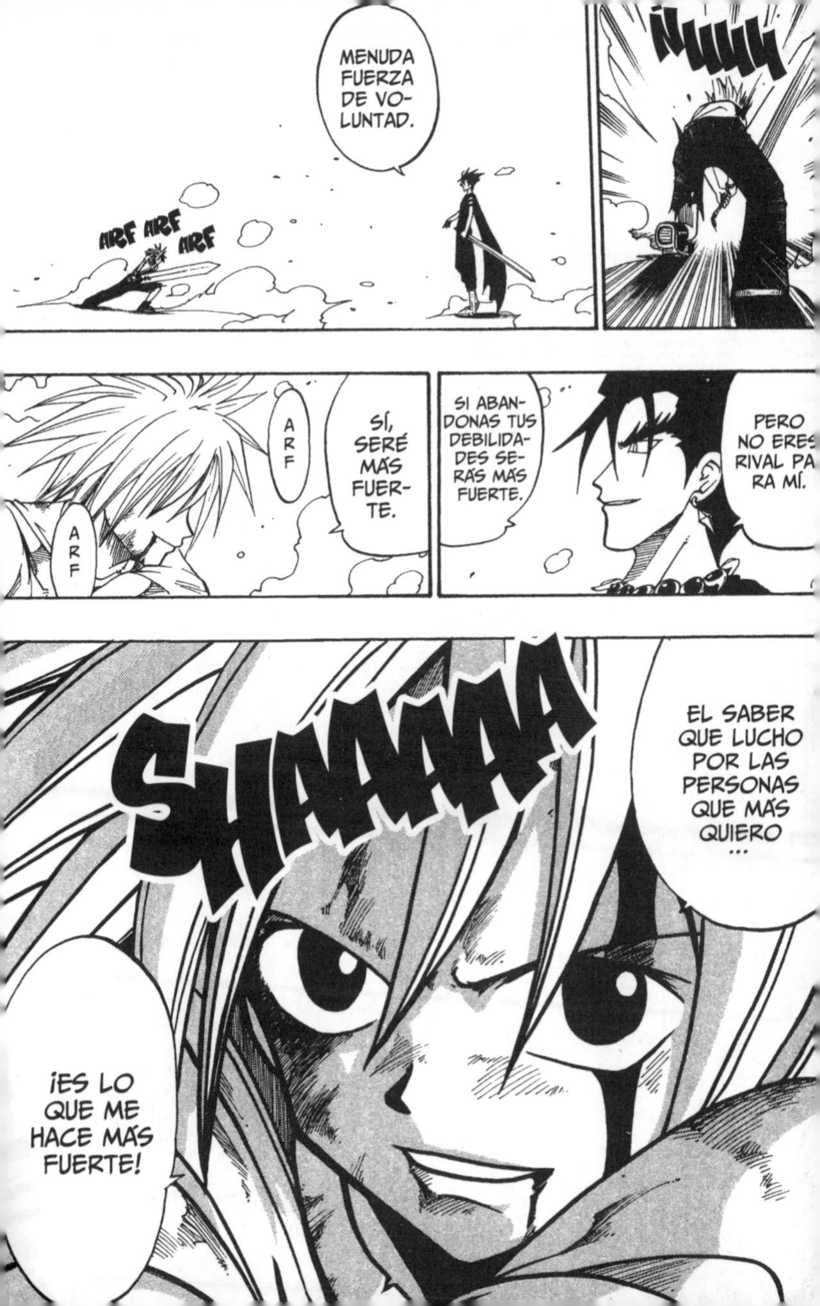
MENUDA FUERZA DE VOLUNTAD.
ARF ARF ARF
PERO NO ERES RIVAL PARA MÍ.
SI ABANDONAS TUS DEBILIDADES SERÁS MÁS FUERTE.
SÍ, SERÉ MÁS FUERTE.
ARF
ARF
EL SABER QUE LUCHO POR LAS PERSONAS QUE MÁS QUIERO ...
SHAAAAA
¡ES LO QUE ME HACE MÁS FUERTE!

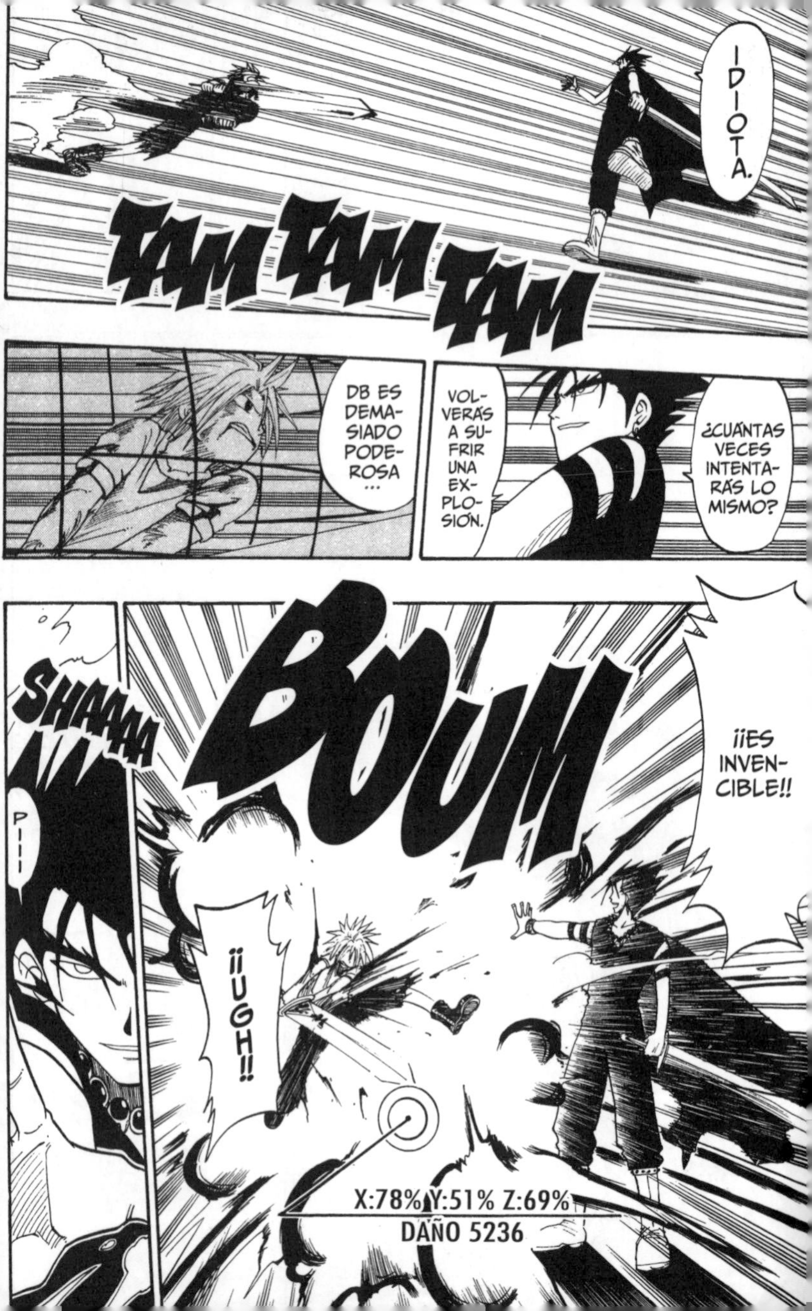
IDIOTA.
TAM TAM TAM
¿CUÁNTAS VECES INTENTARÁS LO MISMO?
VOLVERÁS A SUFRIR UNA EXPLOSIÓN.
DB ES DEMASIADO PODEROSA...
BOUM
¡¡ES INVENCIBLE!!
¡¡UGH!!
X:78% Y:51% Z:69%
DAÑO 5236
SHAAAAA
P...

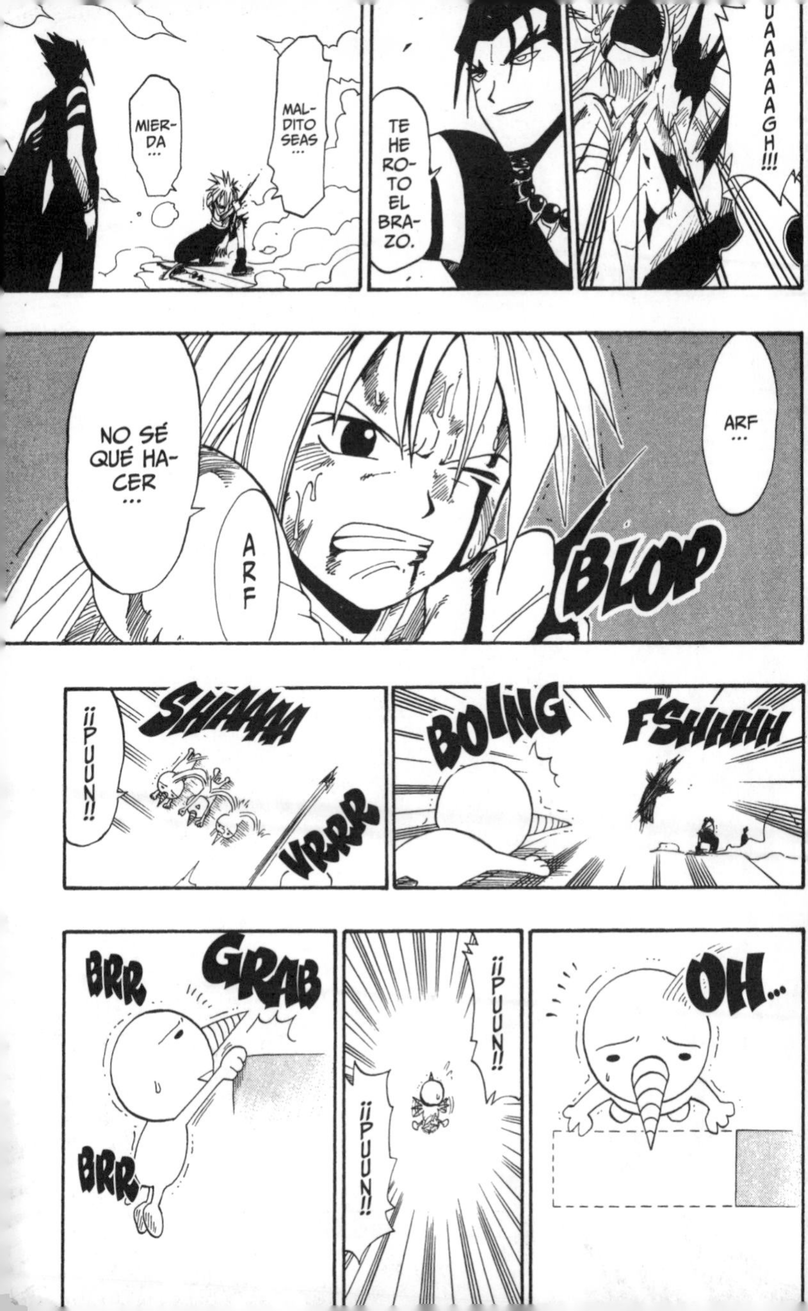
UAAAAAAAGH!!!
TE HE ROTO EL BRAZO.
MALDITO SEAS...
MIERDA...
ARF...
BLOP
ARF
NO SÉ QUÉ HACER...
BOING
FSHHHH
¡¡PUUUN!!
SHAAAA
VRRR
OH...
¡¡PUUN!!
¡¡PUUN!!
GRAB
BRR
BRR

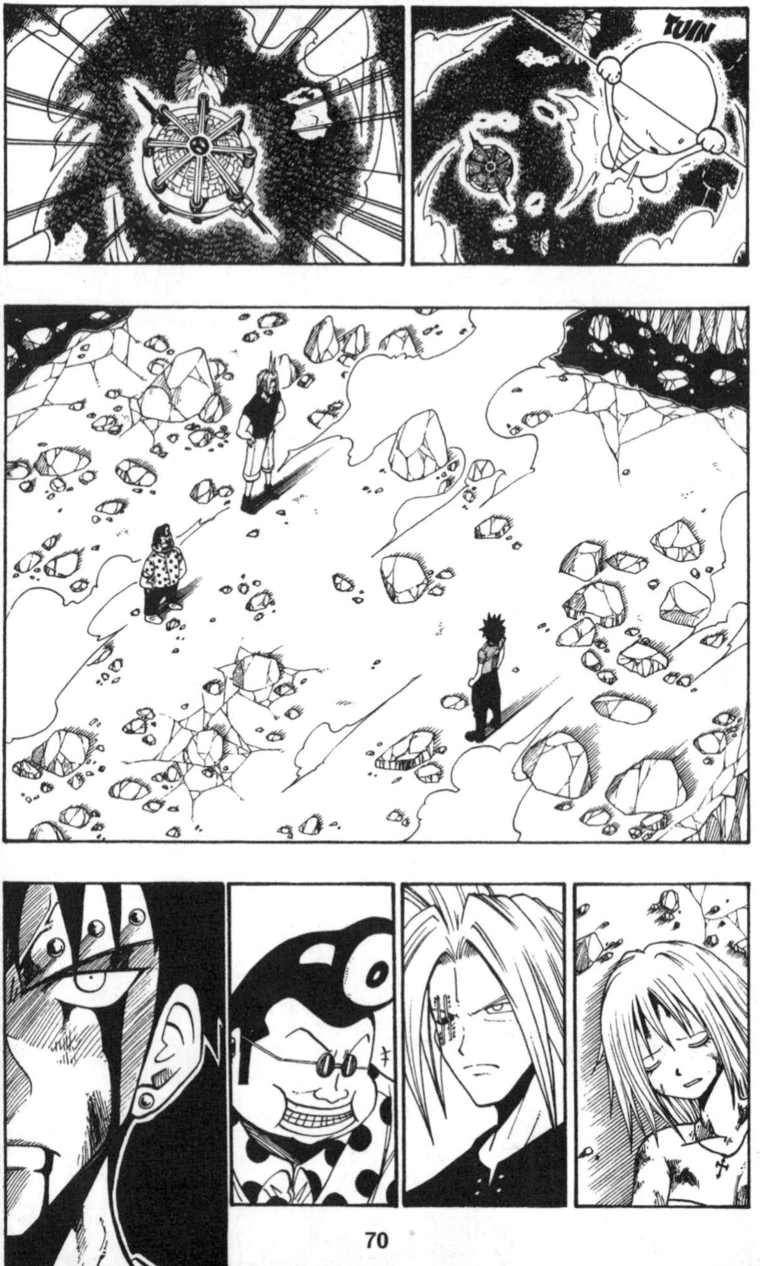
TUIN

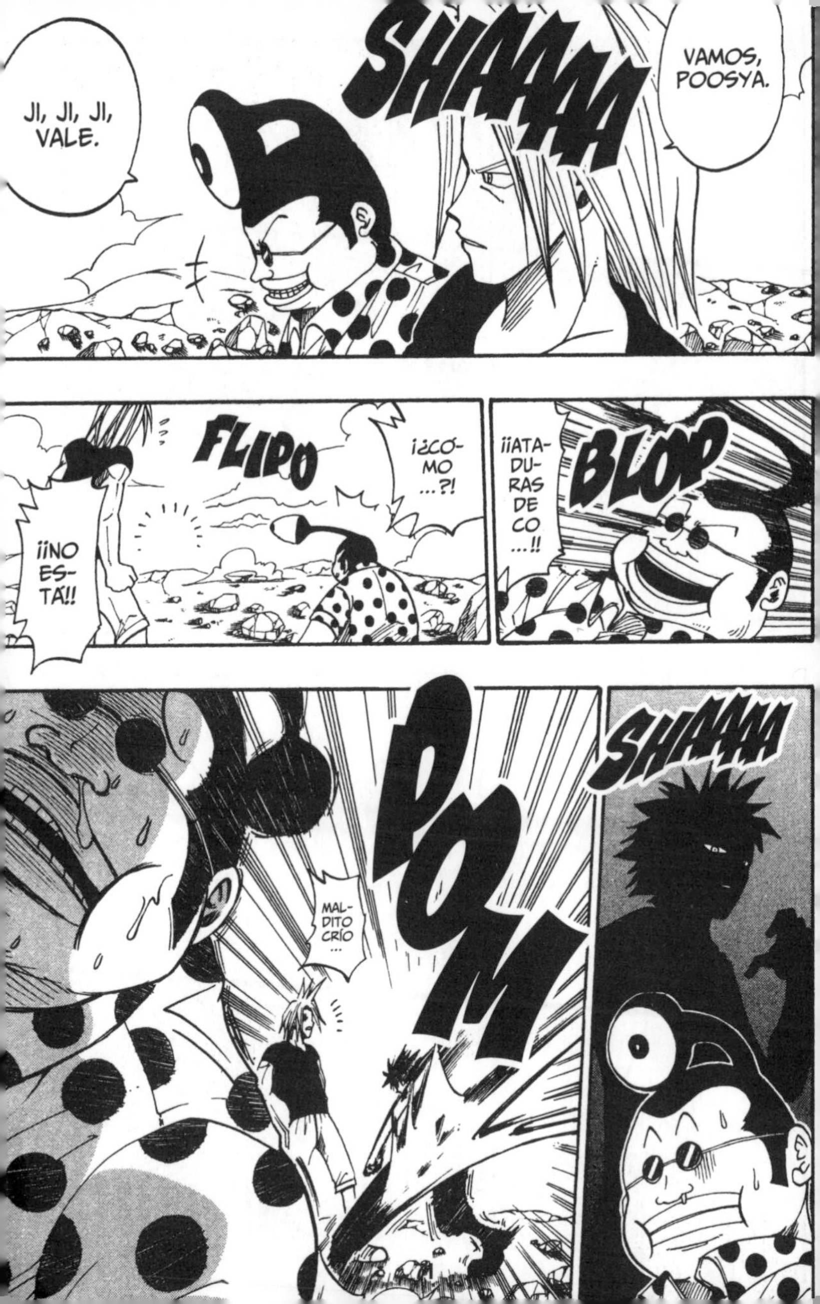
VAMOS, POOSYA.
SHAAAA
JI, JI, JI, VALE.
BLOP
¡¡ATADURAS DE CO...!!
¡¿CÓMO...?!
FLIPO
¡¡NO ESTÁ!!
SHAAAA
POM
MALDITO CRÍO...

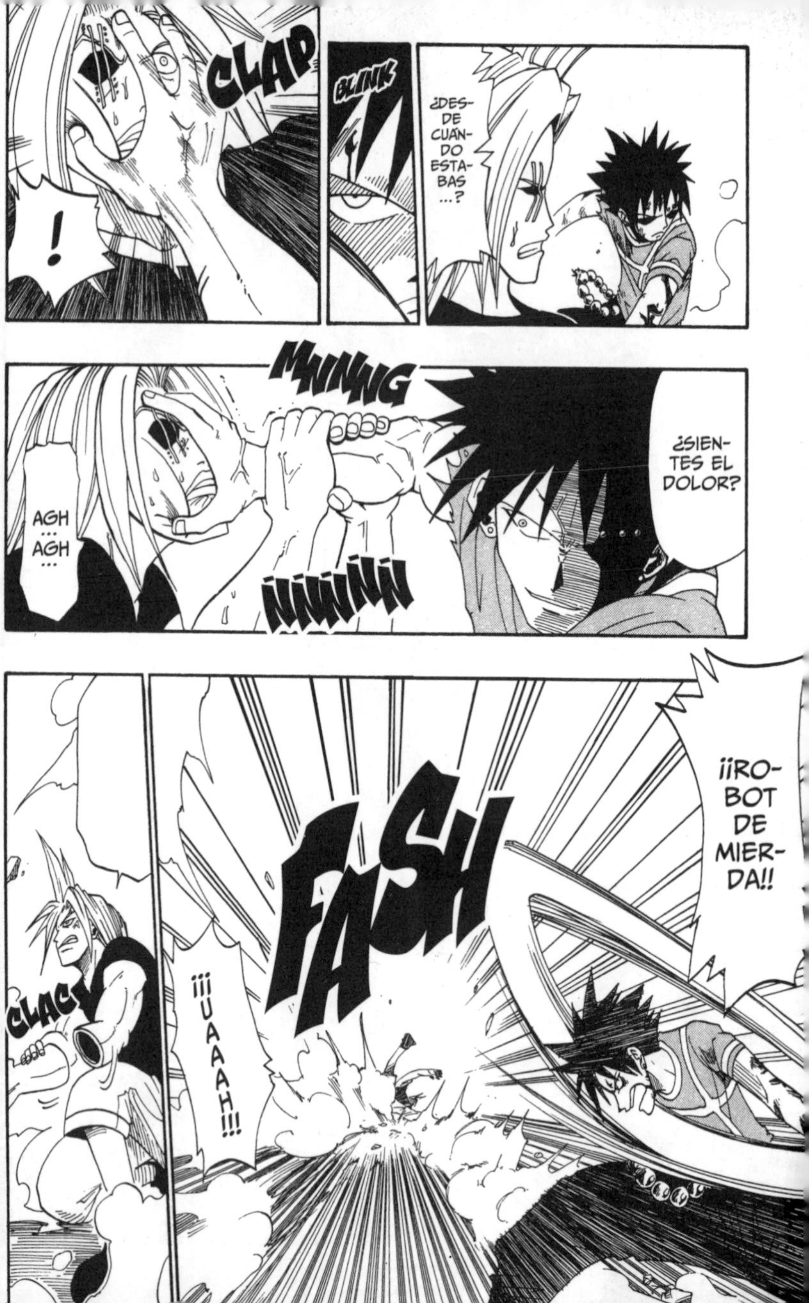
¿DES-DE CUÁN-DO ESTA-BAS ...?
BLINK
CLAP
!
MNNNNG
¿SIEN-TES EL DOLOR?
AGH ... AGH ...
ÑNNNNN
¡¡RO-BOT DE MIER-DA!!
FASH
¡¡¡UAAAAH!!!
CLAC

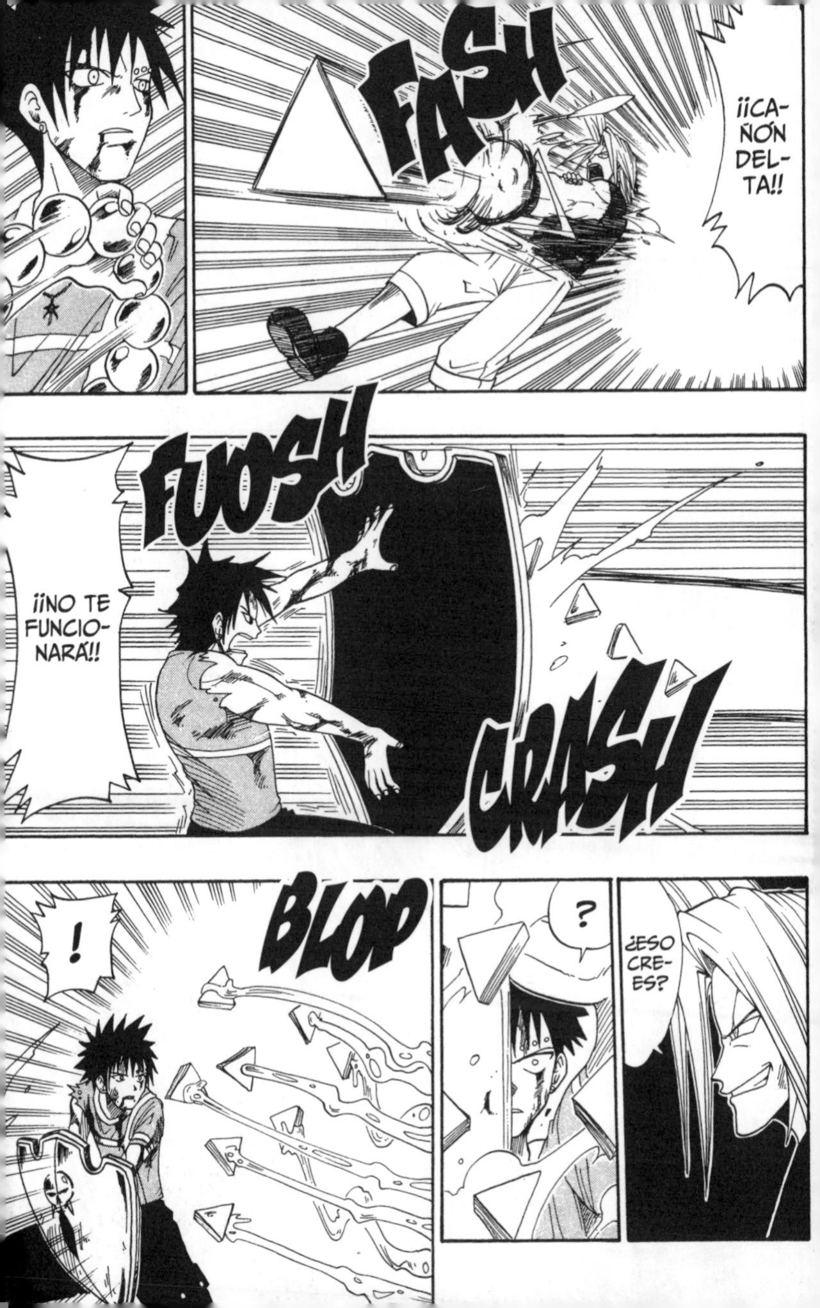

¡¡CA-
ÑÓN
DEL-
TA!!
FASH
FUOSH
¡¡NO TE
FUNCIO-
NARÁ!!
CRASH
¿ESO
CRE-
ES?
?
BLOP
!

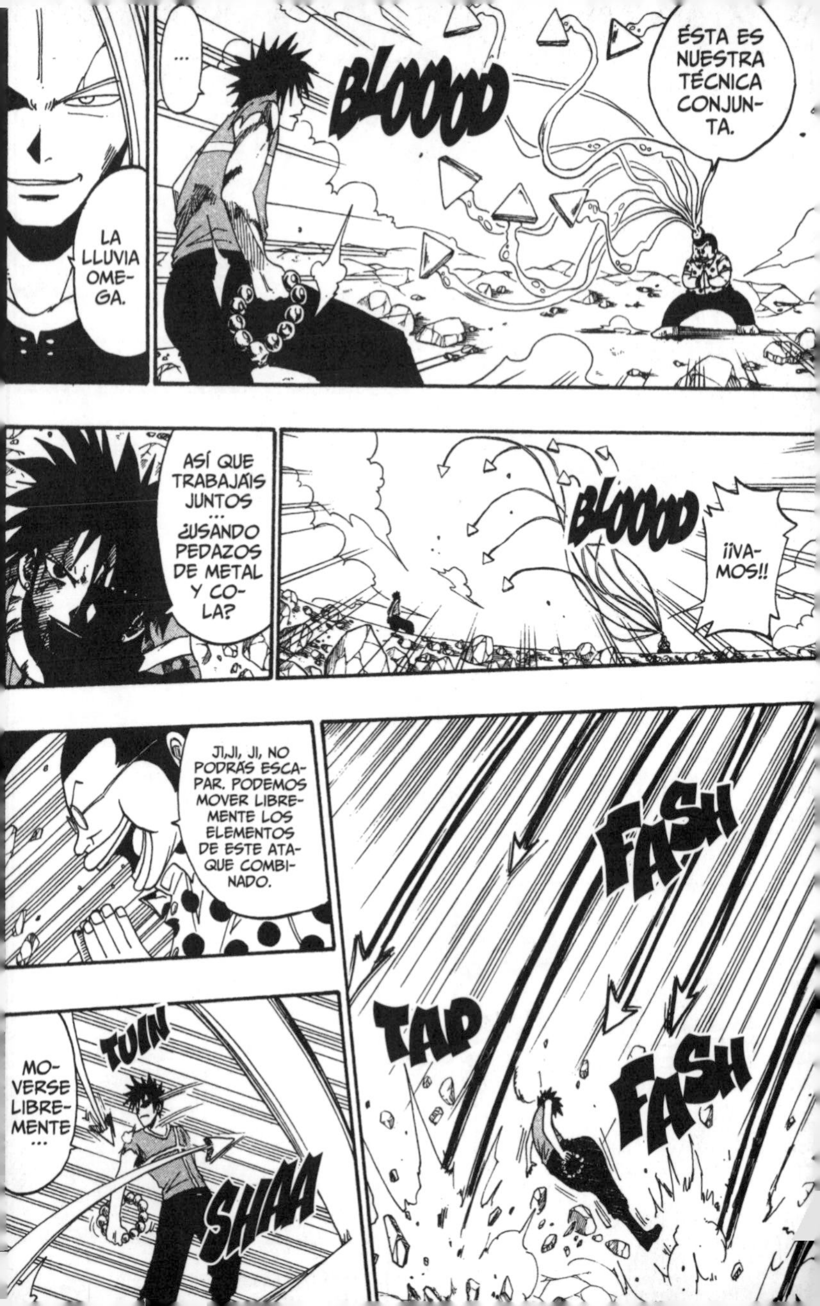
ÉSTA ES NUESTRA TÉCNICA CONJUNTA.
BLOOOD
...
LA LLUVIA OMEGA.
¡¡VAMOS!!
BLOOOD
ASÍ QUE TRABAJÁIS JUNTOS... ¿USANDO PEDAZOS DE METAL Y COLA?
FASH
TAP
FASH
JI,JI, JI, NO PODRÁS ESCAPAR. PODEMOS MOVER LIBREMENTE LOS ELEMENTOS DE ESTE ATAQUE COMBINADO.
TUIN
MOVERSE LIBREMENTE...
SHIAA

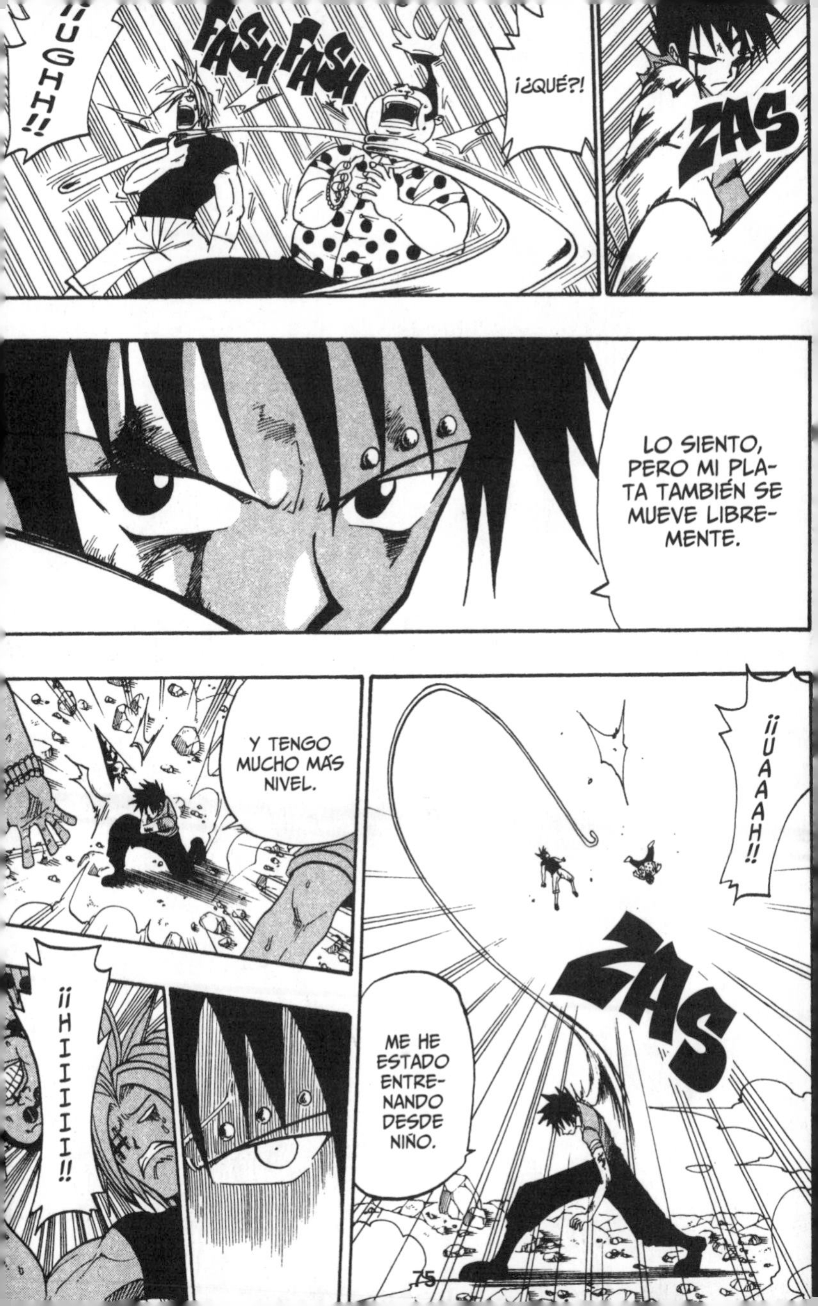
ZAS
¡¿QUÉ?!
FASH FASH
¡¡UGHHH!!
LO SIENTO, PERO MI PLATA TAMBIÉN SE MUEVE LIBREMENTE.
¡¡UAAAAH!!
ZAS
Y TENGO MUCHO MÁS NIVEL.
ME HE ESTADO ENTRENANDO DESDE NIÑO.
¡¡HIIIIIII!!

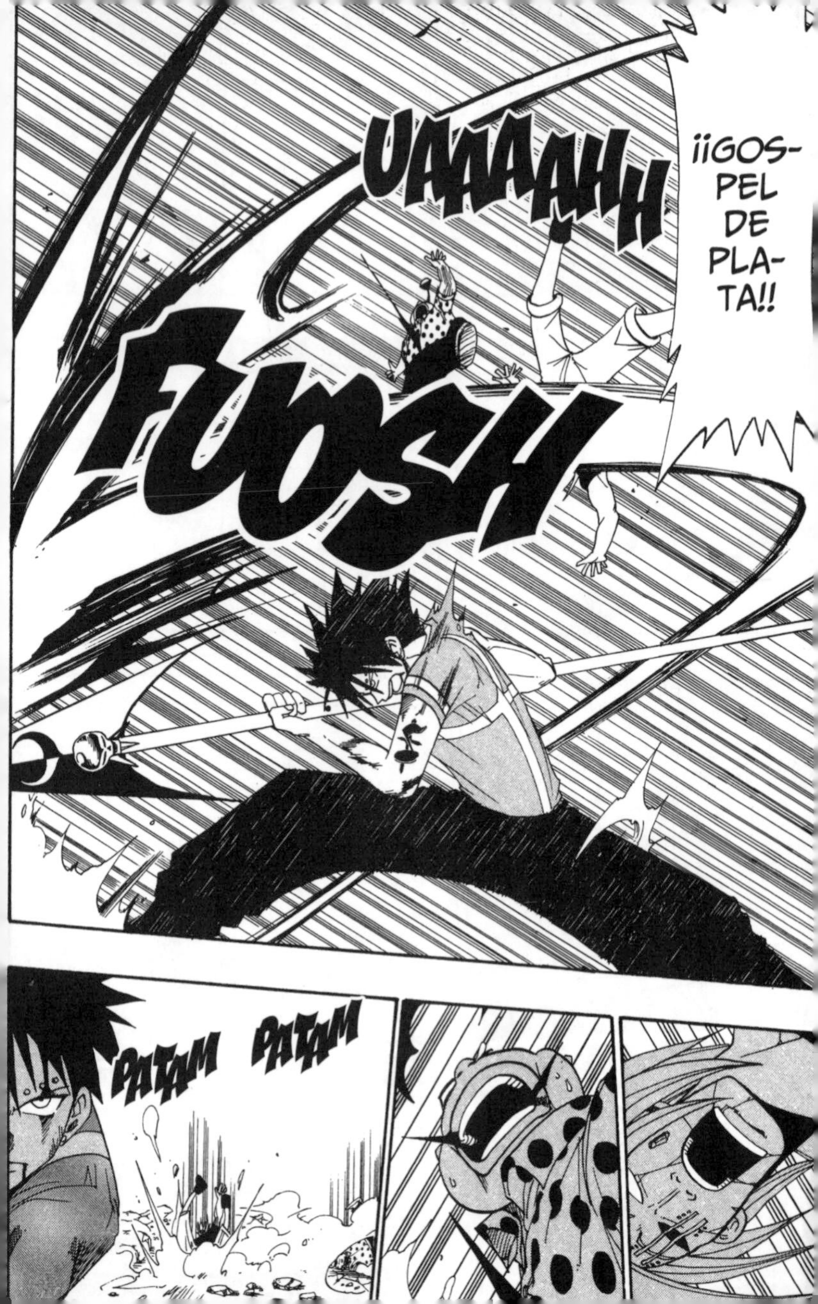
¡¡GOS-
PEL
DE
PLA-
TA!!
UAAAAHH
FUOSH
PATAM
PATAM

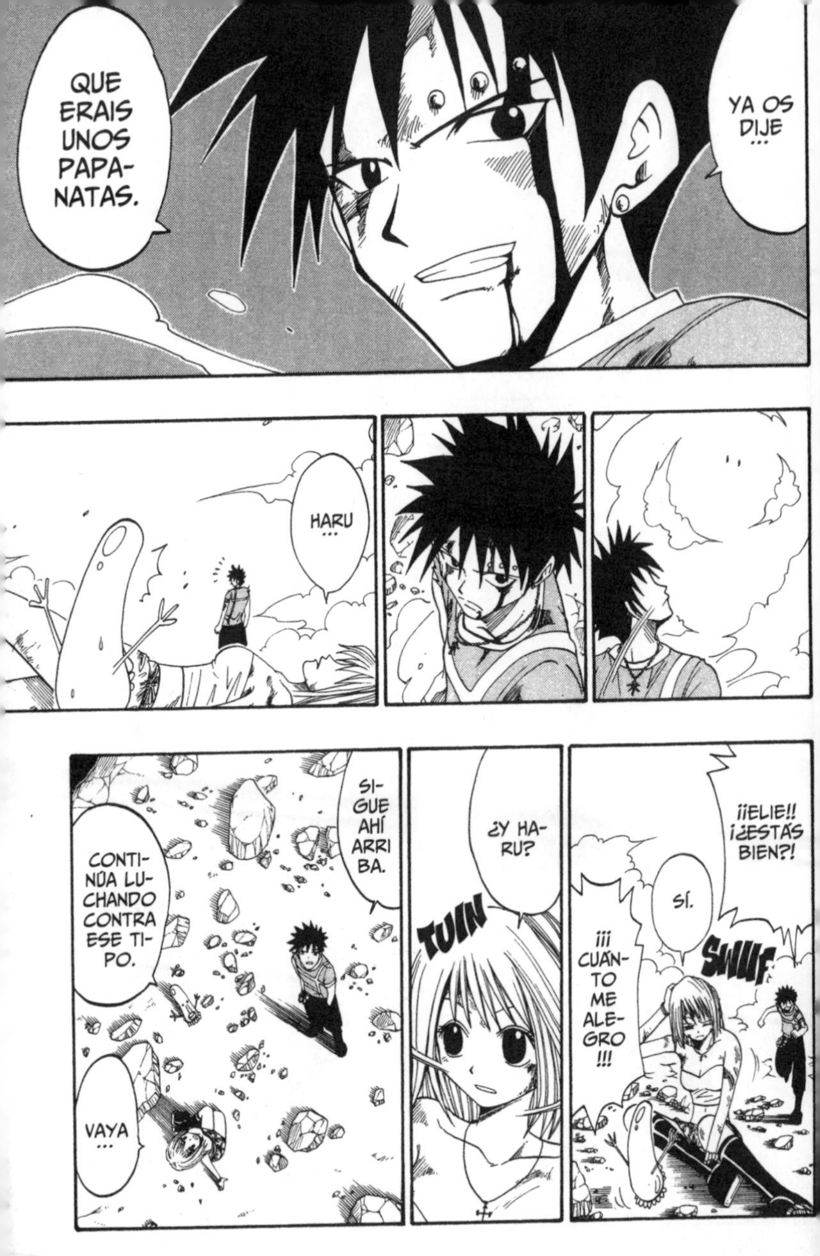
YA OS DIJE ...
QUE ERAIS UNOS PAPANATAS.
HARU ...
¡¡ELIE!! ¡¿ESTÁS BIEN?!
SÍ.
¡¡¡CUÁNTO ME ALEGRO!!!
SNUF
TUIN
¿Y HARU?
SIGUE AHÍ ARRIBA.
CONTINÚA LUCHANDO CONTRA ESE TIPO.
VAYA ...

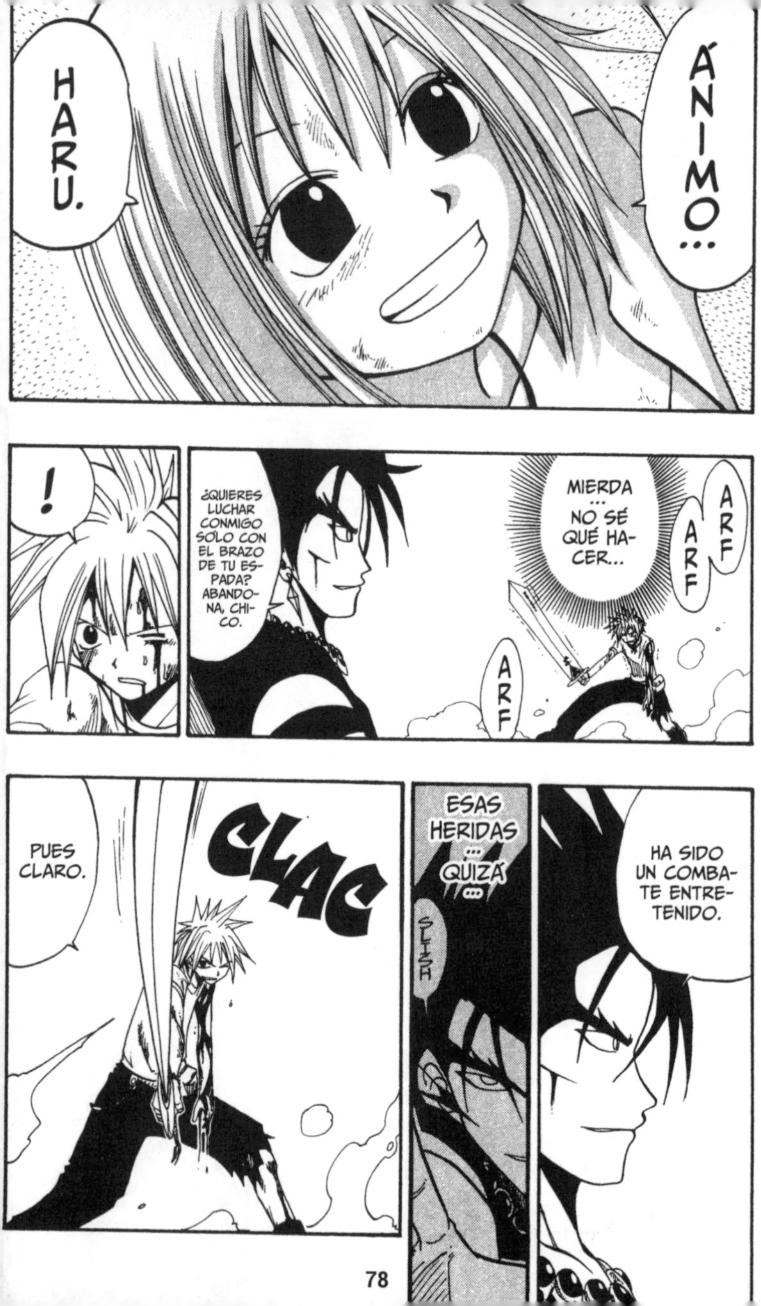
ÁNIMO...
HARU.
ARF ARF
MIERDA... NO SÉ QUÉ HACER...
ARF
¿QUIERES LUCHAR CONMIGO SÓLO CON EL BRAZO DE TU ESPADA? ABANDONA, CHICO.
!
HA SIDO UN COMBATE ENTRETENIDO.
ESAS HERIDAS... QUIZÁ...
SLISH
CLAC
PUES CLARO.

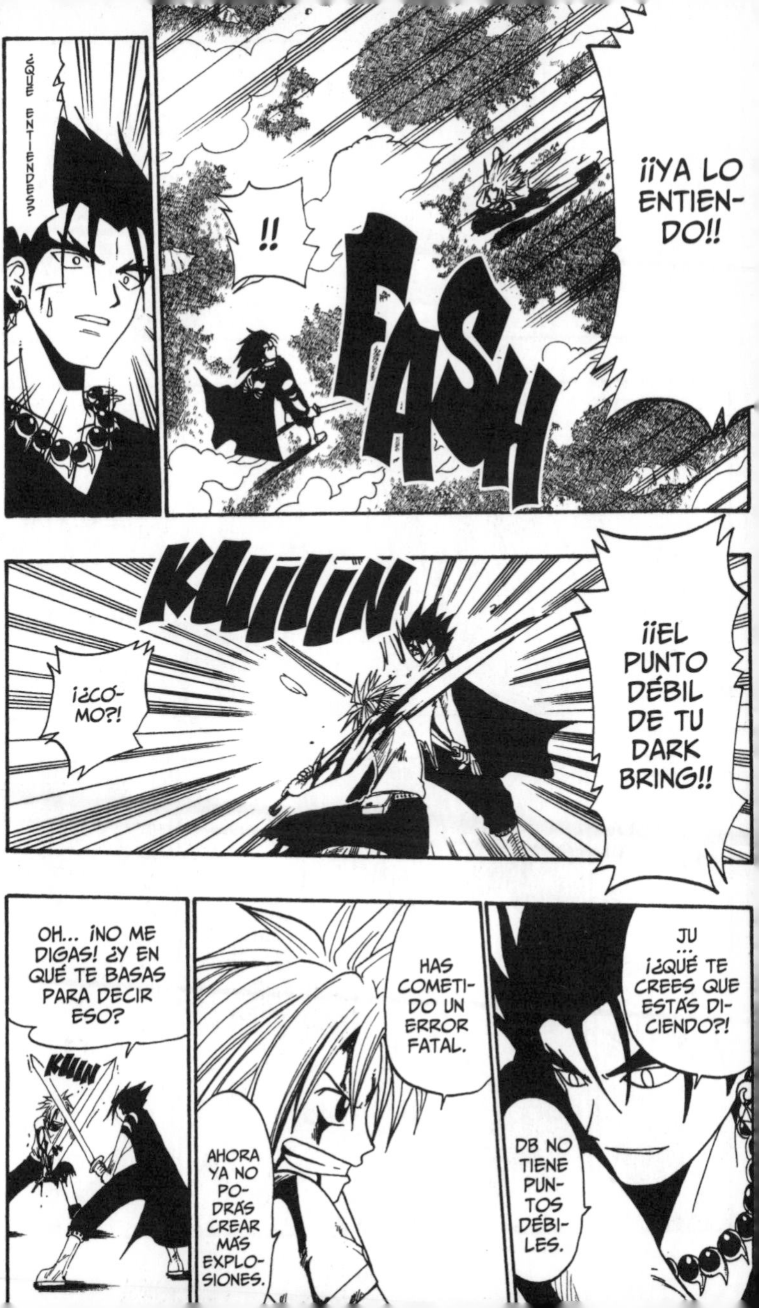

¡¡YA LO ENTIEN-DO!!
FASH
!!
¿QUÉ ENTIENDES?
¡¡EL PUNTO DÉBIL DE TU DARK BRING!!
KIIIIN
¡¿CÓ-MO?!
JU ... ¡¿QUÉ TE CREES QUE ESTÁS DI-CIENDO?!
DB NO TIENE PUN-TOS DÉBI-LES.
HAS COMETI-DO UN ERROR FATAL.
AHORA YA NO PO-DRÁS CREAR MÁS EXPLO-SIONES.
OH... ¡NO ME DIGAS! ¿Y EN QUÉ TE BASAS PARA DECIR ESO?
KIIIN

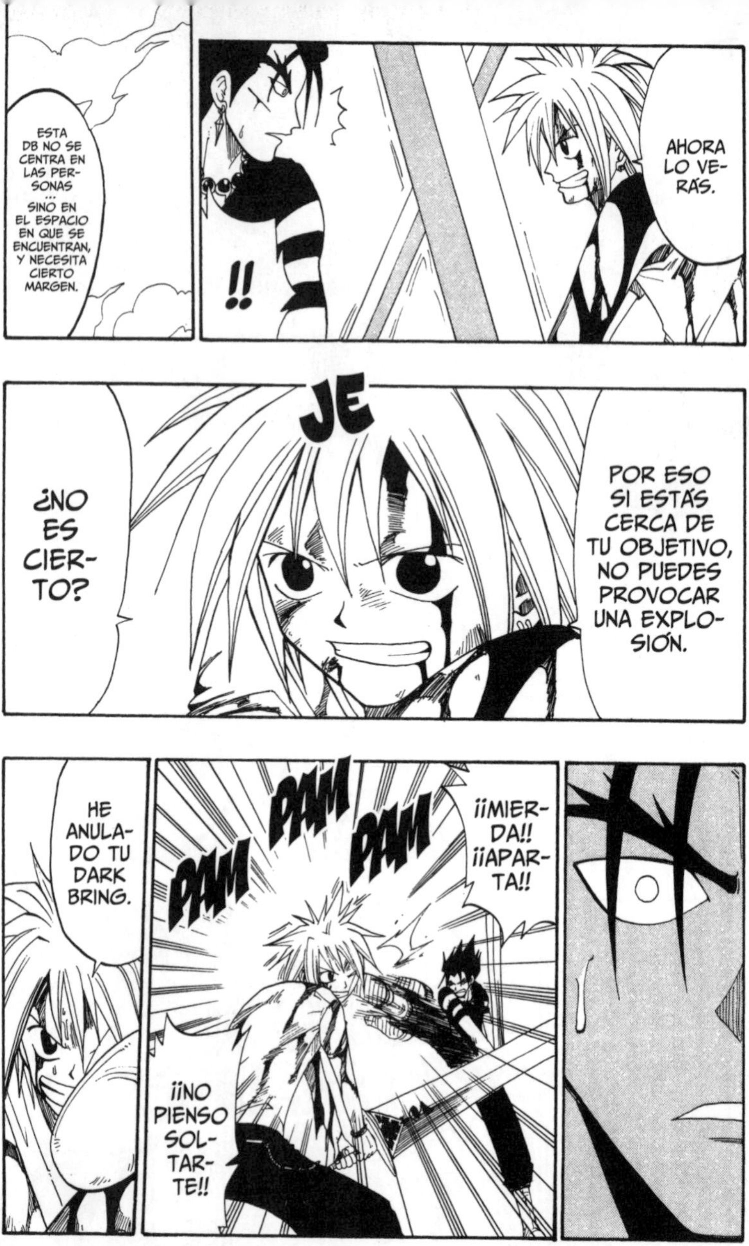
AHORA LO VERÁS.
!!
ESTA DB NO SE CENTRA EN LAS PERSONAS ... SINO EN EL ESPACIO EN QUE SE ENCUENTRAN, Y NECESITA CIERTO MARGEN.
JE
POR ESO SI ESTÁS CERCA DE TU OBJETIVO, NO PUEDES PROVOCAR UNA EXPLOSIÓN.
¿NO ES CIERTO?
¡¡MIERDA!! ¡¡APARTA!!
PAM
PAM
PAM
PAM
¡¡NO PIENSO SOLTARTE!!
HE ANULADO TU DARK BRING.

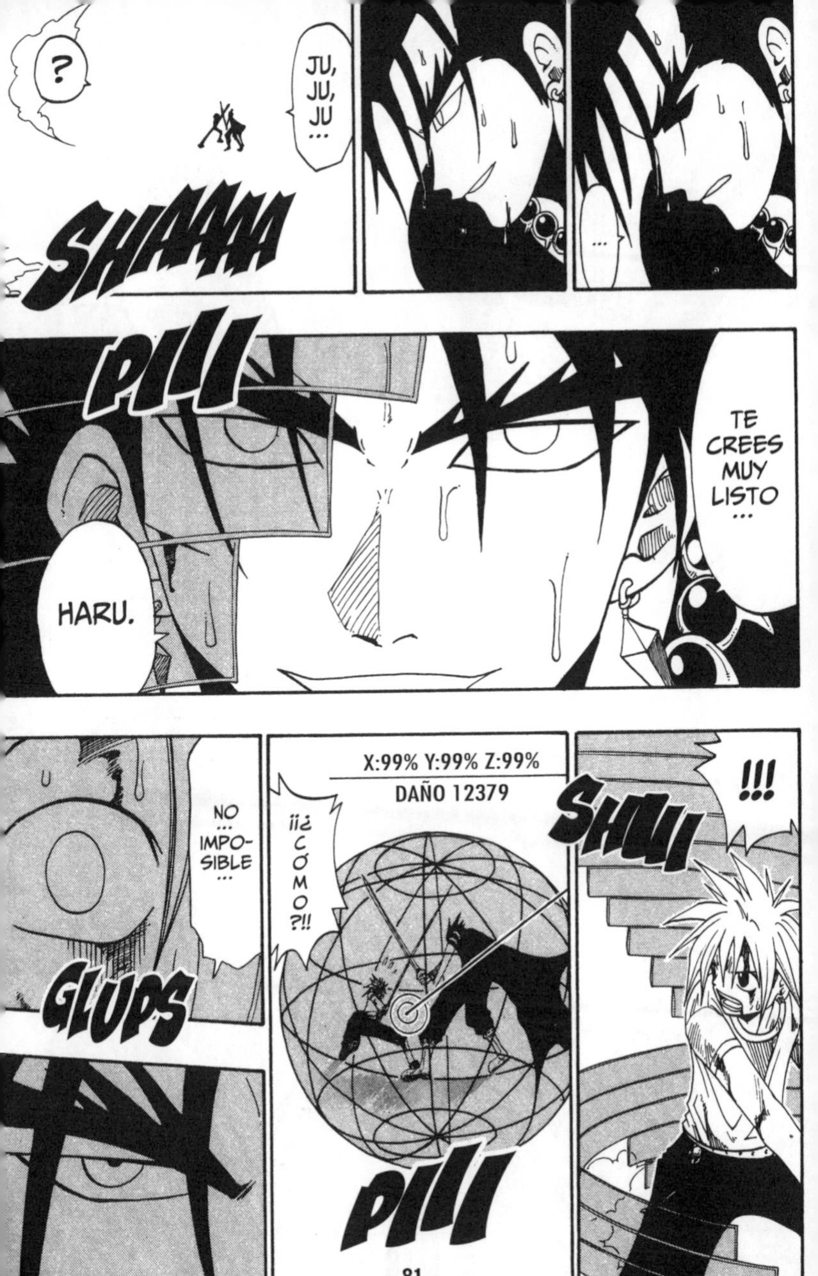
...
JU, JU, JU...
?
SHIAAAA
PILI
TE CREES MUY LISTO...
HARU.
!!!
SHUI
X:99% Y:99% Z:99%
DAÑO 12379
¡¡¿CÓMO?!!
PILI
NO... IMPOSIBLE...
GLUPS

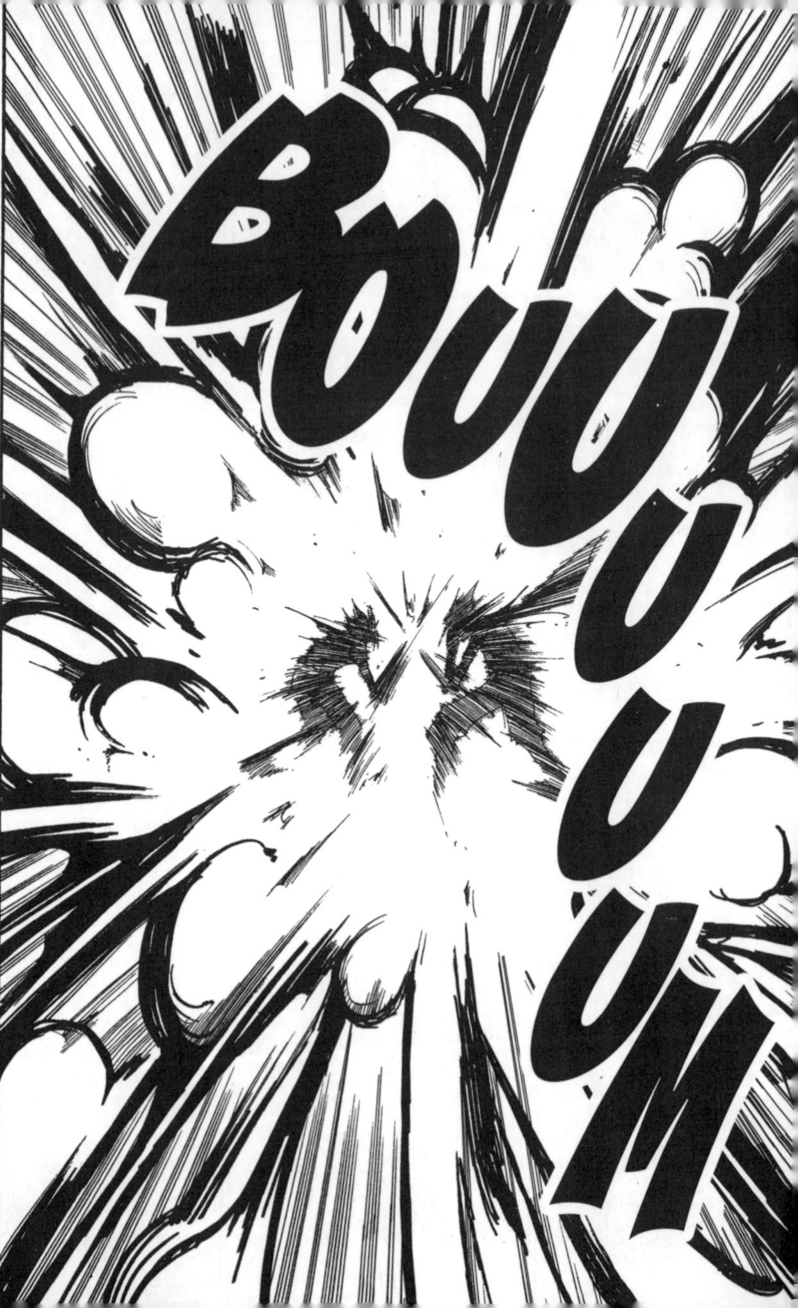
BOUUUUUM

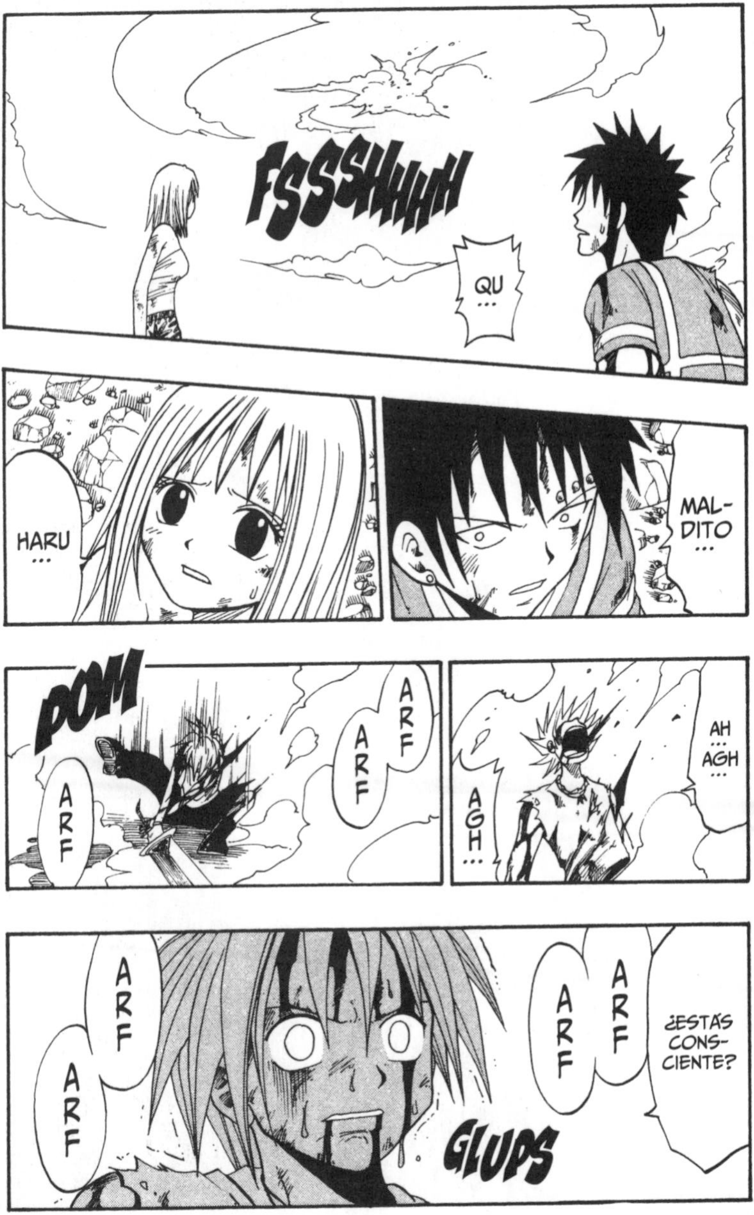
FSSSHHHHH
QU ...
MAL-DITO ...
HARU ...
AH ... AGH ...
AGH ...
ARF ARF
ARF
POM
¿ESTÁS CONS-CIENTE?
ARF ARF
GLUPS
ARF ARF

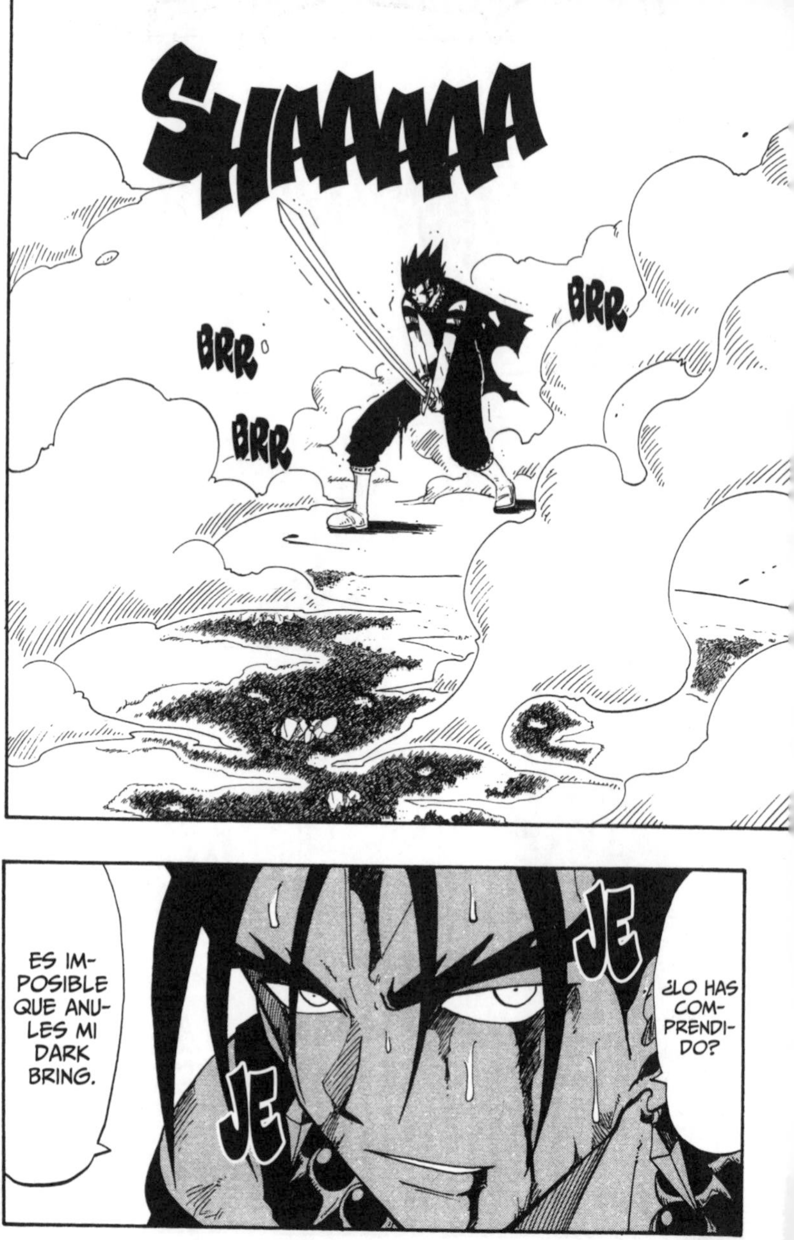
SHAAAAA
BRR
BRR
BRR
JE
¿LO HAS COMPRENDIDO?
JE
ES IMPOSIBLE QUE ANULES MI DARK BRING.

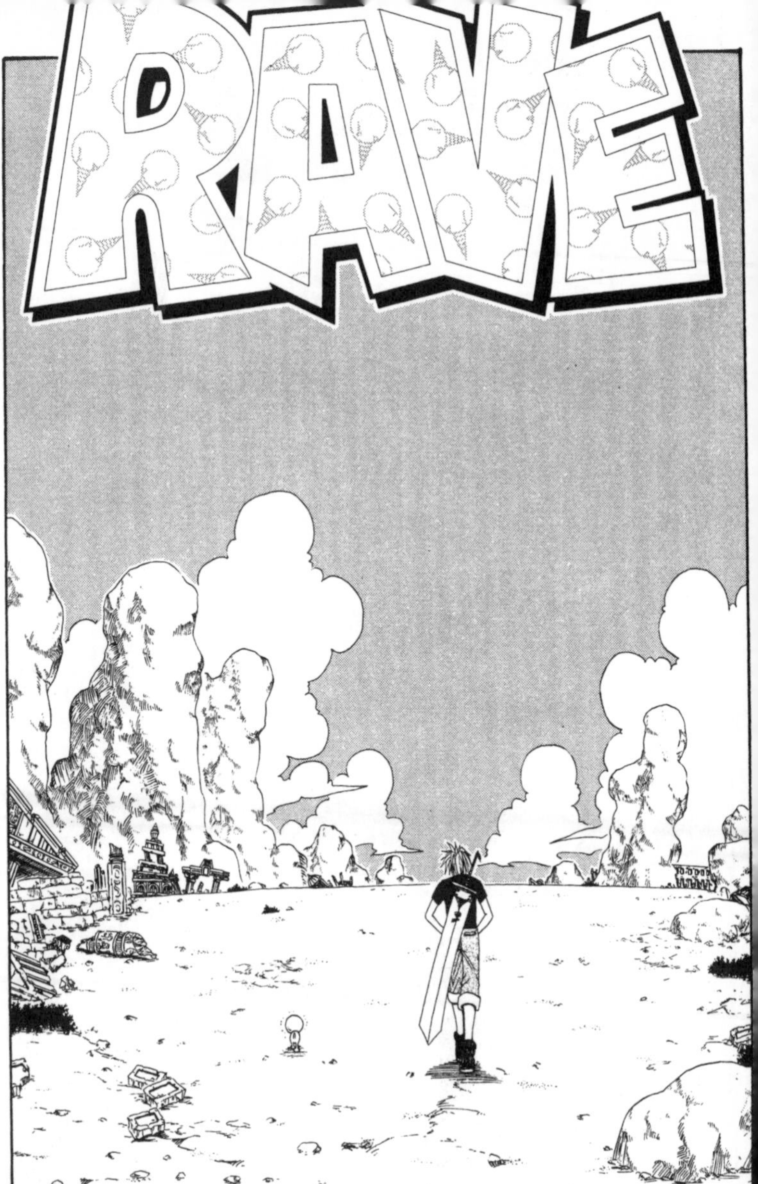
RAVE

RAVE 35 ✠ EL TRISTE FIRMAMENTO

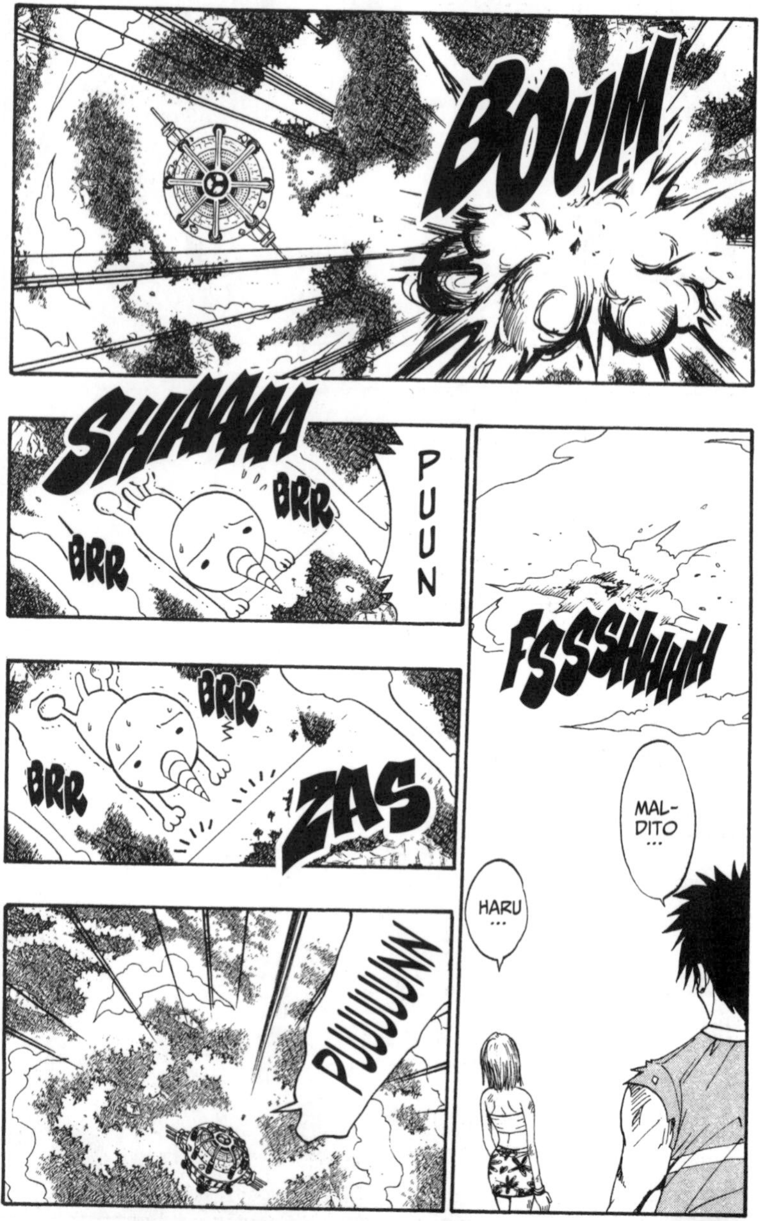
BOUM
SHAAAAA
BRR
BRR
PUUN
BRR
BRR
ZAS
PUUUUUNN
FSSSHHHHH
MAL-
DITO
...
HARU
...

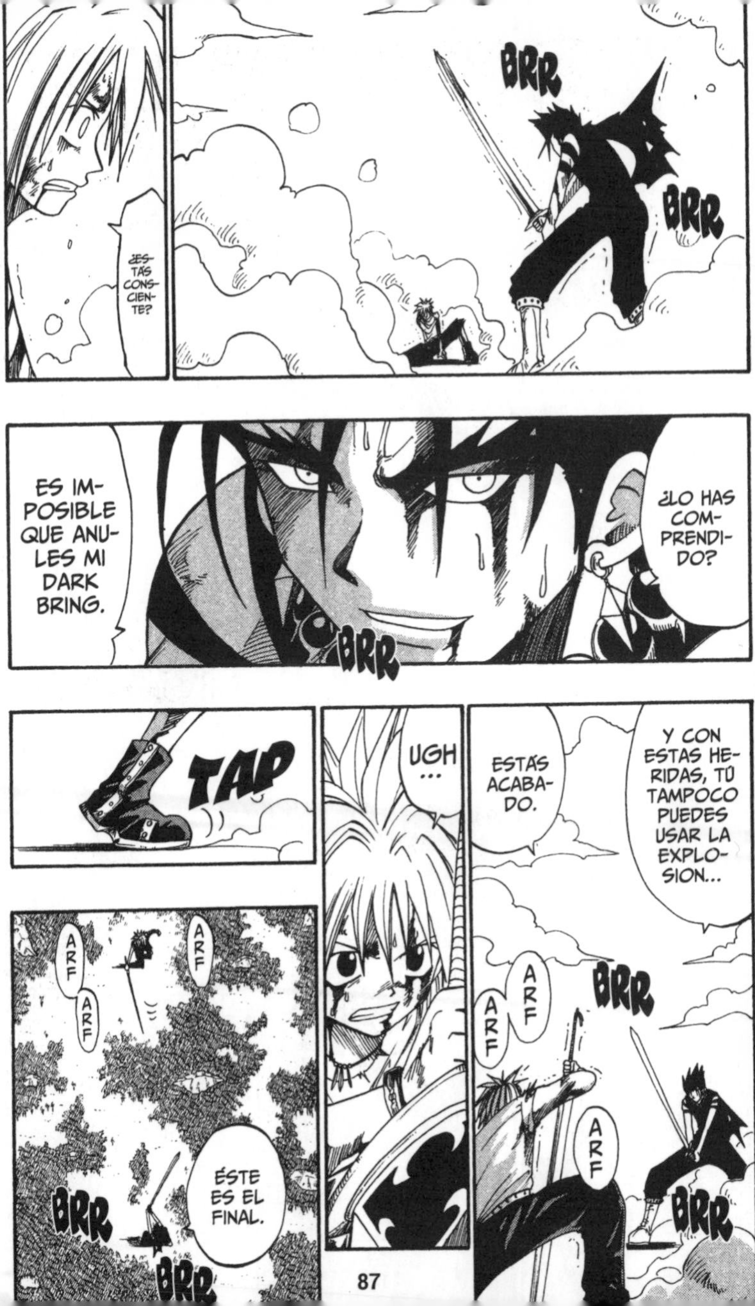

BRR
BRR
¿ESTÁS CONSCIENTE?
¿LO HAS COMPRENDIDO?
ES IMPOSIBLE QUE ANULES MI DARK BRING.
BRR
Y CON ESTAS HERIDAS, TÚ TAMPOCO PUEDES USAR LA EXPLOSION...
ESTÁS ACABADO.
BRR
ARF
ARF
ARF
BRR
UGH ...
TAP
ARF
ARF
ARF
ÉSTE ES EL FINAL.
BRR
BRR

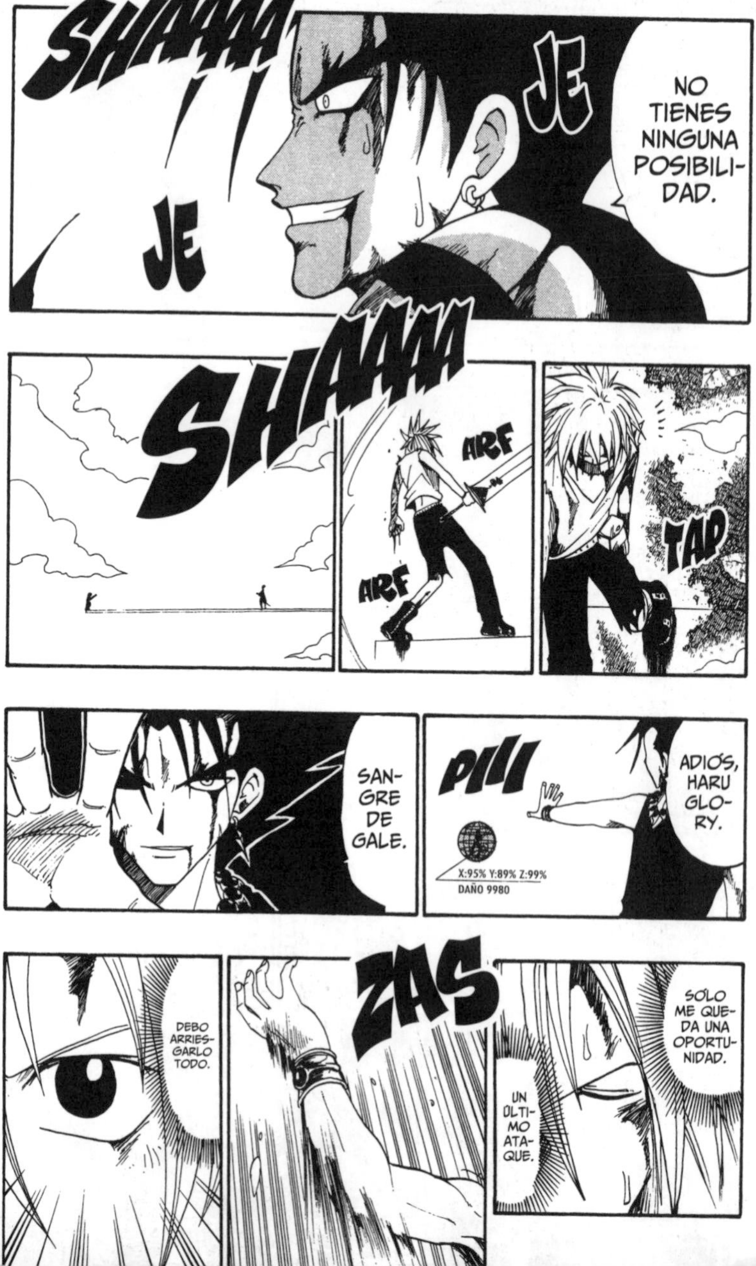
NO TIENES NINGUNA POSIBILIDAD.
JE
JE
SHAAAAA
TAP
ARF
ARF
SHAAAAA
ADIÓS, HARU GLORY.
PIIII
X:95% Y:89% Z:99%
DAÑO 9980
SANGRE DE GALE.
SÓLO ME QUEDA UNA OPORTUNIDAD.
UN ÚLTIMO ATAQUE.
ZAS
DEBO ARRIESGARLO TODO.

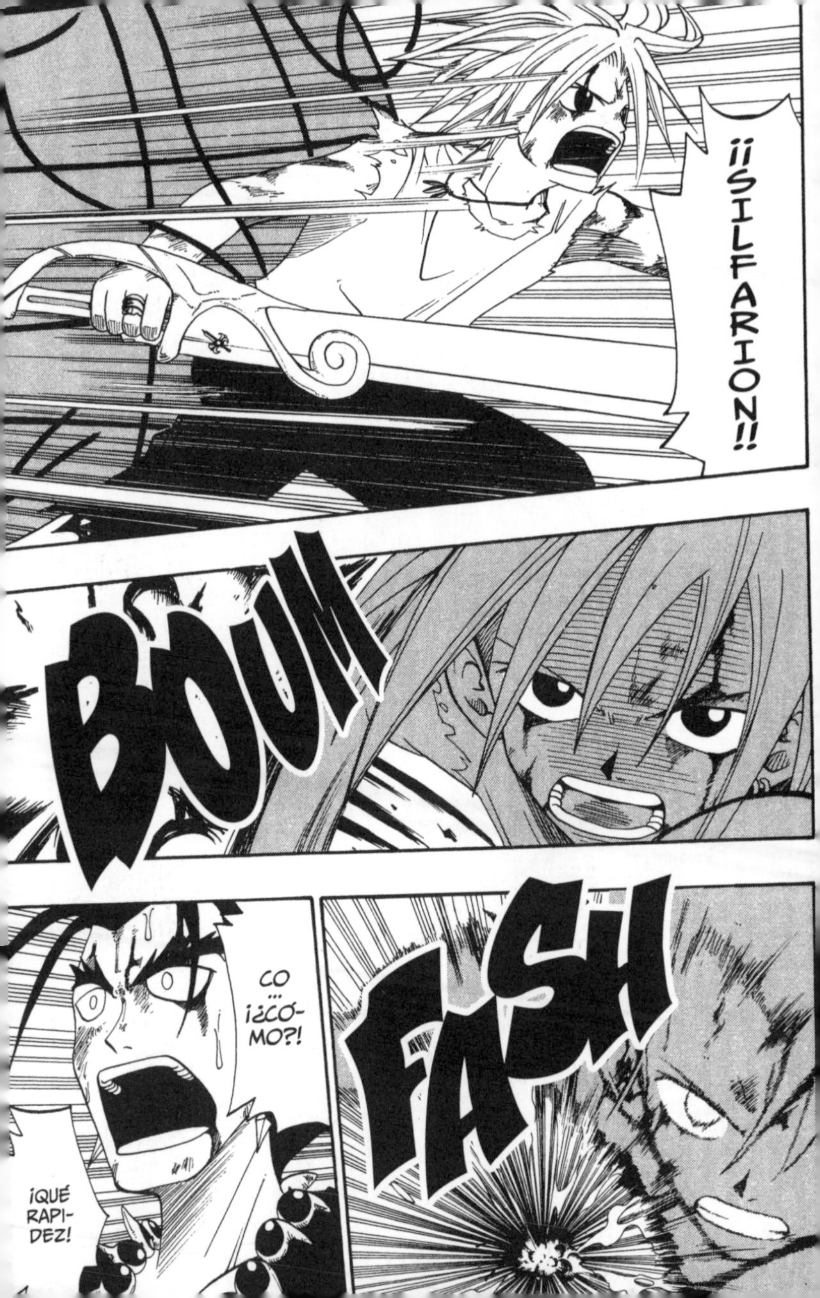
¡¡SILFARION!!
BOUM
FASH
CO... ¡¿CÓMO?!
¡QUÉ RAPIDEZ!

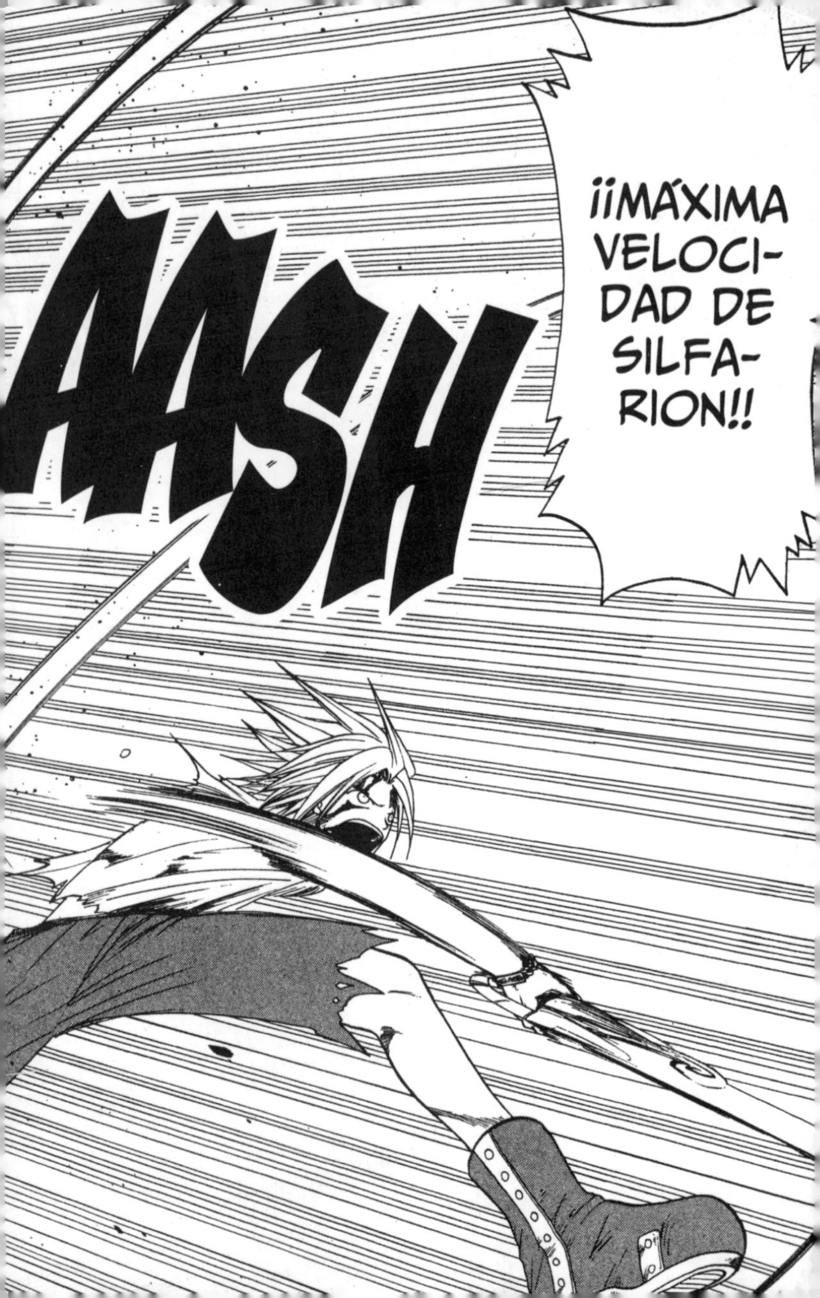
¡¡MÁXIMA VELOCIDAD DE SILFARION!!

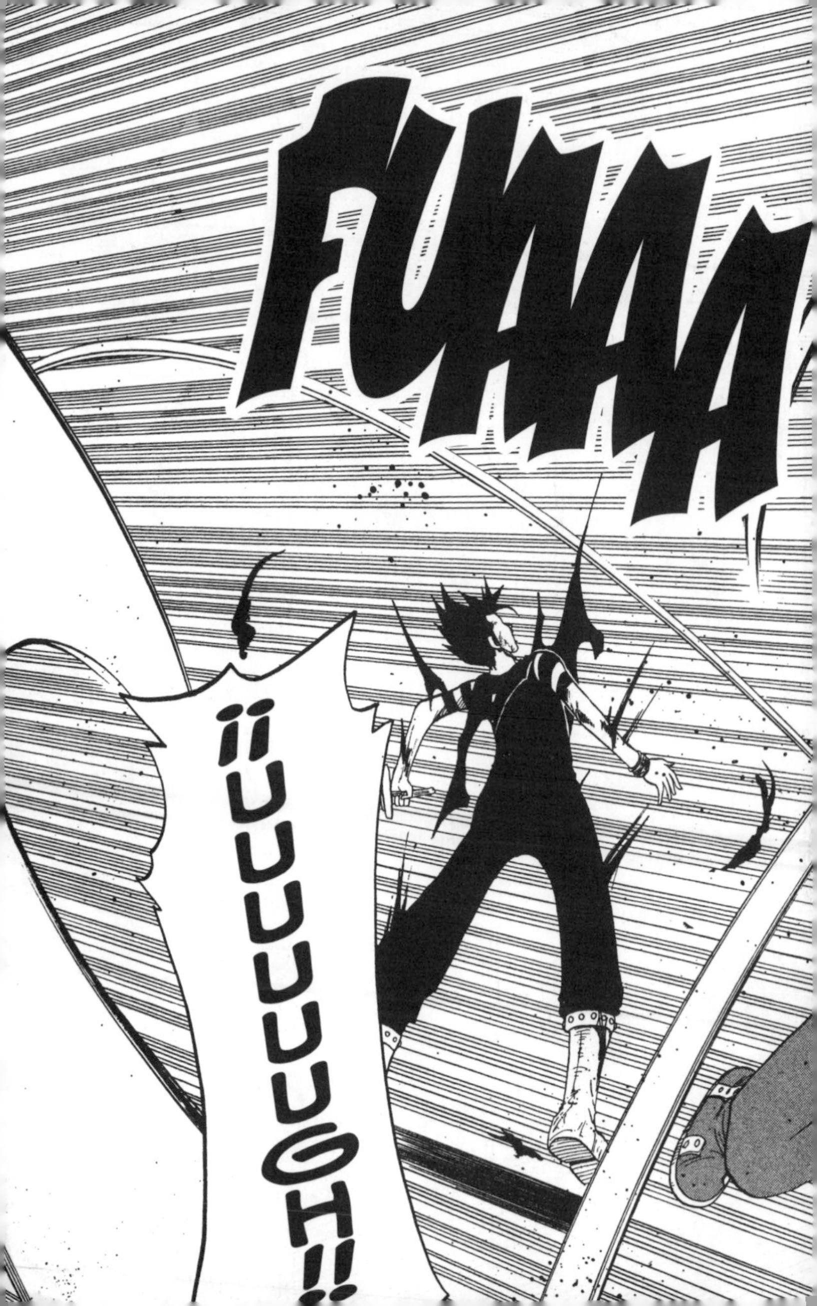
FUAAA
¡¡UUUUUUUGH!!

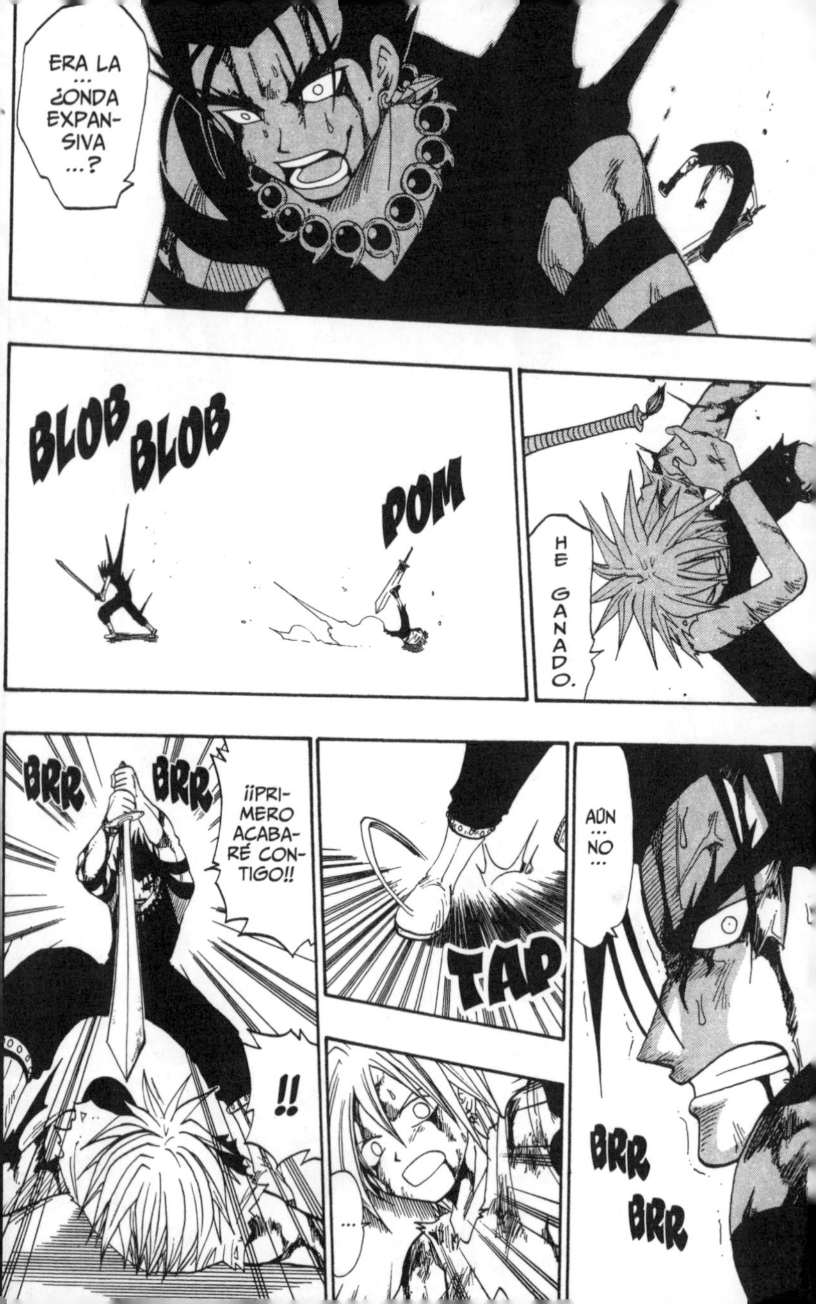
ERA LA ... ¿ONDA EXPANSIVA ...?
HE GANADO.
BLOB BLOB
POM
AÚN ... NO ...
TAP
BRR BRR
...
¡¡PRIMERO ACABARÉ CONTIGO!!
BRR BRR
!!

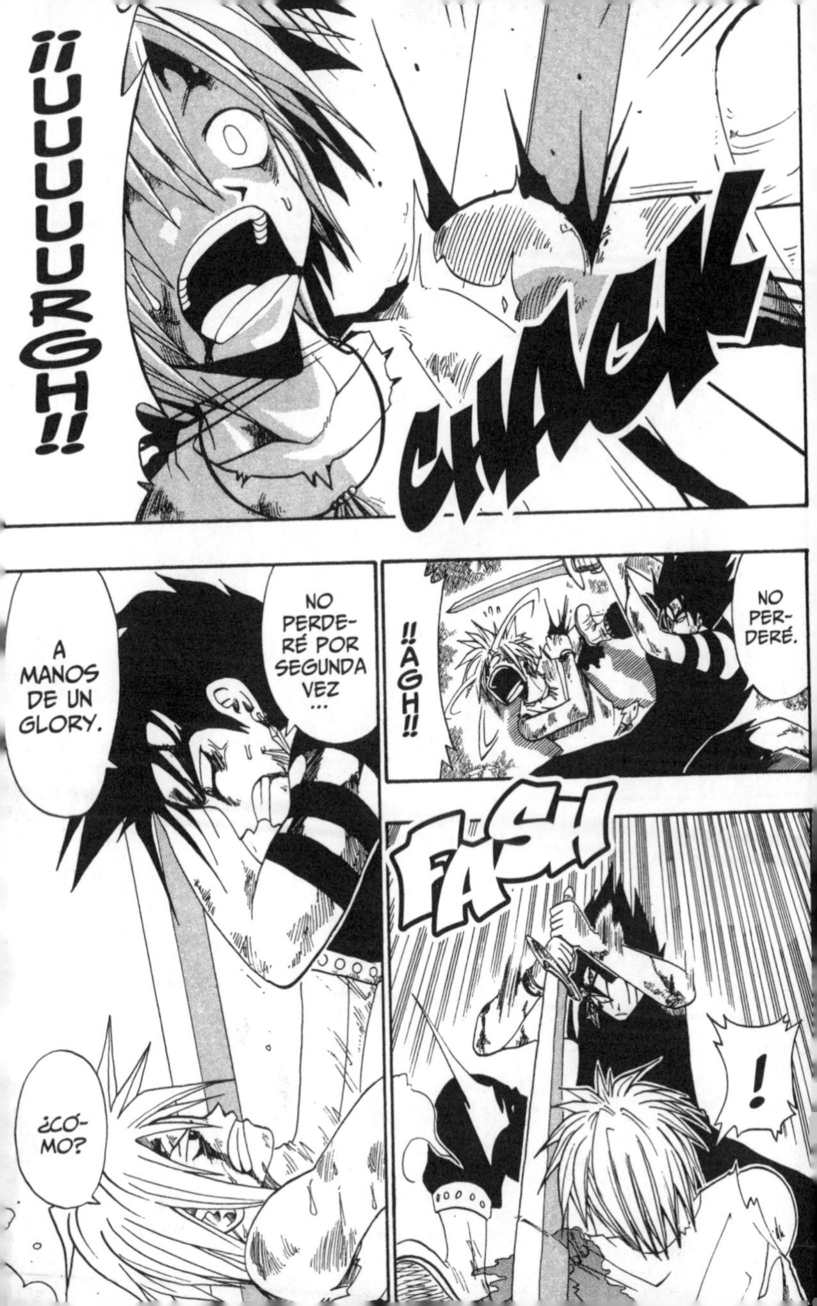
CHACK
¡¡UUUUUURGH!!
NO PERDERÉ.
¡¡AGH!!
NO PERDERÉ POR SEGUNDA VEZ ...
A MANOS DE UN GLORY.
FASH
!
¿CÓMO?

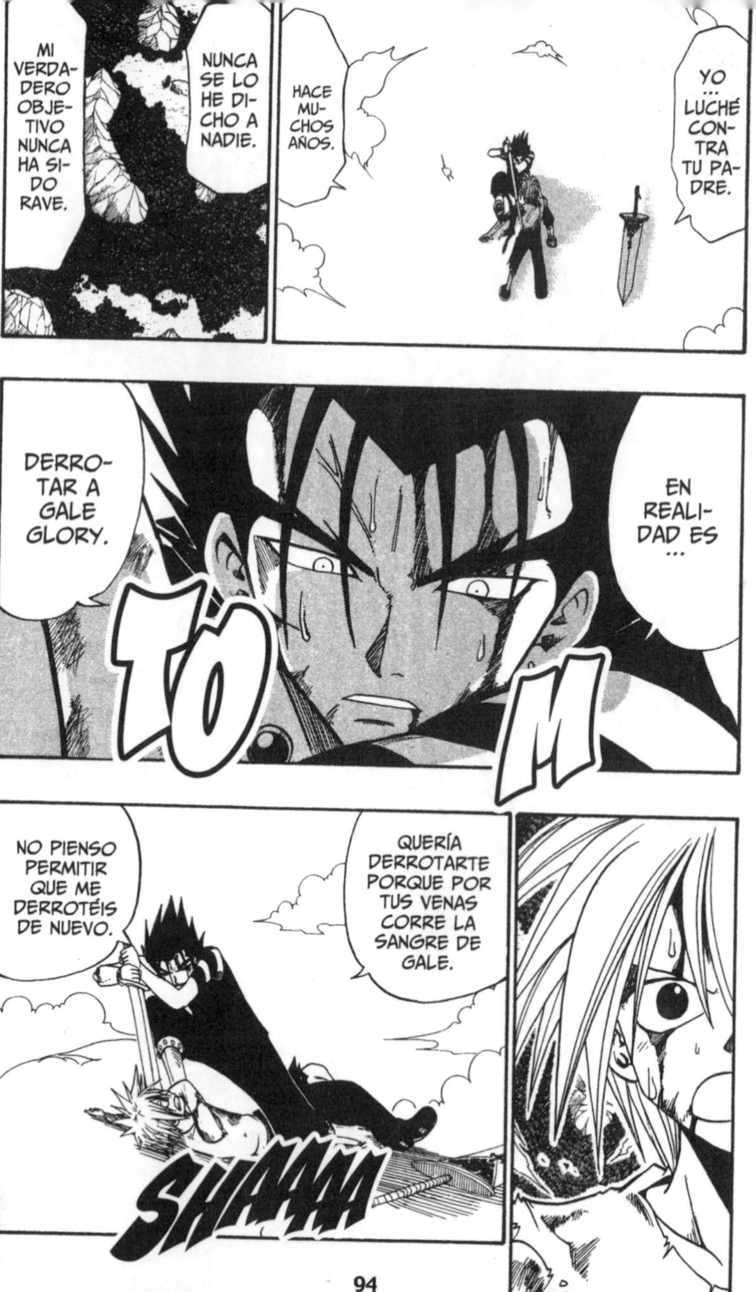
YO ... LUCHÉ CONTRA TU PADRE.
HACE MUCHOS AÑOS.
NUNCA SE LO HE DICHO A NADIE.
MI VERDADERO OBJETIVO NUNCA HA SIDO RAVE.
EN REALIDAD ES ...
DERROTAR A GALE GLORY.
TOM
QUERÍA DERROTARTE PORQUE POR TUS VENAS CORRE LA SANGRE DE GALE.
NO PIENSO PERMITIR QUE ME DERROTÉIS DE NUEVO.
SHAAAA

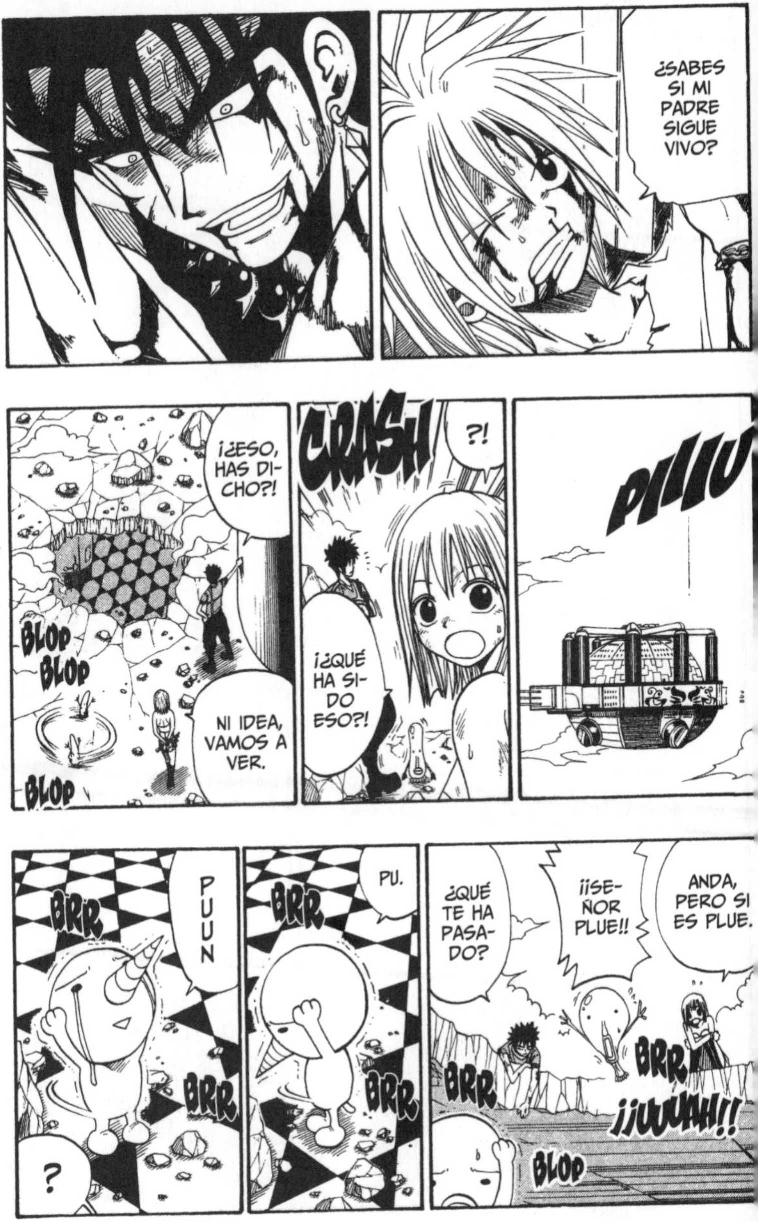
¿SABES SI MI PADRE SIGUE VIVO?
CRASH
?!
¡¿QUÉ HA SIDO ESO?!
¡¿ESO, HAS DICHO?!
NI IDEA, VAMOS A VER.
BLOP
BLOP
BLOP
ANDA, PERO SI ES PLUE.
¡¡SEÑOR PLUE!!
¿QUÉ TE HA PASADO?
BRR
BRR
¡¡UUUAH!!
BLOP
PU.
BRR
BRR
PUUN
BRR
BRR
?

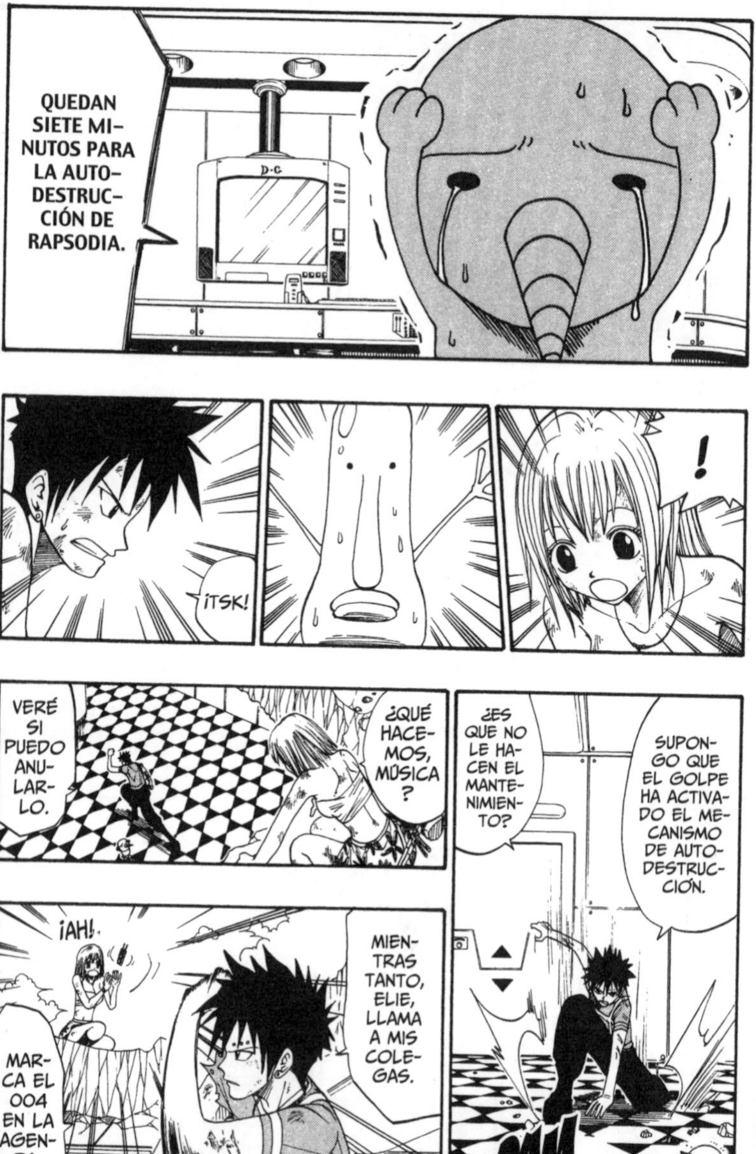
QUEDAN SIETE MI-NUTOS PARA LA AUTO-DESTRUC-CIÓN DE RAPSODIA.
¡TSK!
!
¿ES QUE NO LE HA-CEN EL MANTE-NIMIEN-TO?
SUPON-GO QUE EL GOLPE HA ACTIVA-DO EL ME-CANISMO DE AUTO-DESTRUC-CIÓN.
PAM
¿QUÉ HACE-MOS, MÚSICA?
VERÉ SI PUEDO ANU-LAR-LO.
MIEN-TRAS TANTO, ELIE, LLAMA A MIS COLE-GAS.
MAR-CA EL 004 EN LA AGEN-DA.
¡AH!

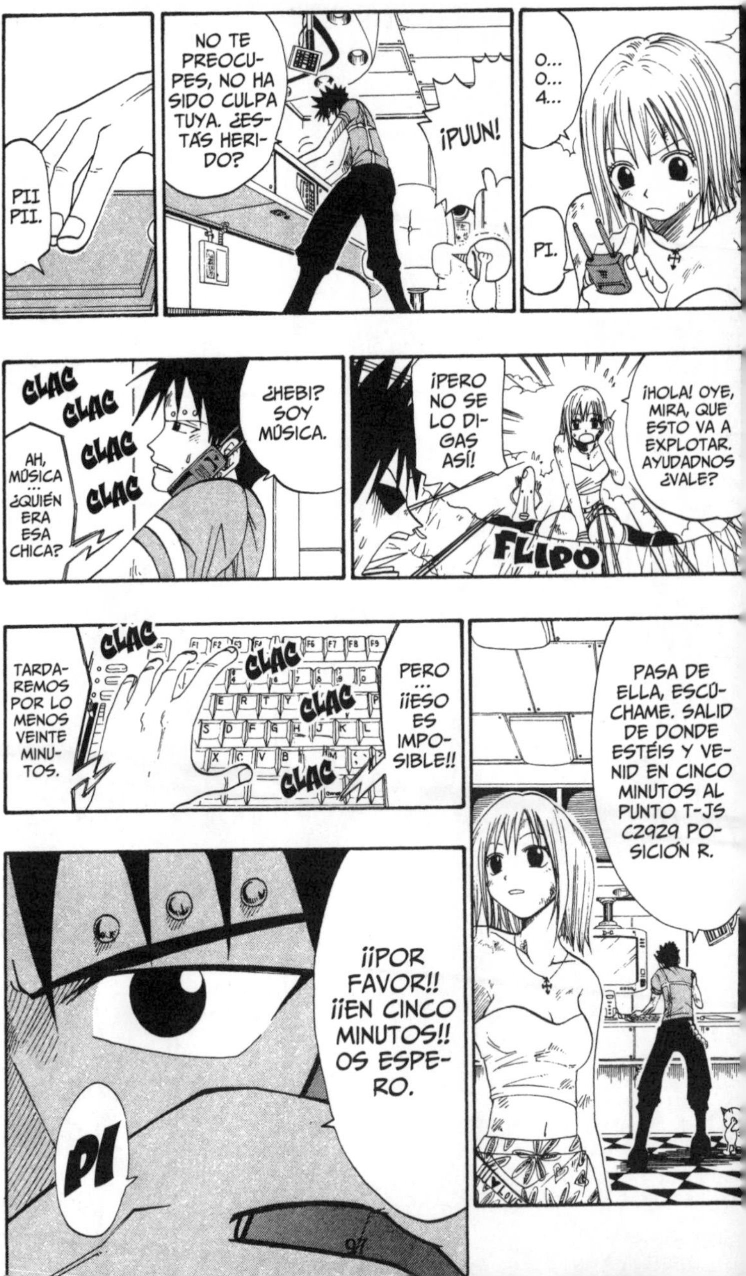
O... O... 4...
PI.
¡PUUN!
NO TE PREOCUPES, NO HA SIDO CULPA TUYA. ¿ESTÁS HERIDO?
PII PII.
¡HOLA! OYE, MIRA, QUE ESTO VA A EXPLOTAR. AYUDADNOS ¿VALE?
¡PERO NO SE LO DIGAS ASÍ!
FLIPO
¿HEBI? SOY MÚSICA.
CLAC CLAC CLAC CLAC
AH, MÚSICA... ¿QUIÉN ERA ESA CHICA?
PASA DE ELLA, ESCÚCHAME. SALID DE DONDE ESTÉIS Y VENID EN CINCO MINUTOS AL PUNTO T-JS C2929 POSICIÓN R.
PERO... ¡¡ESO ES IMPOSIBLE!!
CLAC CLAC CLAC CLAC
TARDAREMOS POR LO MENOS VEINTE MINUTOS.
¡¡POR FAVOR!! ¡¡EN CINCO MINUTOS!! OS ESPERO.
PI

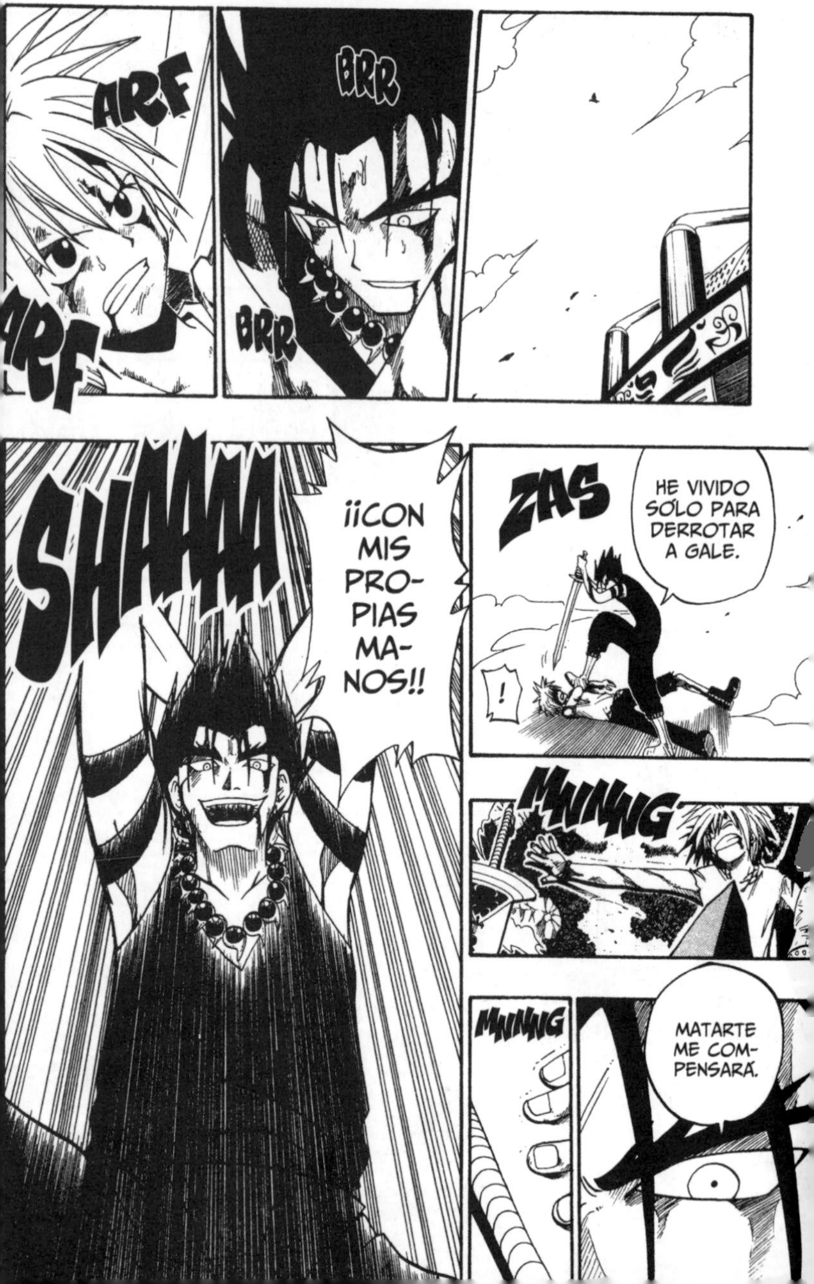

ARF
ARF
BRR
BRR
SHAAAA
¡¡CON MIS PROPIAS MANOS!!
ZAS
HE VIVIDO SÓLO PARA DERROTAR A GALE.
!
MNNNG
MNNNG
MATARTE ME COMPENSARÁ.

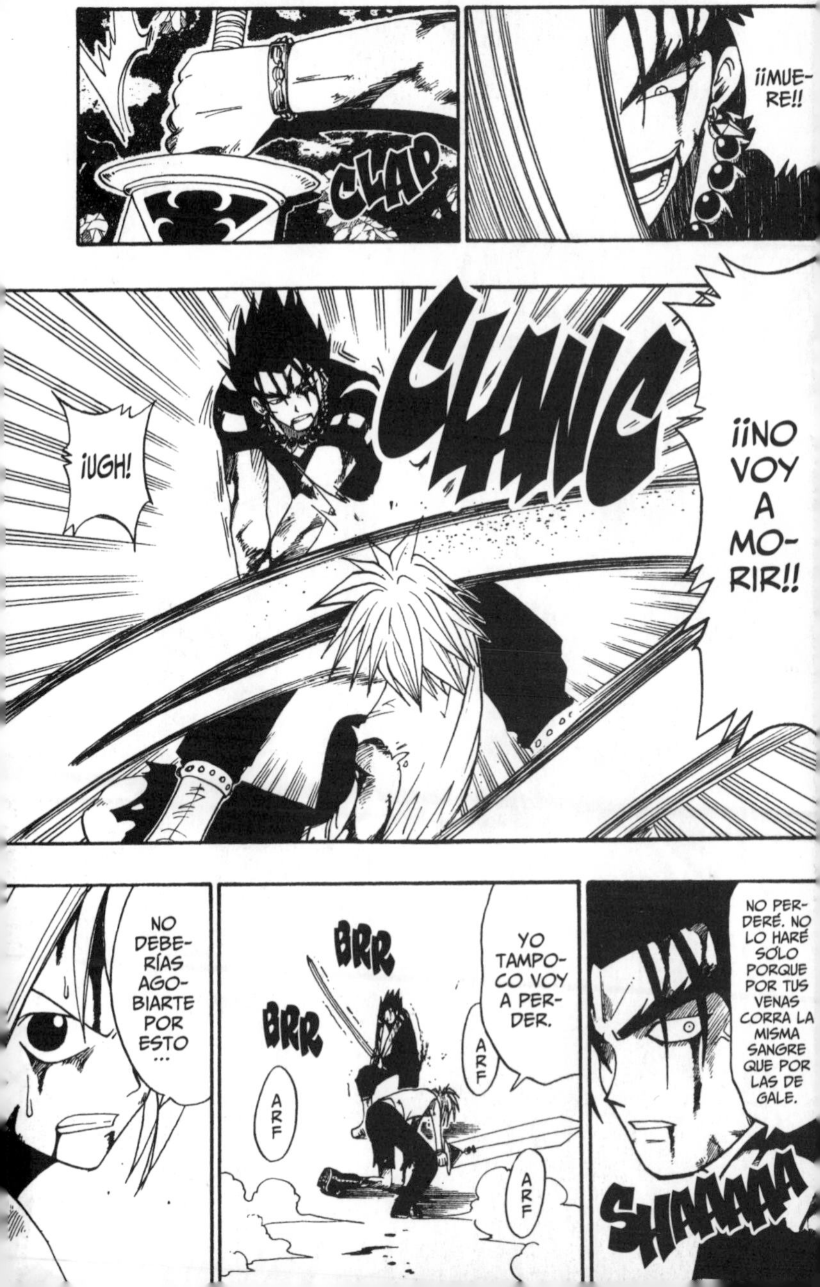

¡¡MUERE!!
CLAP
¡¡NO VOY A MORIR!!
CLANG
¡UGH!
NO PERDERÉ. NO LO HARÉ SÓLO PORQUE POR TUS VENAS CORRA LA MISMA SANGRE QUE POR LAS DE GALE.
SHAAAAA
YO TAMPOCO VOY A PERDER.
ARF
ARF
BRR
BRR
ARF
NO DEBERÍAS AGOBIARTE POR ESTO...

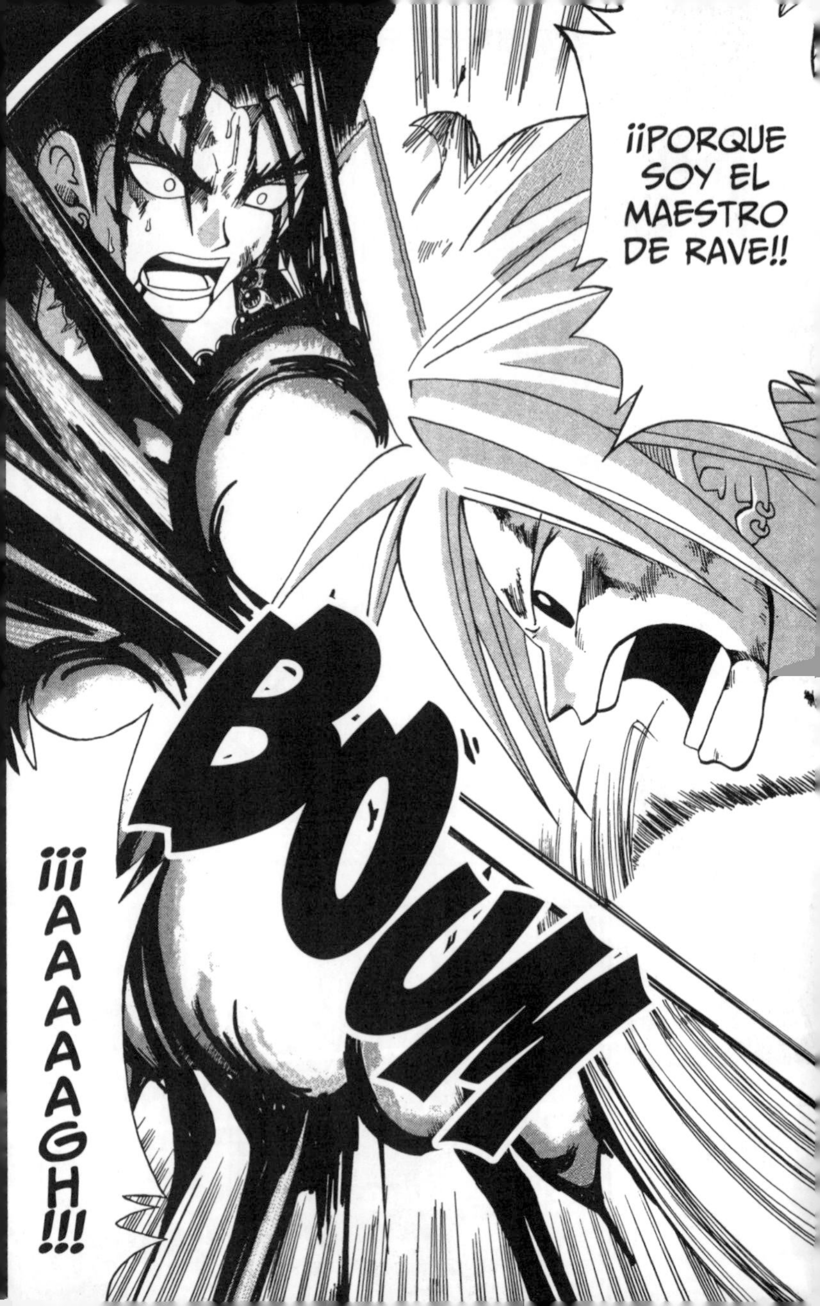
¡¡PORQUE SOY EL MAESTRO DE RAVE!!
BOUM
¡¡¡AAAAAAAGH!!!

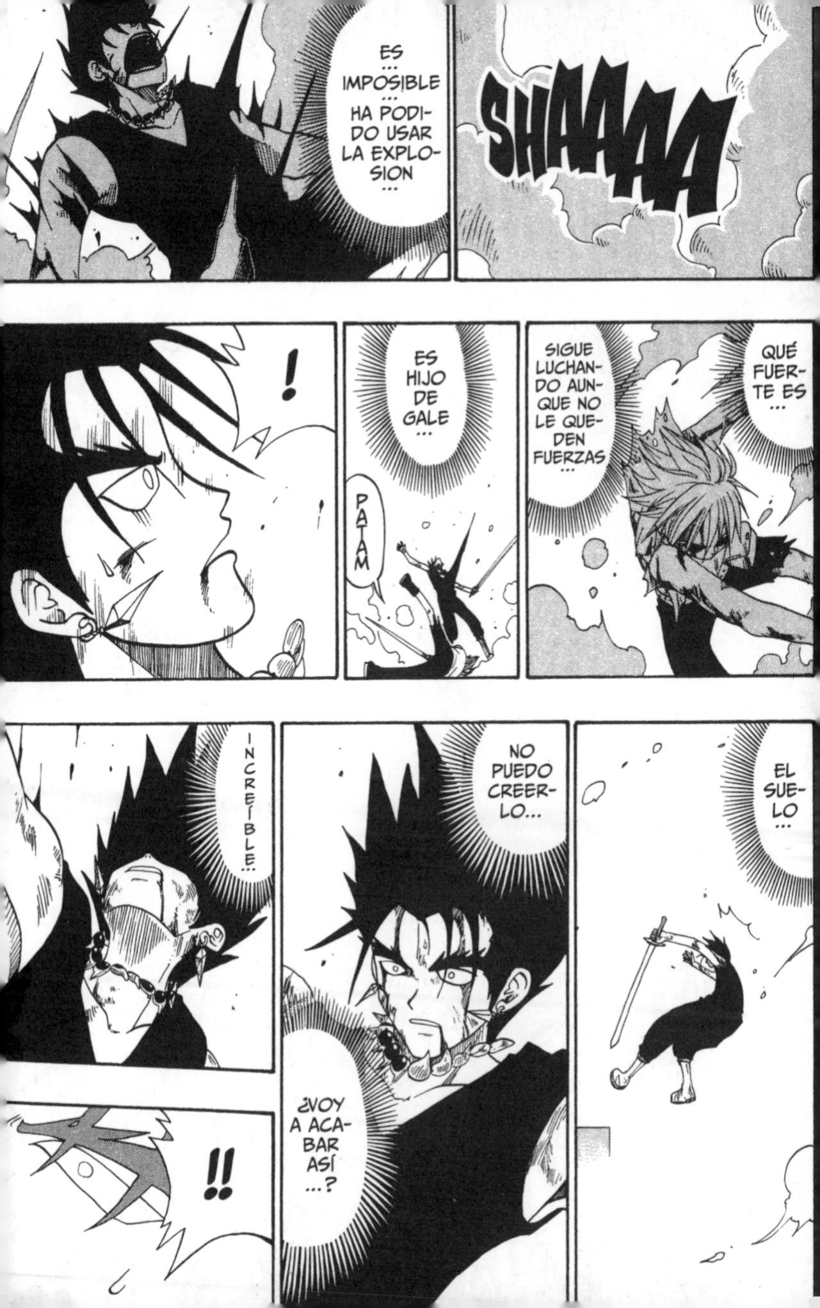
SHAAAAA
ES... IMPOSIBLE... HA PODIDO USAR LA EXPLOSION...
QUÉ FUERTE ES...
SIGUE LUCHANDO AUNQUE NO LE QUEDEN FUERZAS...
ES HIJO DE GALE...
PATAM
!
EL SUELO...
NO PUEDO CREERLO...
¿VOY A ACABAR ASÍ...?
INCREÍBLE...
!!

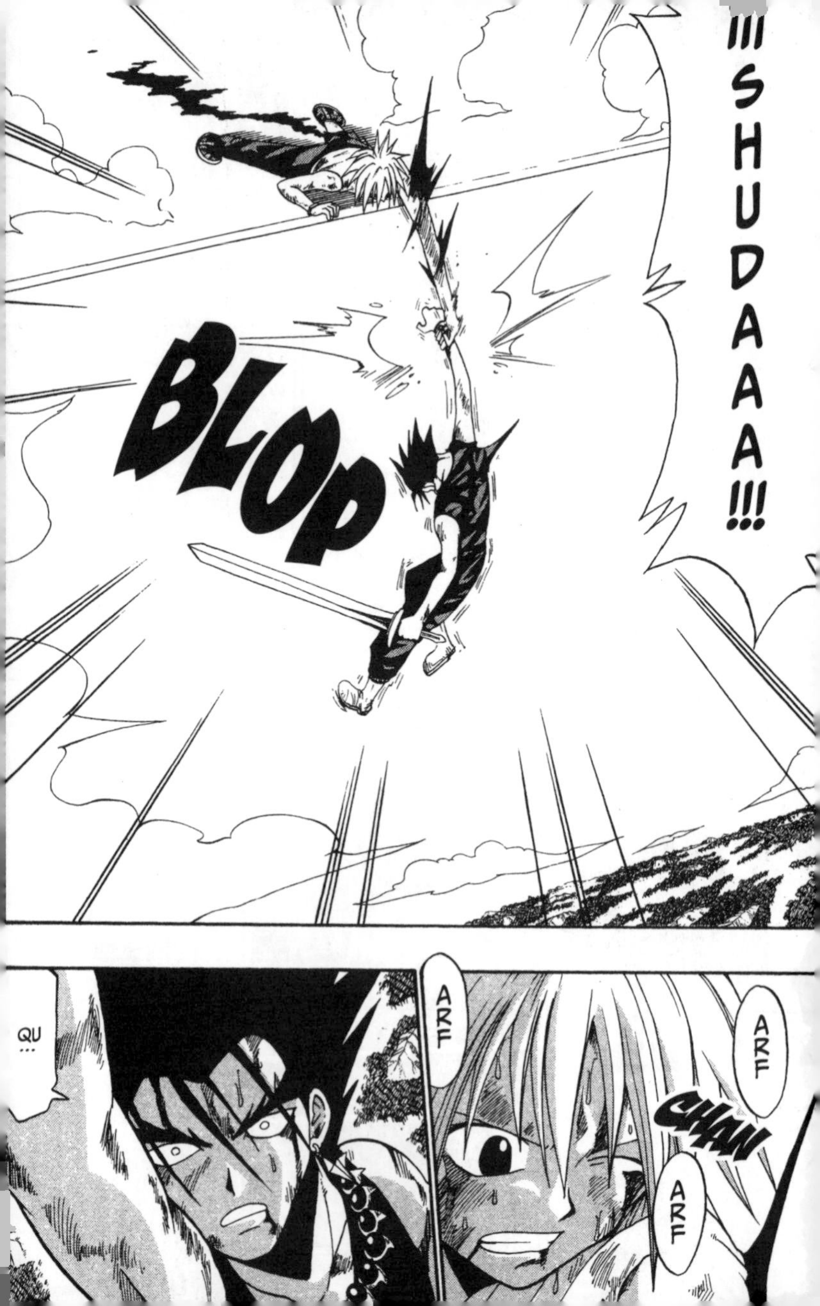
!!! SHUDAAAA !!!
BLOP
ARF
CHAN
ARF
ARF
QU ...

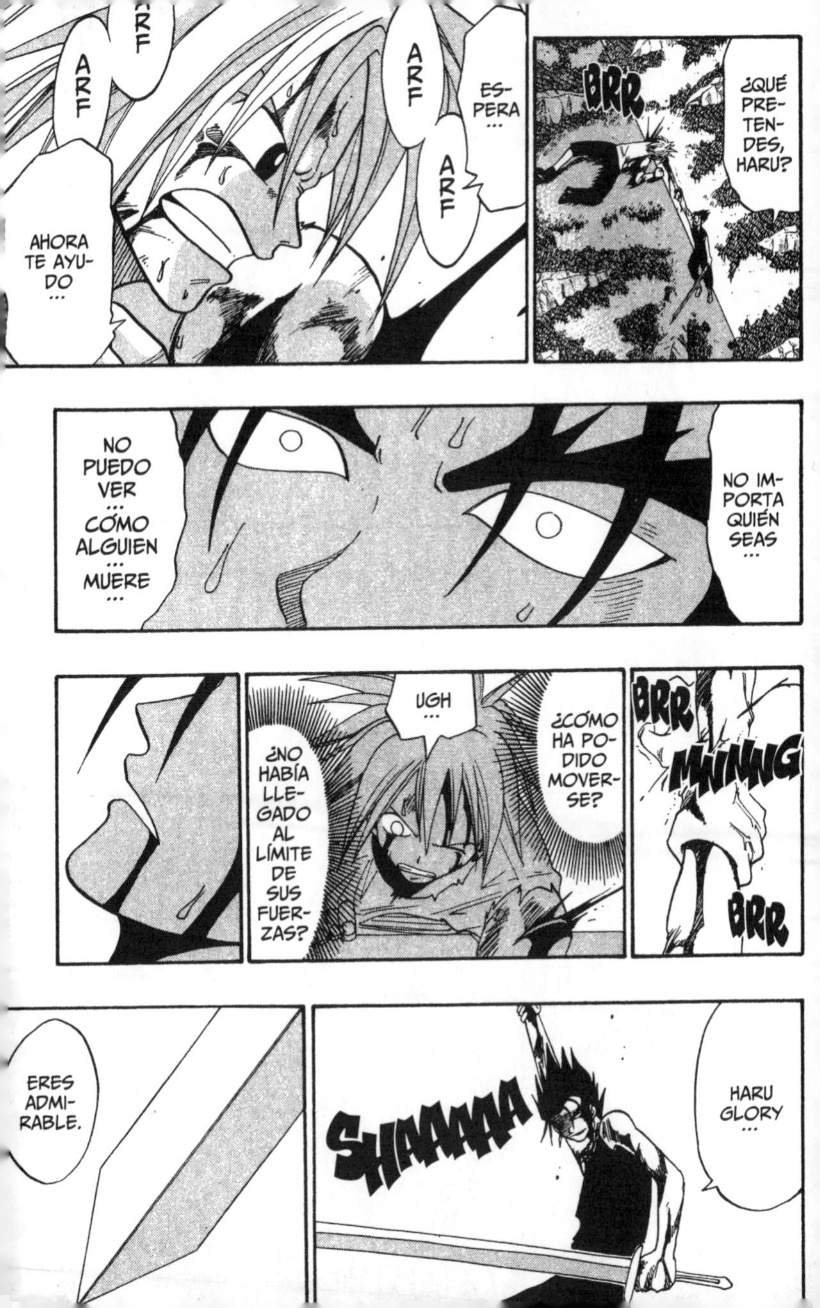
BRR
¿QUÉ PRETENDES, HARU?
ES-PERA ...
ARF
ARF
ARF
ARF
AHORA TE AYUDO ...
NO IMPORTA QUIÉN SEAS ...
NO PUEDO VER ... CÓMO ALGUIEN ... MUERE ...
BRR
MNNNG
BRR
¿CÓMO HA PODIDO MOVERSE?
UGH ...
¿NO HABÍA LLEGADO AL LÍMITE DE SUS FUERZAS?
HARU GLORY ...
SHAAAAA
ERES ADMIRABLE.

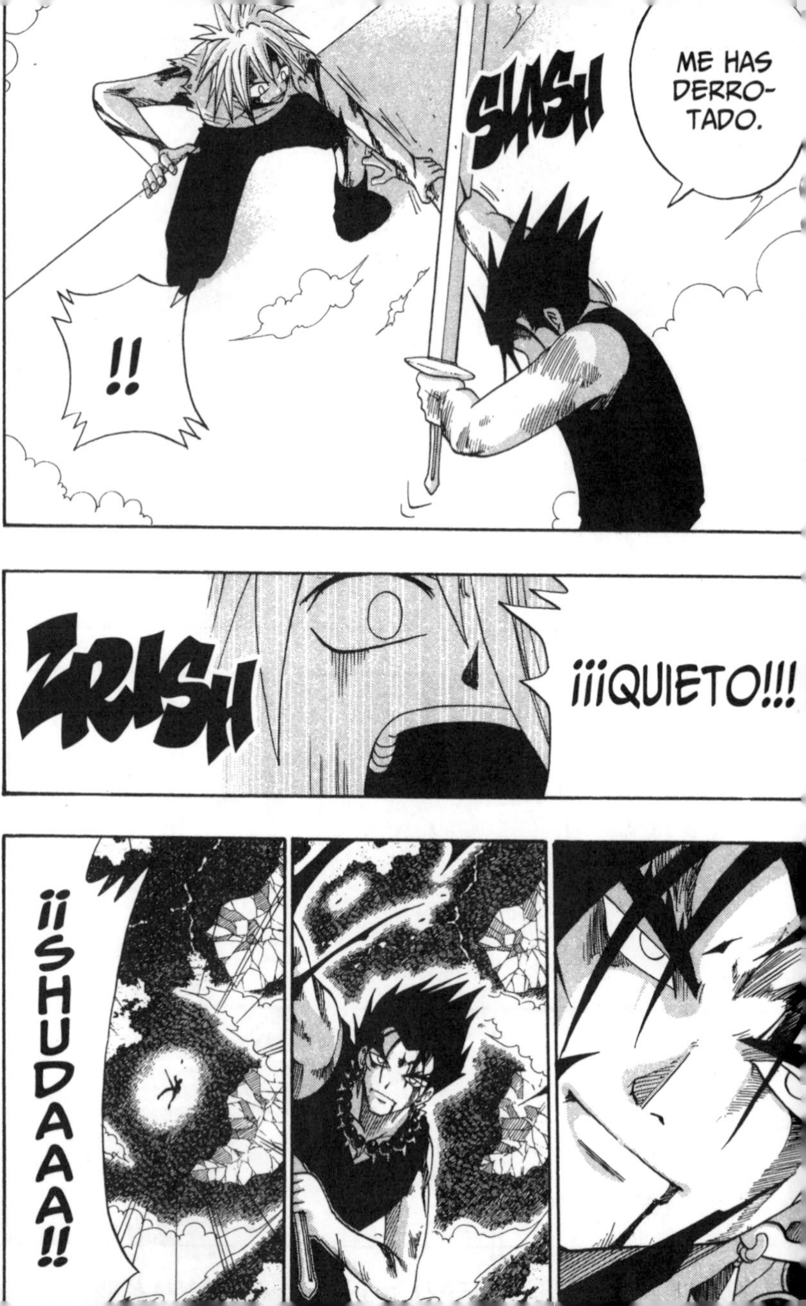

ME HAS DERROTADO.
SLASH
!!
¡¡¡QUIETO!!!
ZRASH
¡¡SHUDAAAA!!

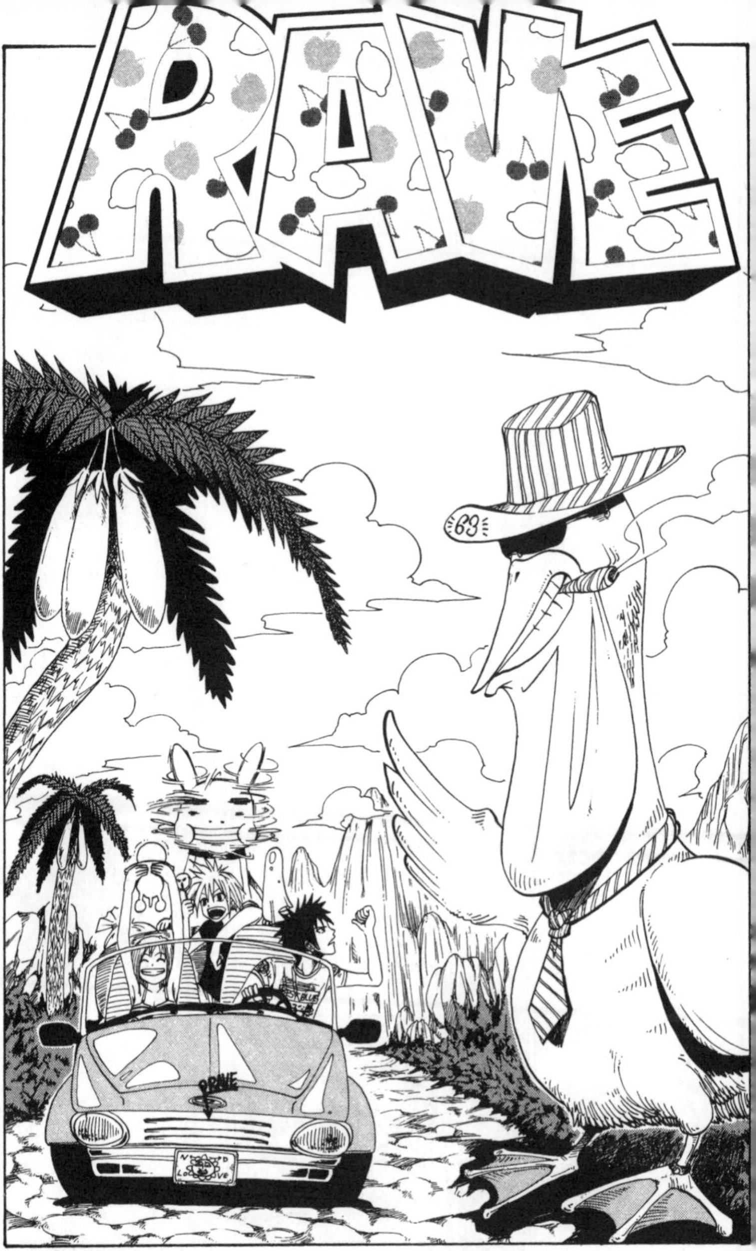
RAVE
63
RAVE

RAVE 36 ✚ EL CORAZÓN INCANSABLE

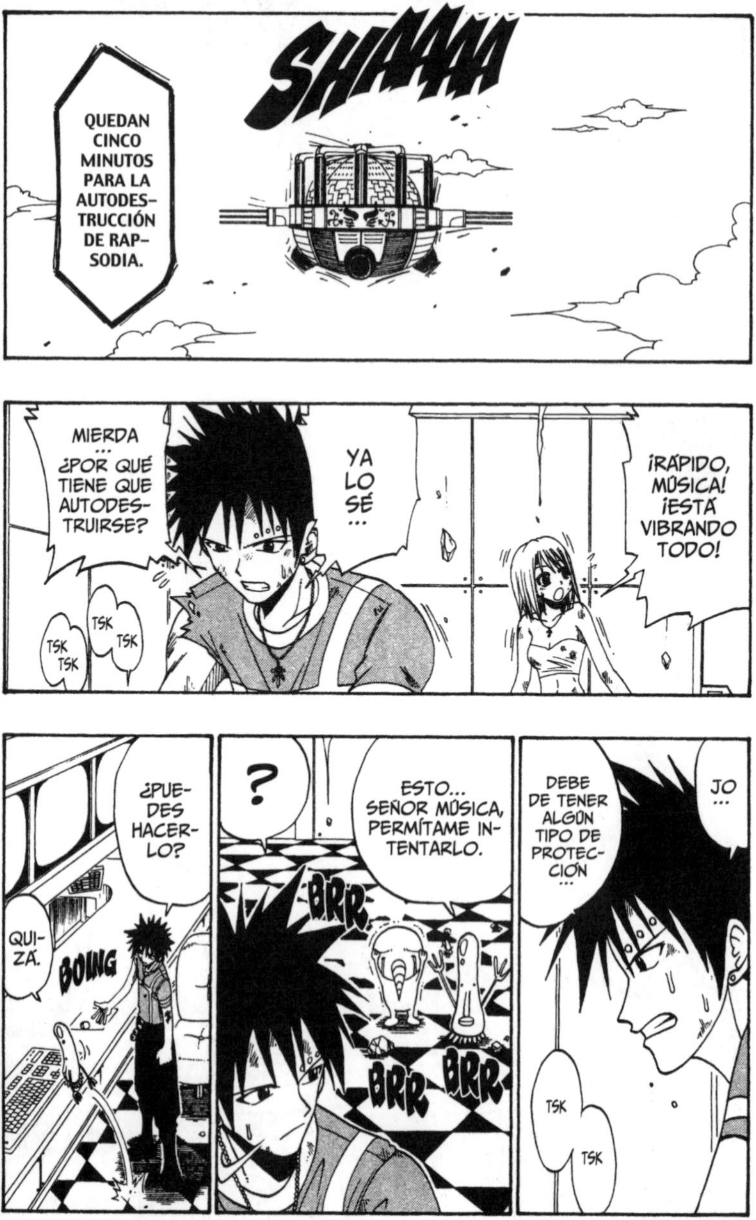
SHAAAA
QUEDAN CINCO MINUTOS PARA LA AUTODES-TRUCCIÓN DE RAP-SODIA.
¡RÁPIDO, MÚSICA! ¡ESTÁ VIBRANDO TODO!
YA LO SÉ...
MIERDA... ¿POR QUÉ TIENE QUE AUTODES-TRUIRSE?
TSK TSK
TSK TSK
JO...
DEBE DE TENER ALGÚN TIPO DE PROTEC-CIÓN...
TSK
TSK
ESTO... SEÑOR MÚSICA, PERMÍTAME IN-TENTARLO.
?
BRR
BRR
BRR
¿PUE-DES HACER-LO?
QUI-ZÁ.
BOING

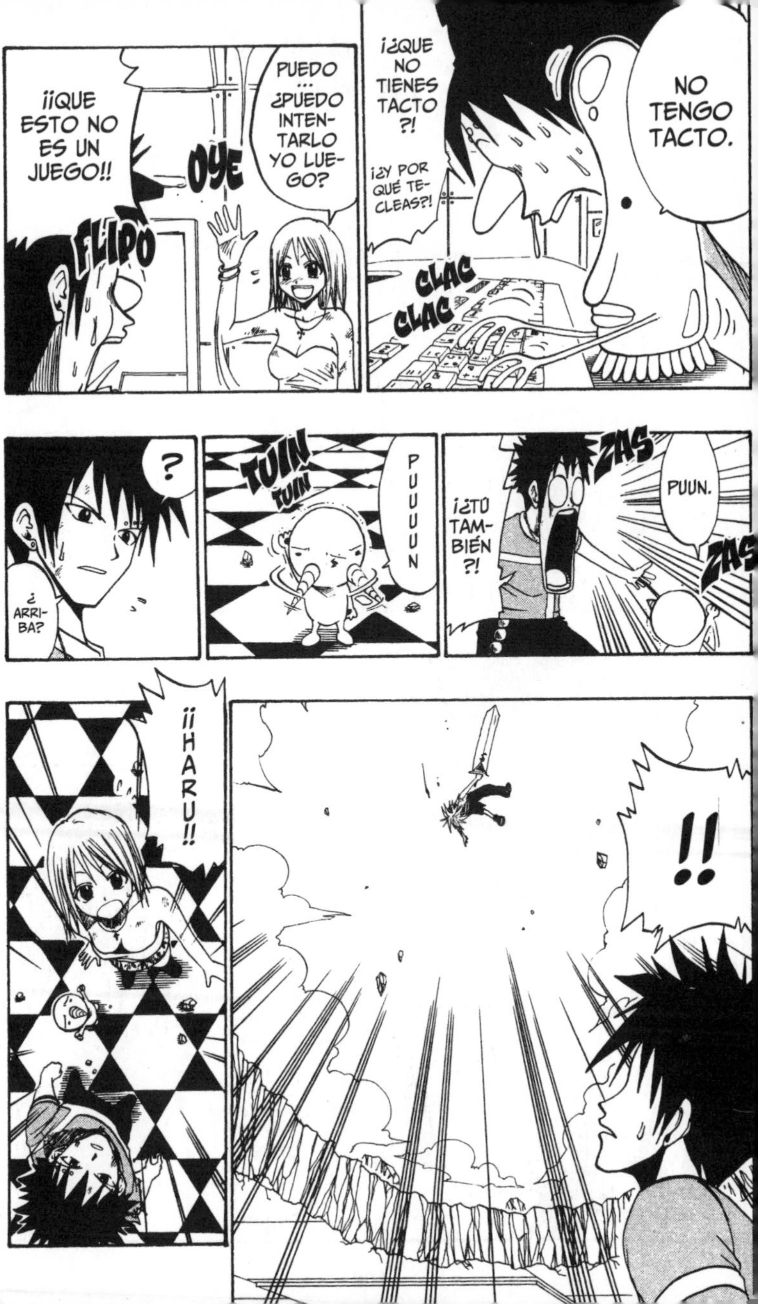
NO TENGO TACTO.
¡¿QUE NO TIENES TACTO?!
¡¿Y POR QUÉ TECLEAS?!
CLAC CLAC
PUEDO ... ¿PUEDO INTENTARLO YO LUEGO?
OYE
¡¡QUE ESTO NO ES UN JUEGO!!
FLIPO
ZAS
PUUN.
ZAS
¡¿TÚ TAMBIÉN?!
PUUUUUN
TUIN TUIN
?
¿ARRIBA?
!!
¡¡HARU!!

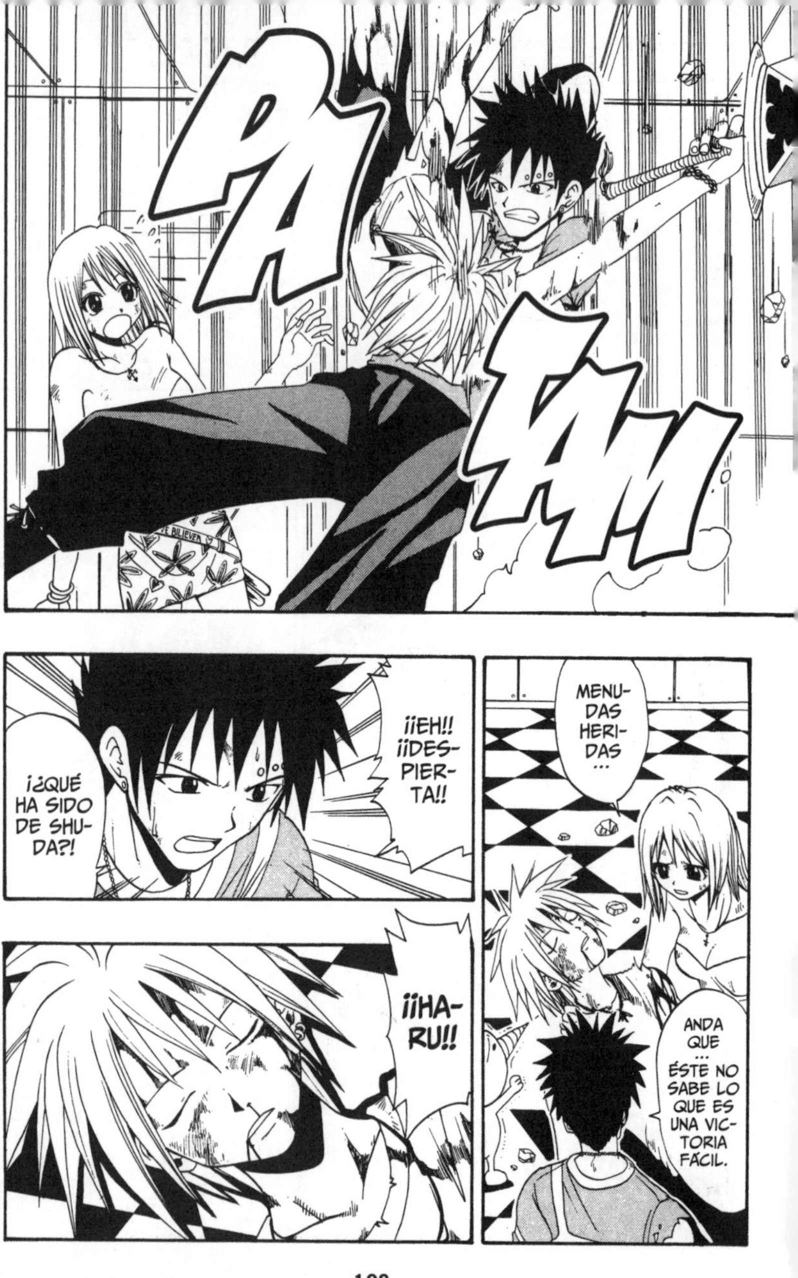
PA
¡¡EH!! ¡¡DESPIERTA!!
¿QUÉ HA SIDO DE SHUDA?!
¡¡HARU!!
MENUDAS HERIDAS...
ANDA QUE... ÉSTE NO SABE LO QUE ES UNA VICTORIA FÁCIL.

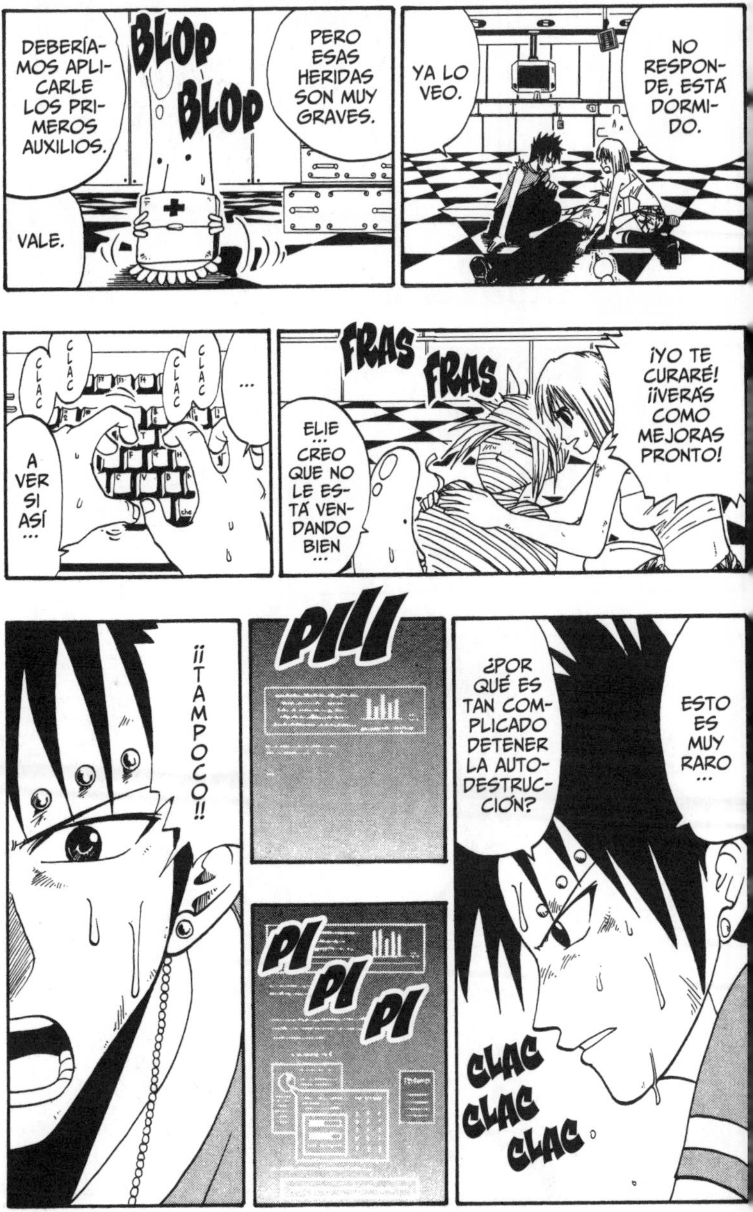
NO RESPONDE, ESTÁ DORMIDO.
YA LO VEO.
PERO ESAS HERIDAS SON MUY GRAVES.
BLOP BLOP
DEBERÍAMOS APLICARLE LOS PRIMEROS AUXILIOS.
VALE.
FRAS FRAS
¡YO TE CURARÉ! ¡¡VERÁS COMO MEJORAS PRONTO!
ELIE... CREO QUE NO LE ESTÁ VENDANDO BIEN...
...
CLAC CLAC
CLAC CLAC
A VER SI ASÍ...
ESTO ES MUY RARO...
¿POR QUÉ ES TAN COMPLICADO DETENER LA AUTODESTRUCCIÓN?
CLAC CLAC CLAC
PIII
PI PI PI
¡¡TAMPOCO!!

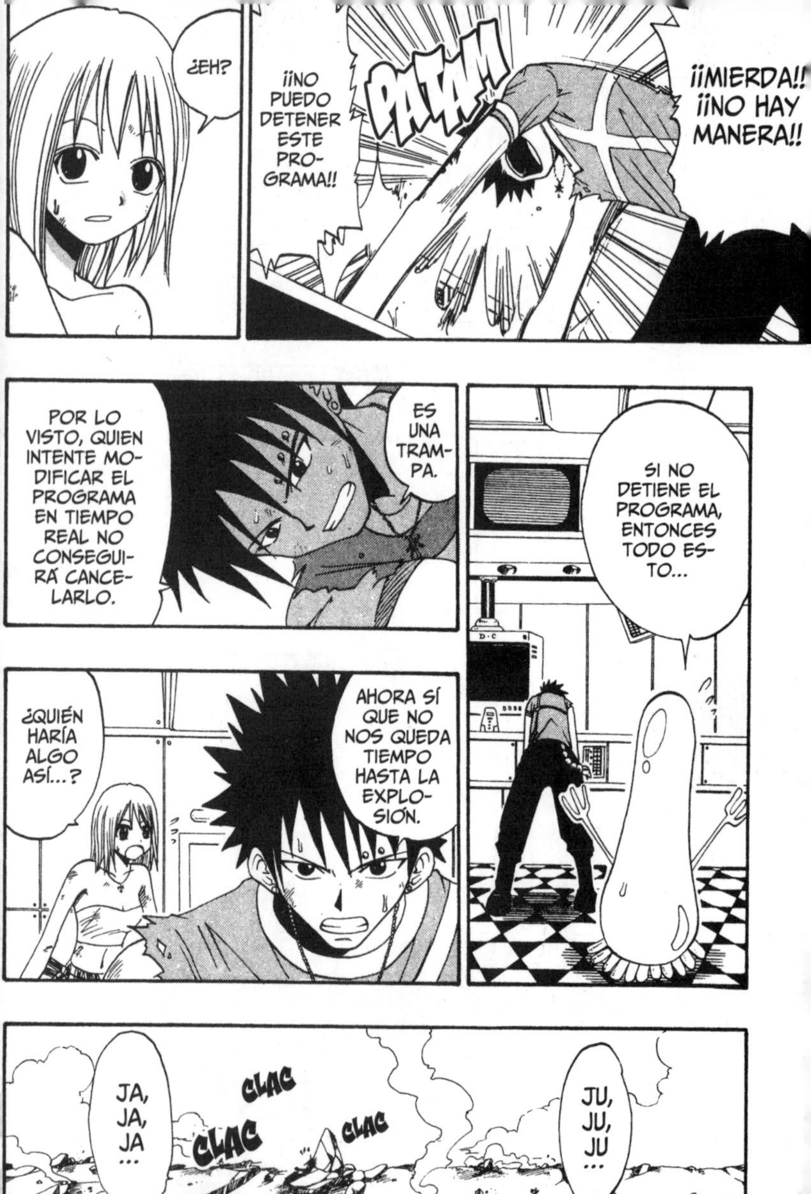
¡¡MIERDA!! ¡¡NO HAY MANERA!!
PATAM
¡¡NO PUEDO DETENER ESTE PROGRAMA!!
¿EH?
SI NO DETIENE EL PROGRAMA, ENTONCES TODO ESTO...
ES UNA TRAMPA.
POR LO VISTO, QUIEN INTENTE MODIFICAR EL PROGRAMA EN TIEMPO REAL NO CONSEGUIRÁ CANCELARLO.
AHORA SÍ QUE NO NOS QUEDA TIEMPO HASTA LA EXPLOSIÓN.
¿QUIÉN HARÍA ALGO ASÍ...?
JU, JU, JU...
CLAC
CLAC
CLAC
JA, JA, JA...

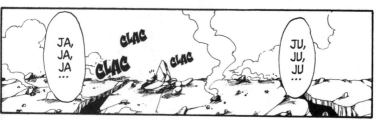

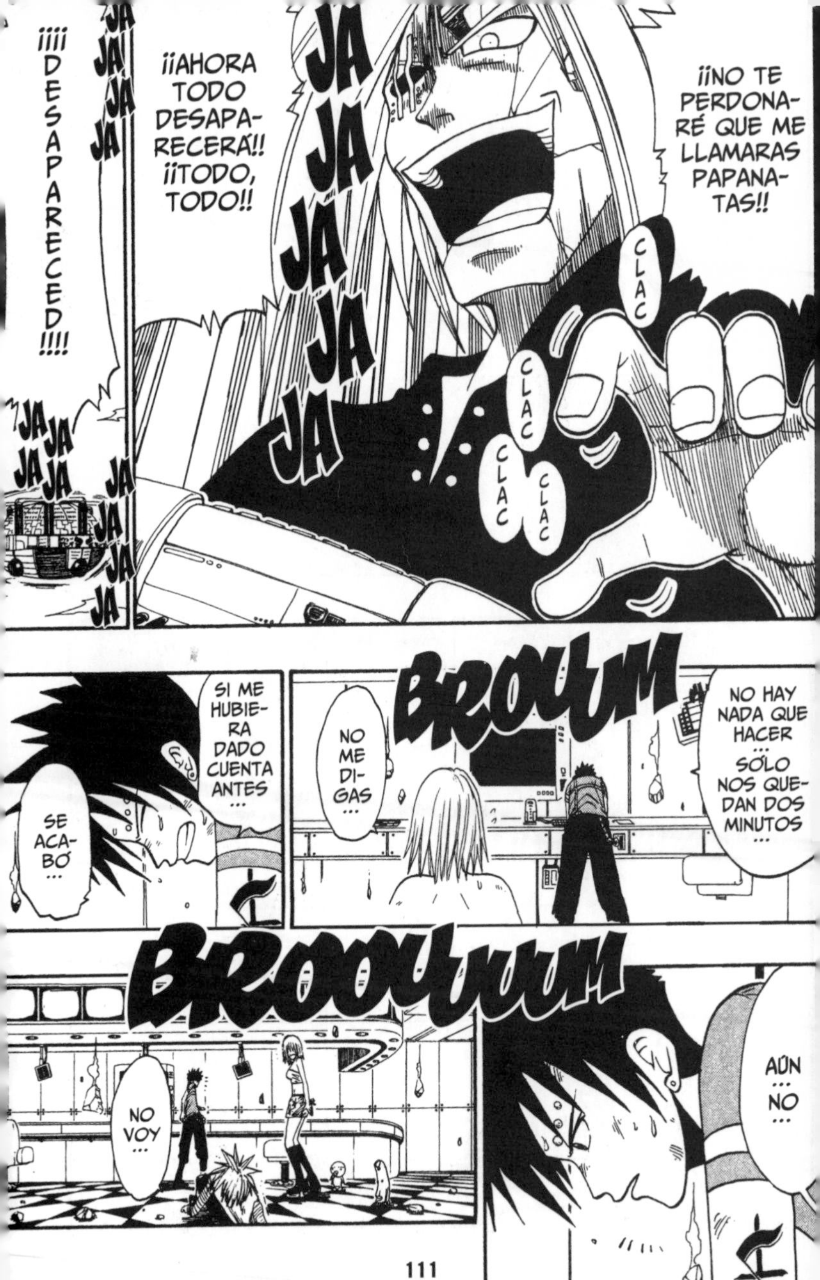
¡¡NO TE PERDONARÉ QUE ME LLAMARAS PAPANATAS!!
CLAC CLAC CLAC CLAC
JA JA JA JA JA JA
¡¡AHORA TODO DESAPARECERÁ!! ¡¡TODO, TODO!!
JA JA JA JA
¡¡¡¡DESAPARECED!!!!
JA JA JA JA
JA JA JA JA
BROUM
NO HAY NADA QUE HACER... SÓLO NOS QUEDAN DOS MINUTOS...
NO ME DIGAS...
SI ME HUBIERA DADO CUENTA ANTES...
SE ACABÓ...
BROOUUUM
AÚN... NO...
NO VOY...

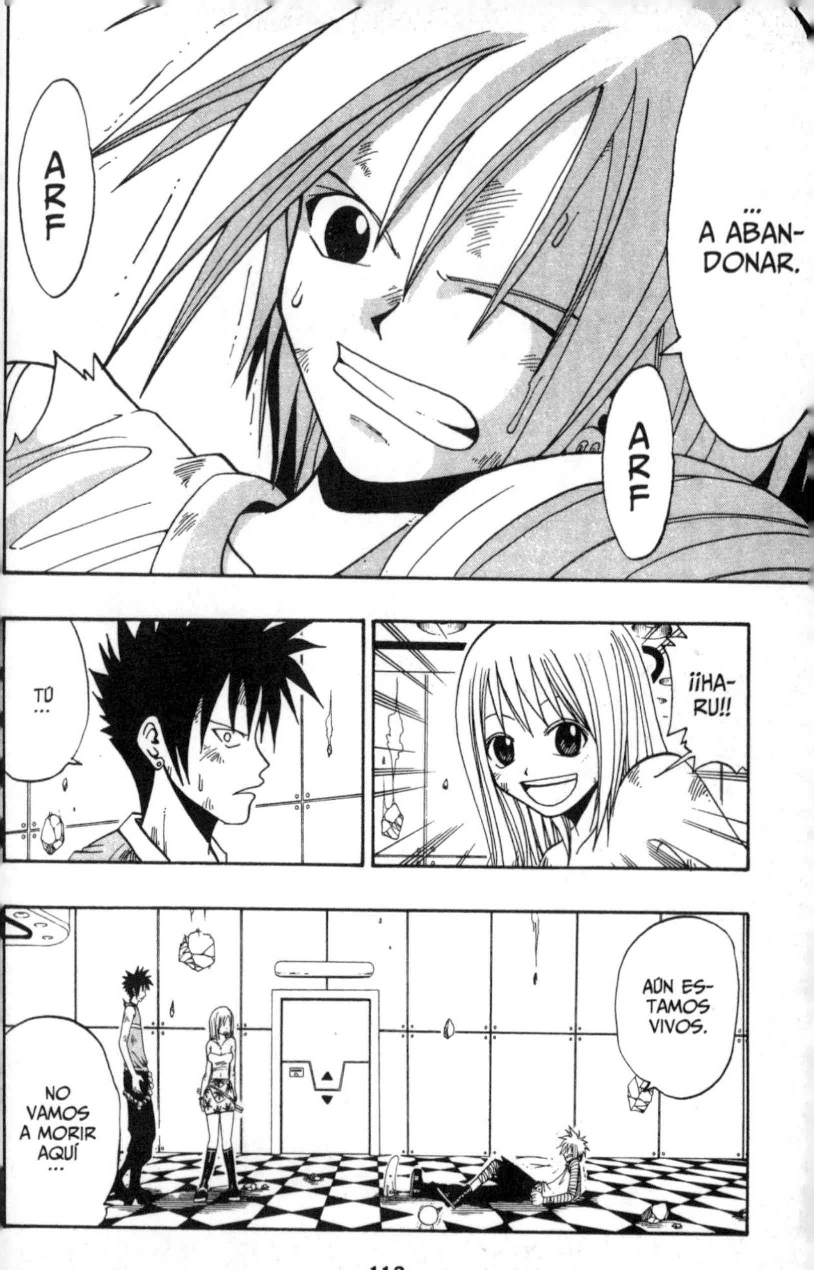

... A ABANDONAR.
ARF
ARF
¡¡HARU!!
TÚ ...
AÚN ESTAMOS VIVOS.
NO VAMOS A MORIR AQUÍ ...

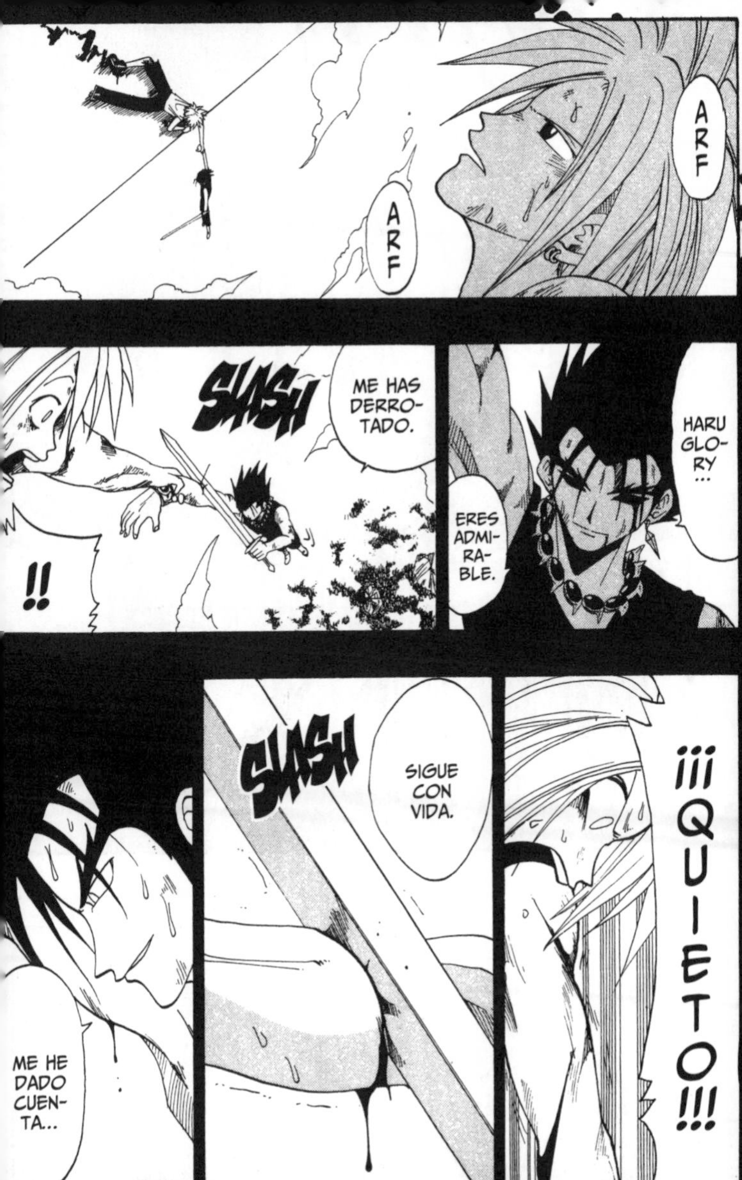
ARF
ARF
HARU GLORY...
ERES ADMIRABLE.
ME HAS DERROTADO.
SLASH
!!
¡¡¡QUIETO!!!
SIGUE CON VIDA.
SLASH
ME HE DADO CUENTA...

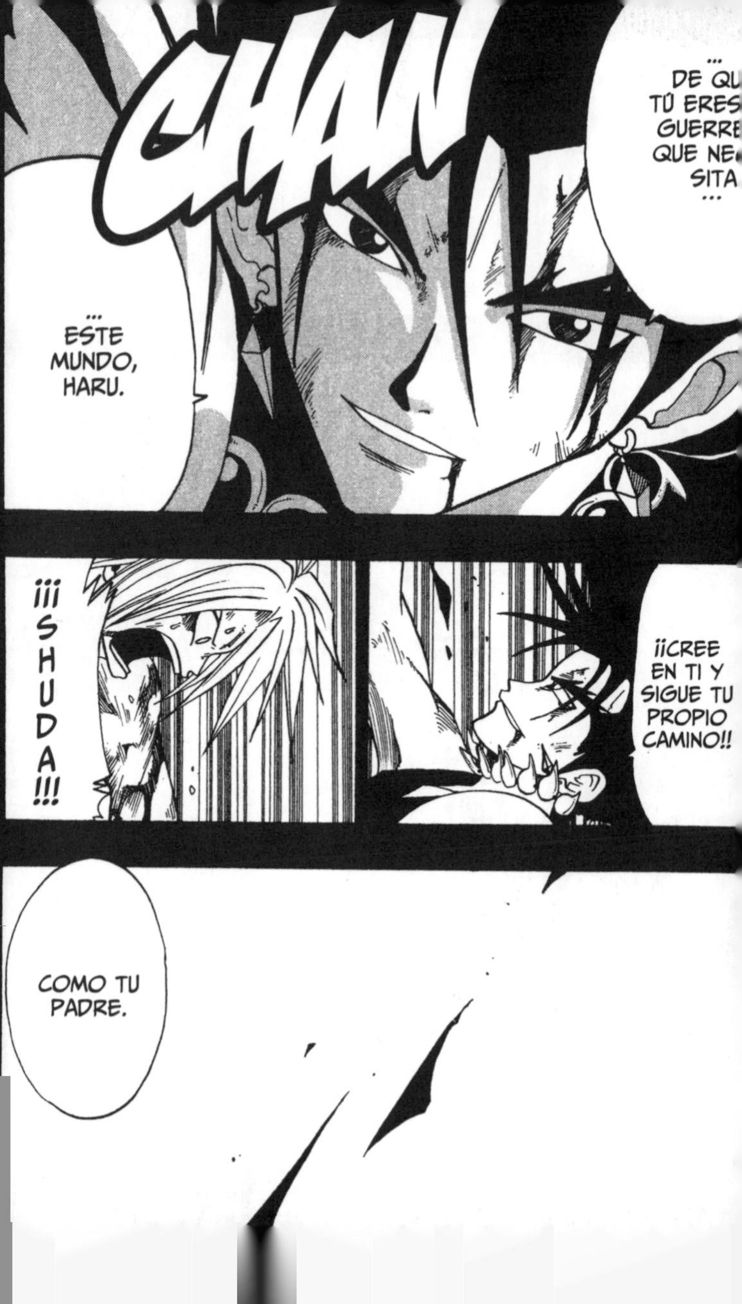

... DE QU
TÚ ERES
GUERRE
QUE NE
SITA ...
CHAN
... ESTE MUNDO, HARU.
¡¡CREE EN TI Y SIGUE TU PROPIO CAMINO!!
¡¡¡SHUDA!!!
COMO TU PADRE.

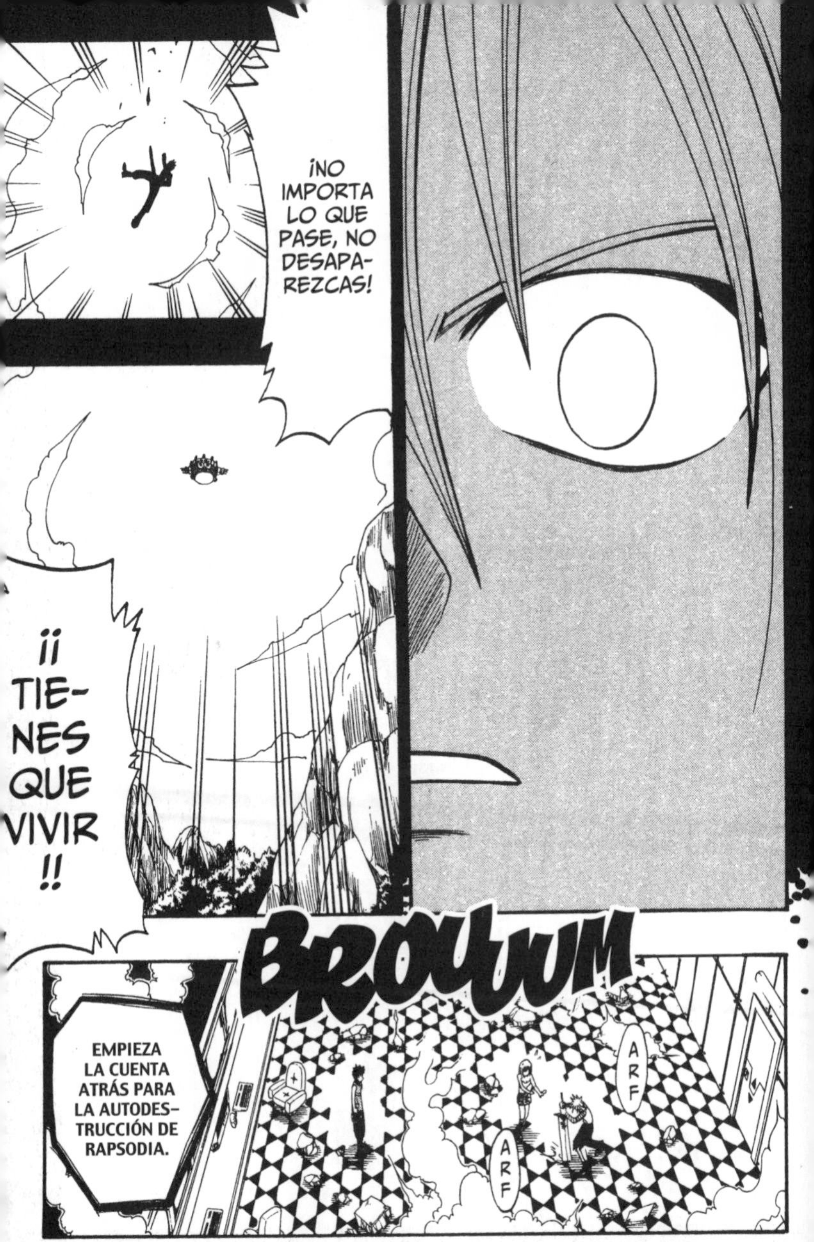
¡NO IMPORTA LO QUE PASE, NO DESAPAREZCAS!
¡¡TIE-NES QUE VIVIR!!
BROUUUM
EMPIEZA LA CUENTA ATRÁS PARA LA AUTODES-TRUCCIÓN DE RAPSODIA.
ARF
ARF

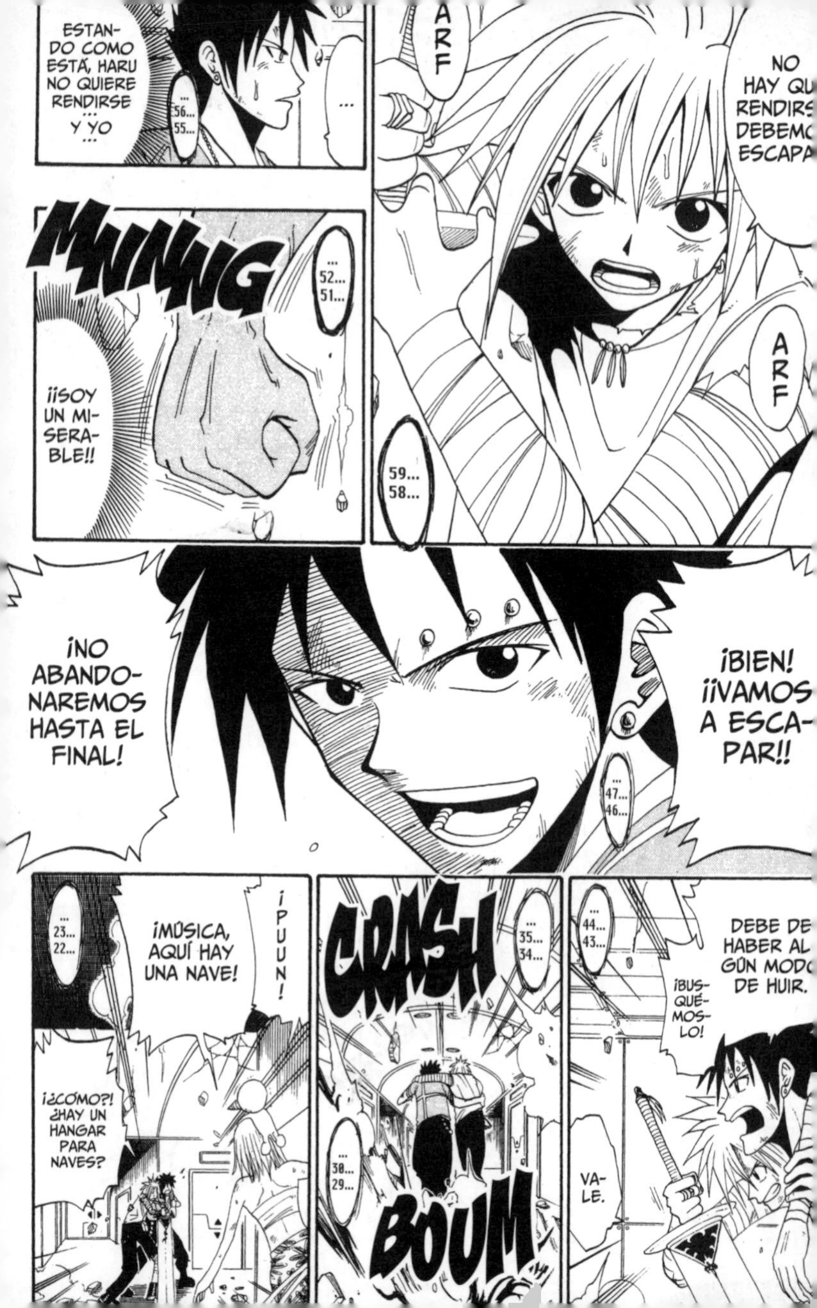

NO HAY QU RENDIRS DEBEMO ESCAPA
ARF
ARF
59... 58...
ESTANDO COMO ESTÁ, HARU NO QUIERE RENDIRSE ... Y YO ...
... 56... 55...
...
MNNNG
... 52... 51...
¡¡SOY UN MISERABLE!!
¡BIEN! ¡¡VAMOS A ESCAPAR!!
... 47... 46...
¡NO ABANDONAREMOS HASTA EL FINAL!
... 44... 43...
DEBE DE HABER AL GÚN MODO DE HUIR.
¡BUSQUÉMOSLO!
VALE.
CRASH
... 35... 34...
... 30... 29...
BOUM
¡PUUUN!
¡MÚSICA, AQUÍ HAY UNA NAVE!
... 23... 22...
¡¿CÓMO?! ¿HAY UN HANGAR PARA NAVES?

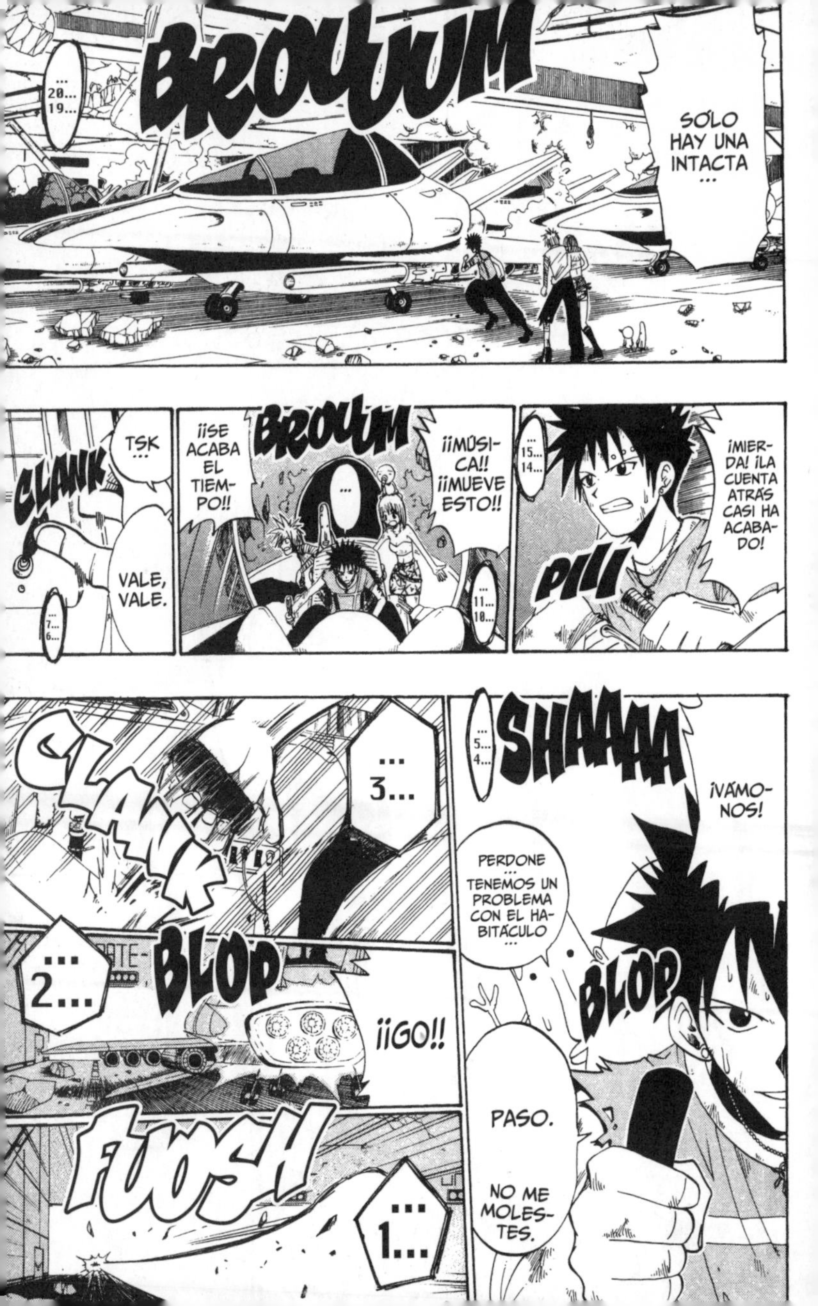

SÓLO HAY UNA INTACTA...
BROUUUM
... 20... 19...
¡MIERDA! ¡LA CUENTA ATRÁS CASI HA ACABADO!
... 15... 14...
PII
¡¡MÚSICA!! ¡¡MUEVE ESTO!!
BROUUM
¡¡SE ACABA EL TIEMPO!!
...
... 11... 10...
TSK...
CLANK
VALE, VALE.
... 7... 6...
... 5... 4...
SHAAAA
¡VÁMONOS!
PERDONE... TENEMOS UN PROBLEMA CON EL HABITÁCULO...
BLOP
PASO.
NO ME MOLESTES.
CLANK
... 3...
... 2...
BLOP
¡¡GO!!
FLOSH
... 1...

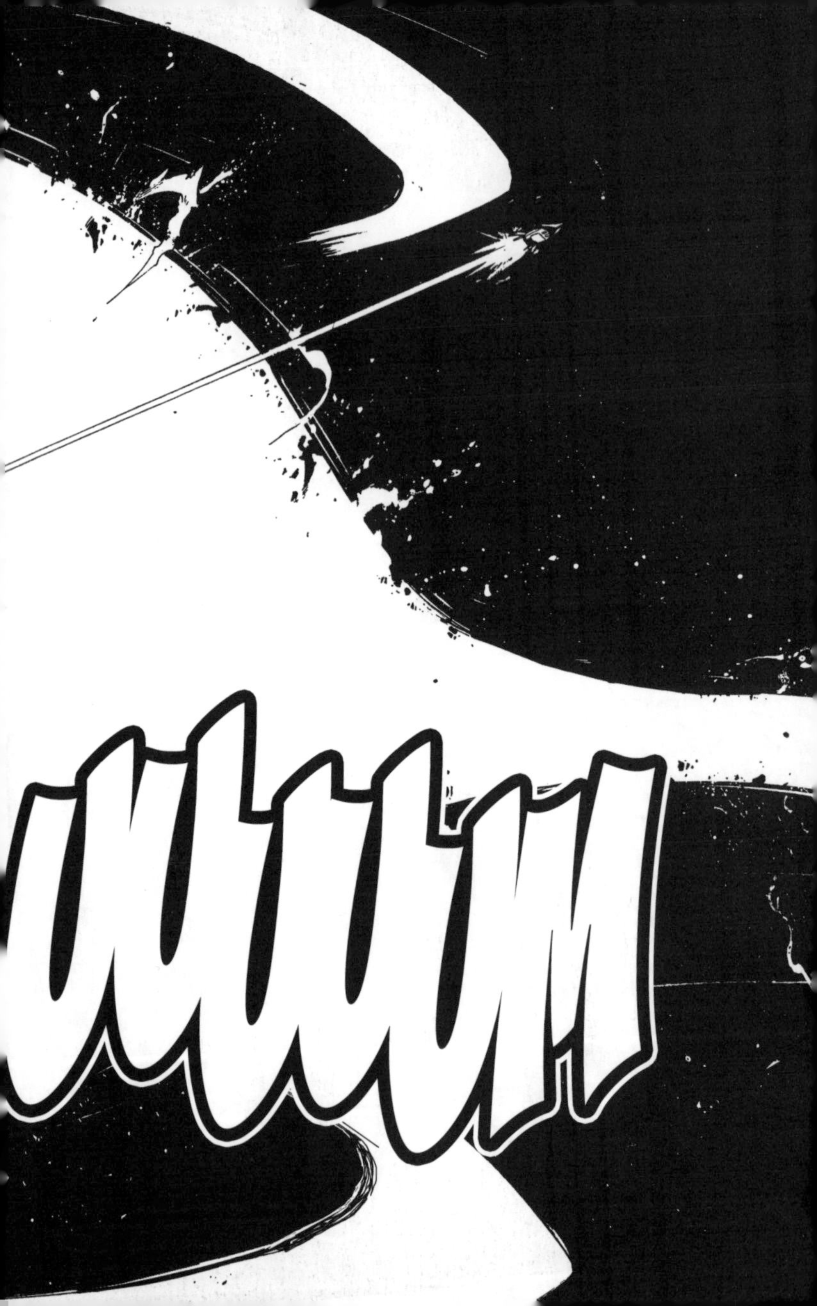

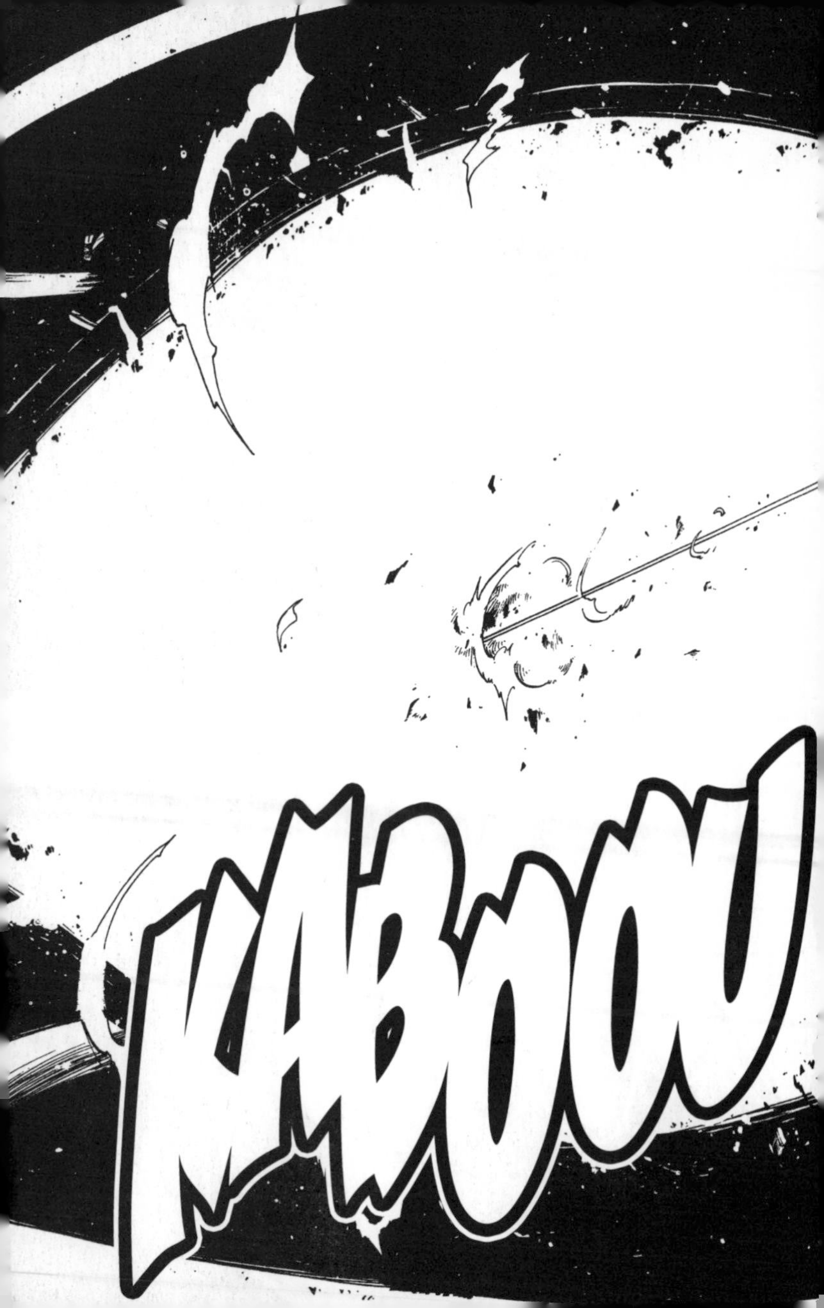
KABOOM

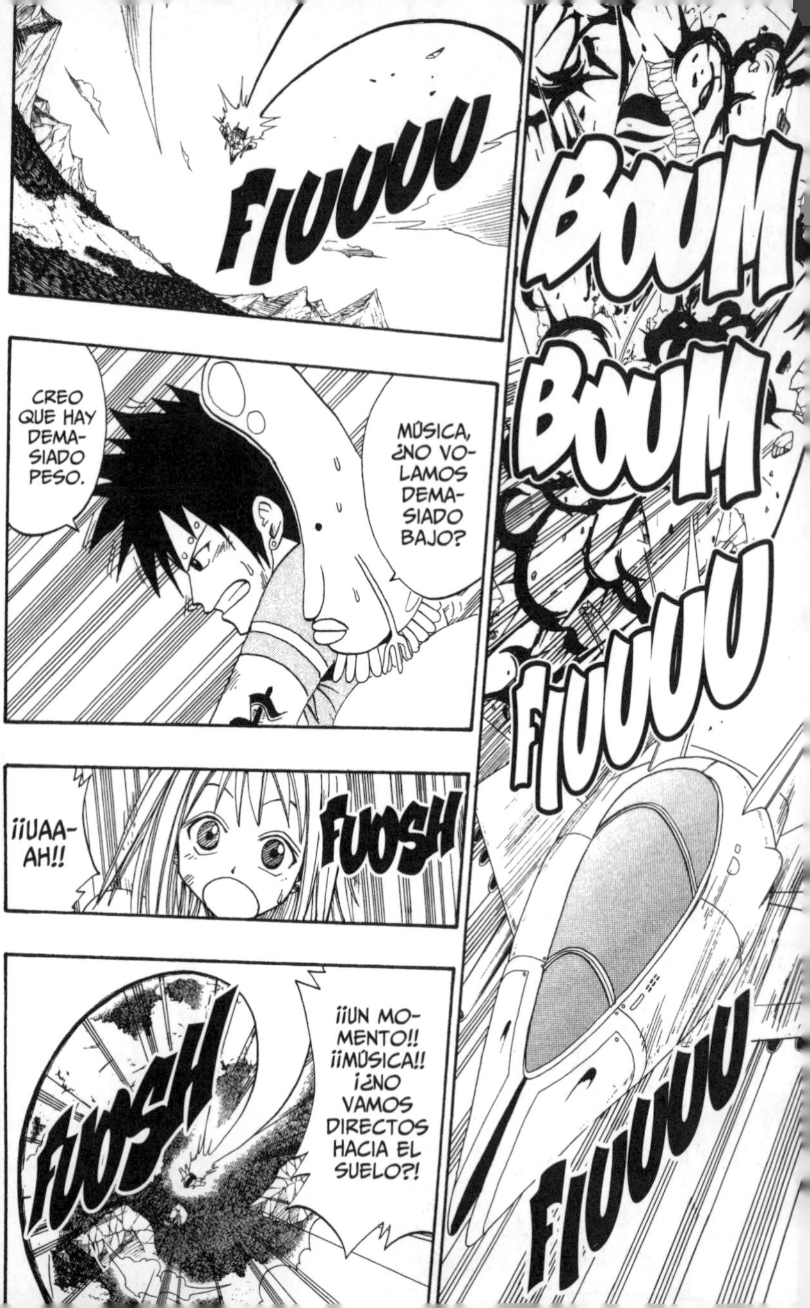
BOUM
BOUM
FIUUUU
FIUUUU
MÚSICA, ¿NO VOLAMOS DEMASIADO BAJO?
CREO QUE HAY DEMASIADO PESO.
FUOSH
¡¡UAA-AH!!
FIUUUU
¡¡UN MOMENTO!! ¡¡MÚSICA!! ¡¿NO VAMOS DIRECTOS HACIA EL SUELO?!
FUOSH

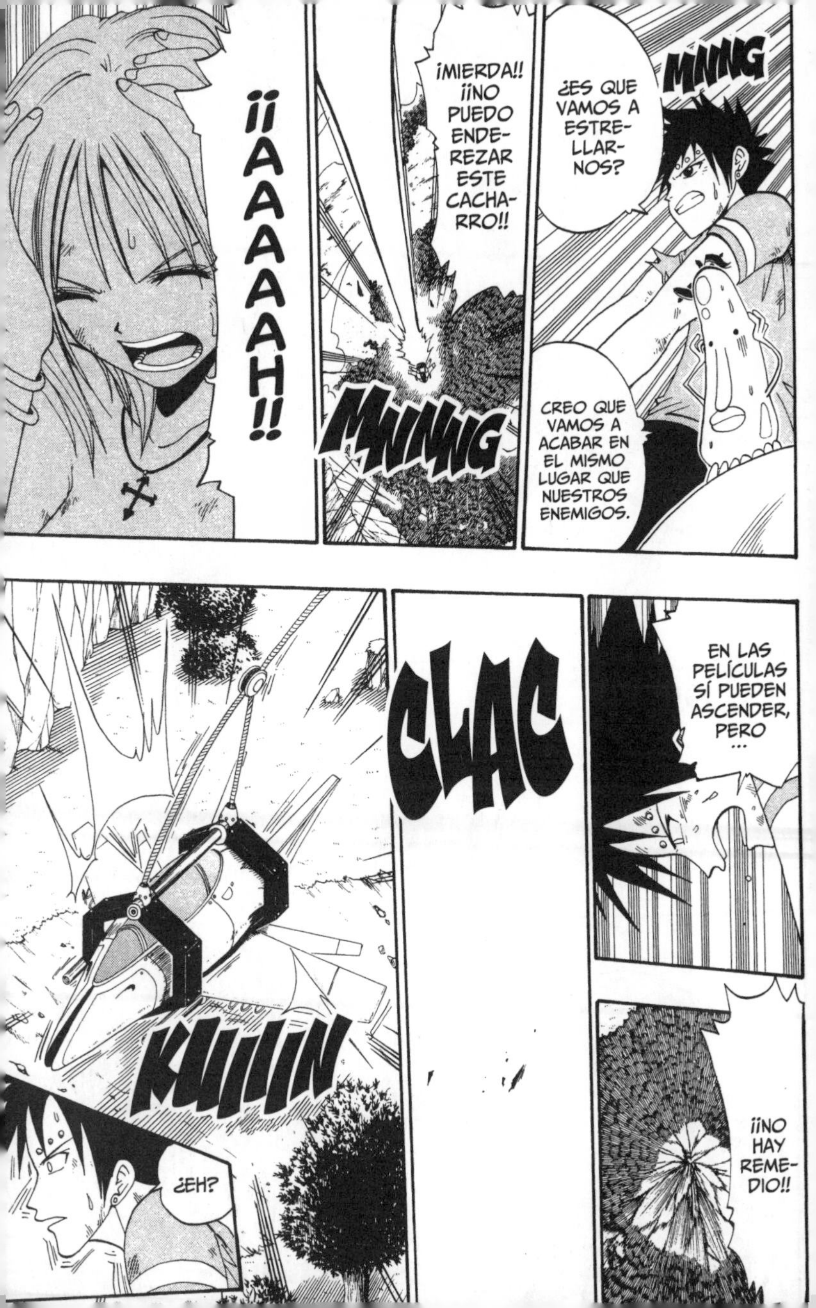
MNNG
¿ES QUE VAMOS A ESTRE-LLAR-NOS?
CREO QUE VAMOS A ACABAR EN EL MISMO LUGAR QUE NUESTROS ENEMIGOS.
¡MIERDA!! ¡¡NO PUEDO ENDE-REZAR ESTE CACHA-RRO!!
MNNNG
¡¡AAAAAAH!!
EN LAS PELÍCULAS SÍ PUEDEN ASCENDER, PERO ...
¡¡NO HAY REME-DIO!!
CLAC
KUIIIN
¿EH?

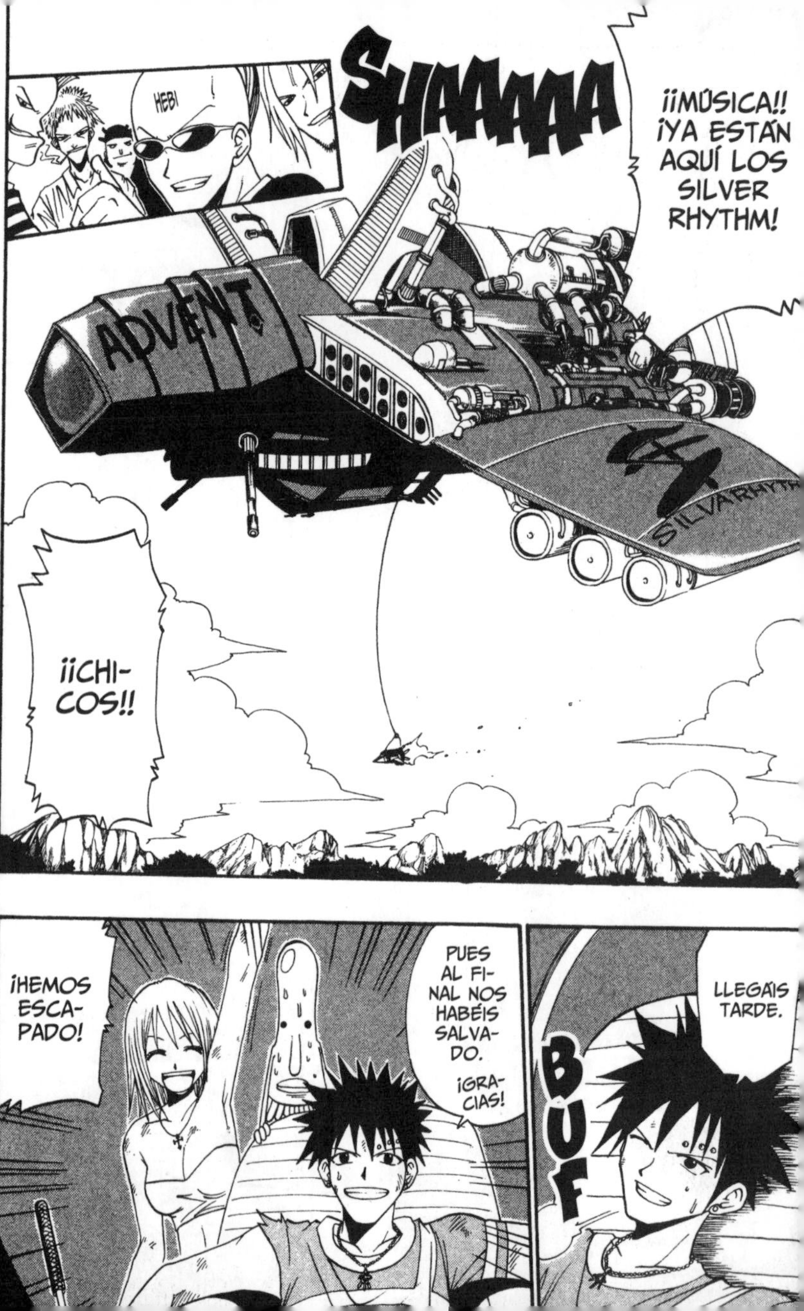
¡¡MÚSICA!! ¡YA ESTÁN AQUÍ LOS SILVER RHYTHM!
SHAAAAAA
HEBI
ADVENT
¡¡CHI-COS!!
LLEGÁIS TARDE.
BUF
PUES AL FI-NAL NOS HABÉIS SALVA-DO.
¡GRA-CIAS!
¡HEMOS ESCA-PADO!

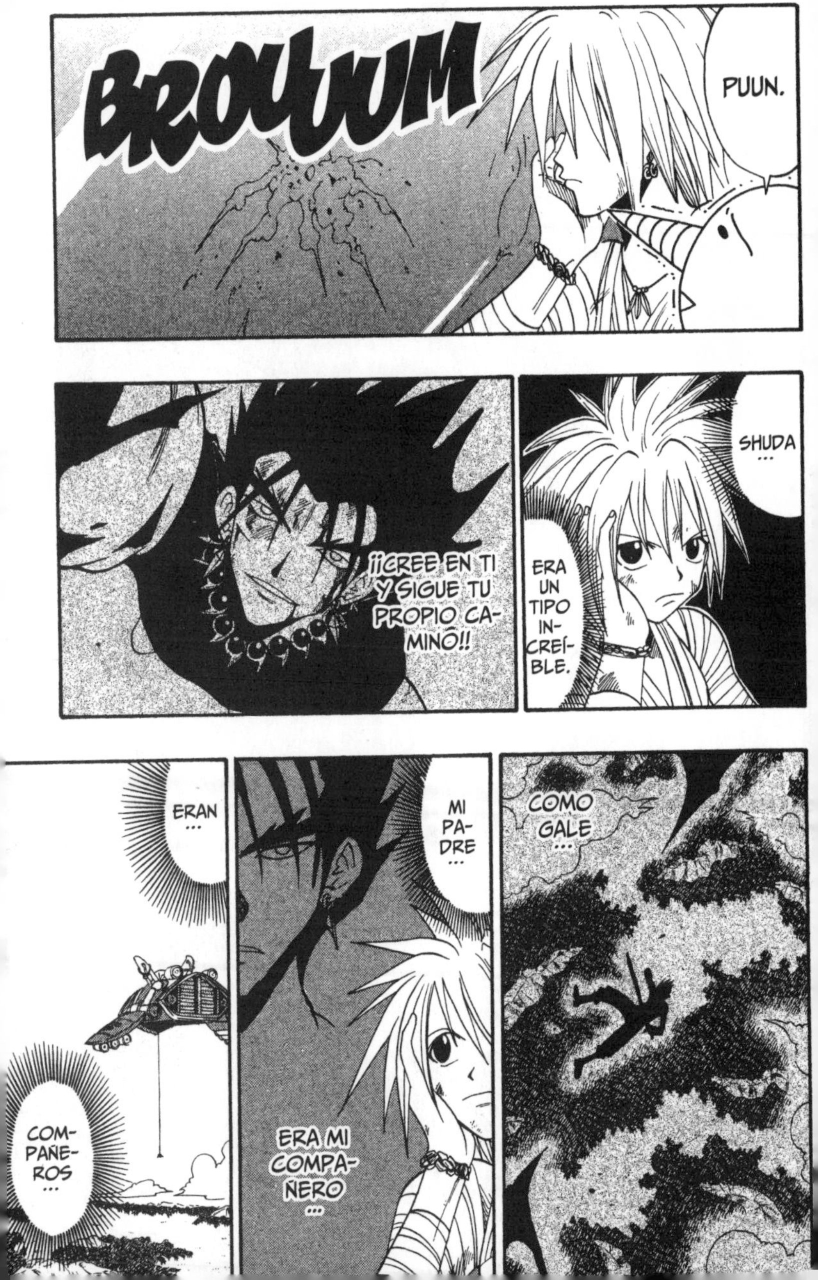
BROUUUM
PUUN.
SHUDA ...
ERA UN TIPO IN-CREÍ-BLE.
¡¡CREE EN TI Y SIGUE TU PROPIO CA-MINO!!
COMO GALE ...
MI PA-DRE ...
ERA MI COMPA-ÑERO ...
ERAN ...
COM-PAÑE-ROS ...

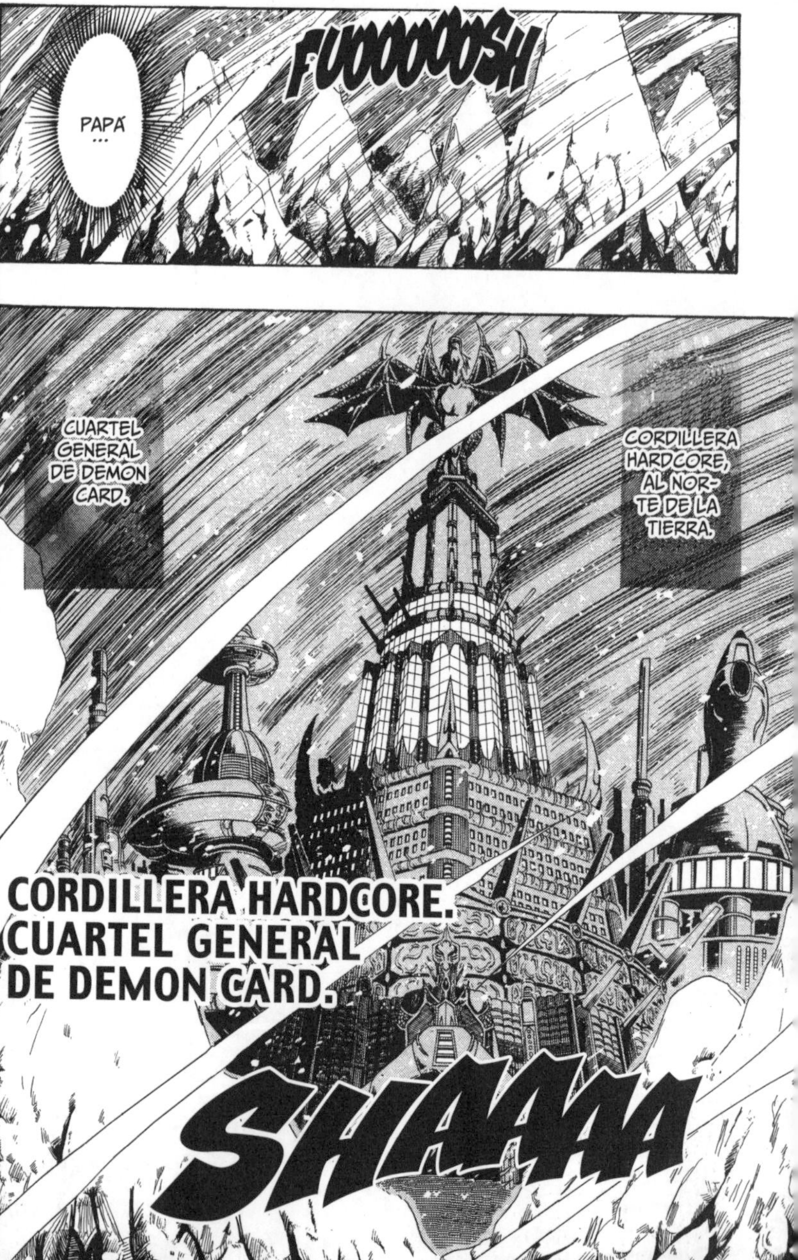
FUOOOOOOSH
PAPÁ ...
CORDILLERA HARDCORE, AL NORTE DE LA TIERRA.
CUARTEL GENERAL DE DEMON CARD.
CORDILLERA HARDCORE.
CUARTEL GENERAL
DE DEMON CARD.
SHAAAA

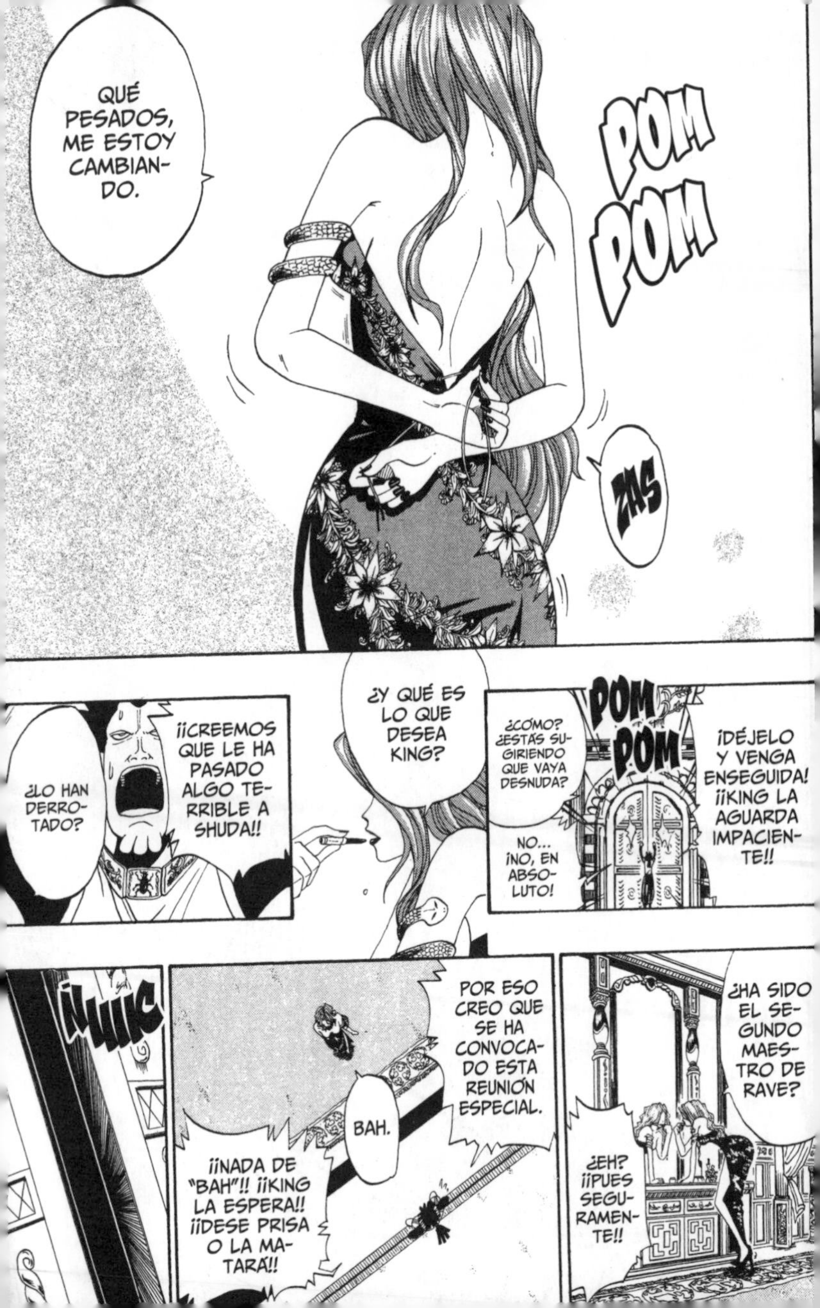
POM POM
QUÉ PESADOS, ME ESTOY CAMBIANDO.
ZAS
¡DÉJELO Y VENGA ENSEGUIDA! ¡¡KING LA AGUARDA IMPACIENTE!!
POM POM
¿CÓMO? ¿ESTÁS SUGIRIENDO QUE VAYA DESNUDA?
NO... ¡NO, EN ABSOLUTO!
¿Y QUÉ ES LO QUE DESEA KING?
¡¡CREEMOS QUE LE HA PASADO ALGO TERRIBLE A SHUDA!!
¿LO HAN DERROTADO?
¿HA SIDO EL SEGUNDO MAESTRO DE RAVE?
¿EH? ¡¡PUES SEGURAMENTE!!
POR ESO CREO QUE SE HA CONVOCADO ESTA REUNIÓN ESPECIAL.
BAH.
¡¡NADA DE "BAH"!! ¡¡KING LA ESPERA!! ¡¡DESE PRISA O LA MATARÁ!!
¡ÑUIIC

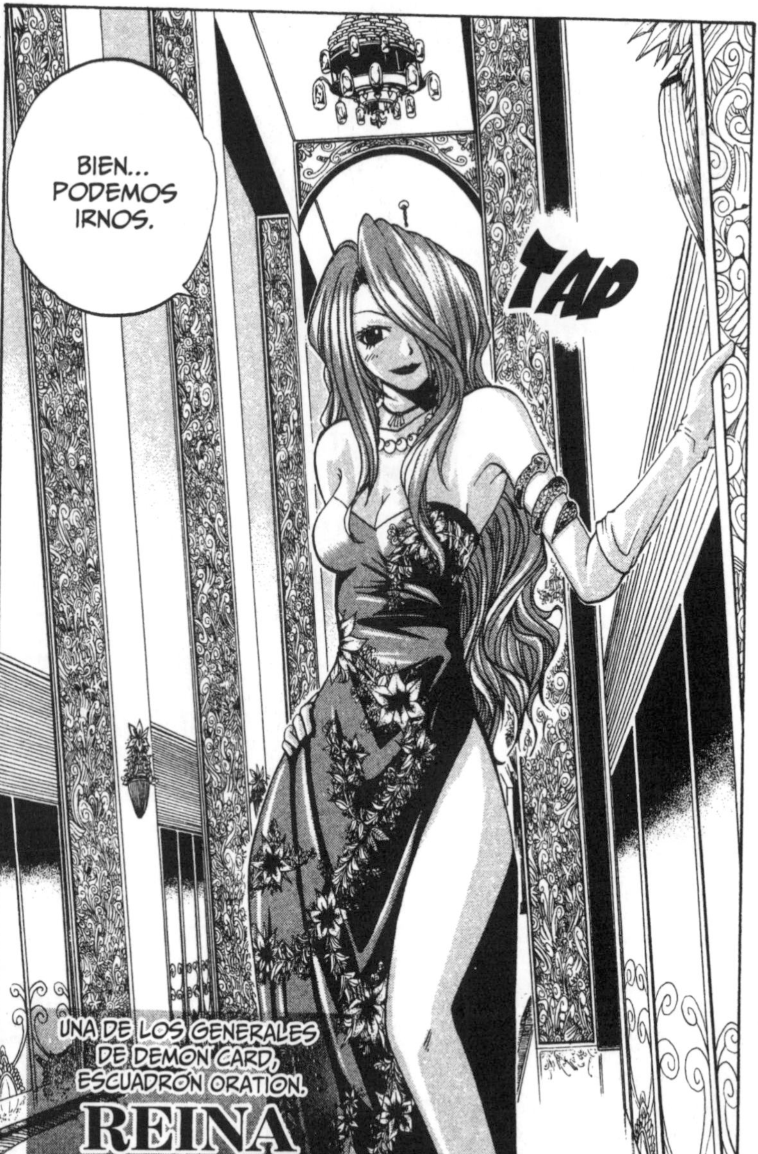
BIEN... PODEMOS IRNOS.
TAP
UNA DE LOS GENERALES DE DEMON CARD, ESCUADRÓN ORATION.
REINA

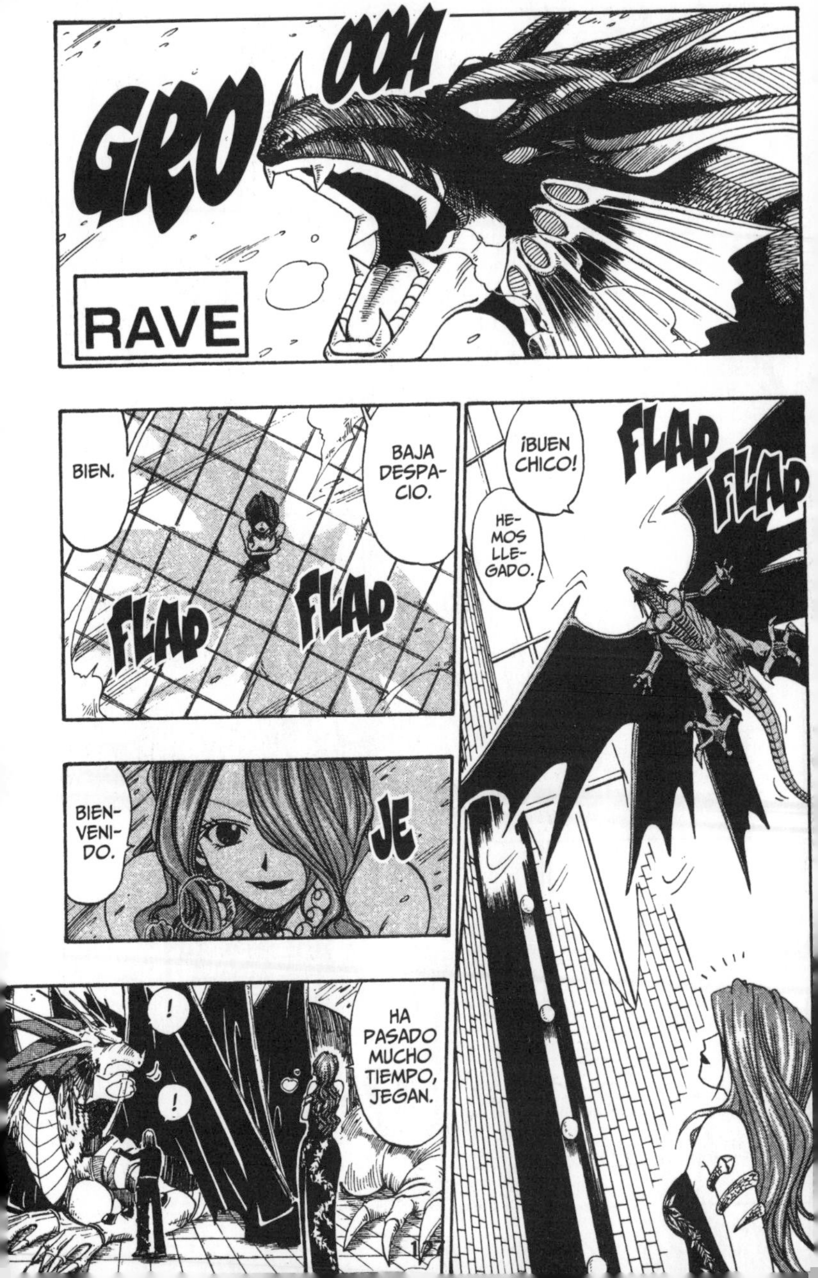
GRO
OOA
RAVE
¡BUEN CHICO!
HEMOS LLEGADO.
FLAP
FLAP
BAJA DESPACIO.
BIEN.
FLAP
FLAP
JE
BIENVENIDO.
!
!
HA PASADO MUCHO TIEMPO, JEGAN.

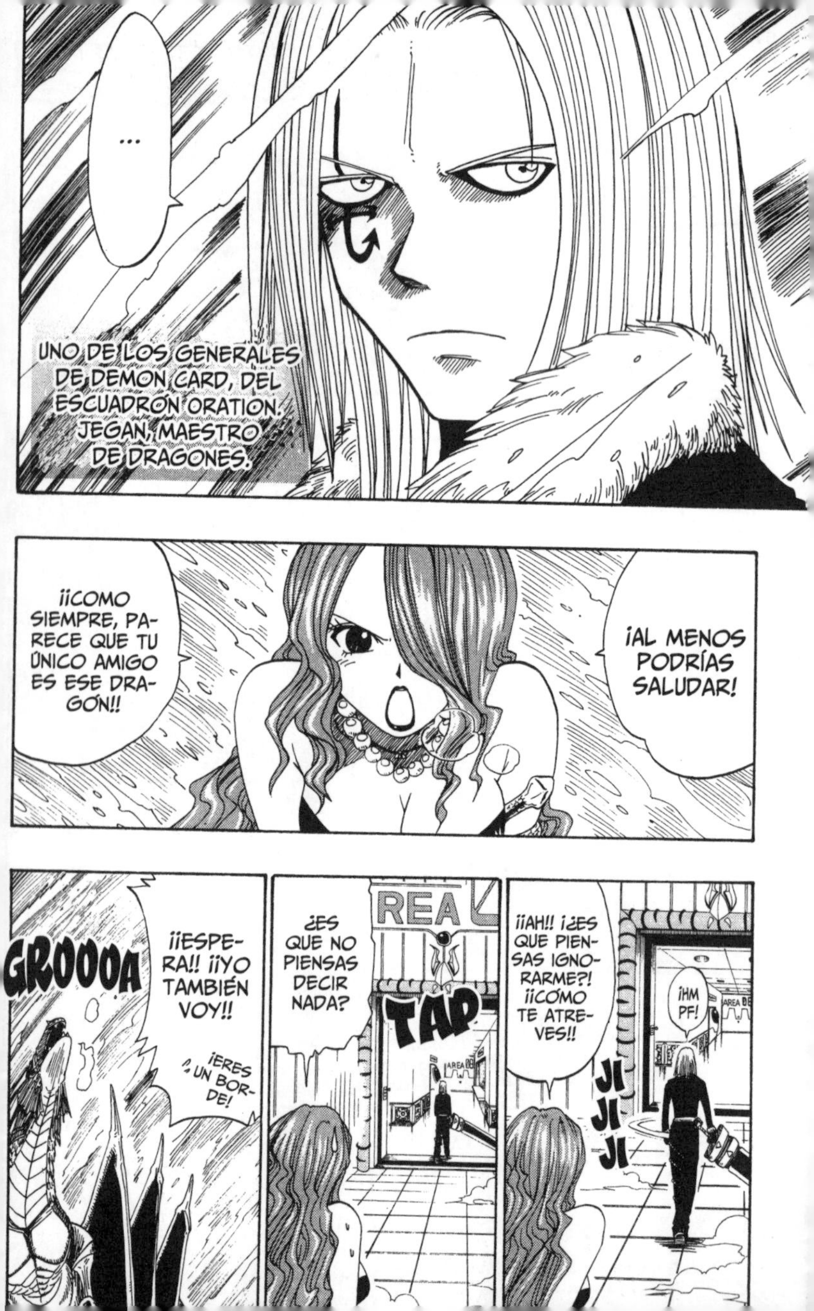
...
UNO DE LOS GENERALES DE DEMON CARD, DEL ESCUADRÓN ORATION. JEGAN, MAESTRO DE DRAGONES.
¡¡COMO SIEMPRE, PARECE QUE TU ÚNICO AMIGO ES ESE DRAGÓN!!
¡AL MENOS PODRÍAS SALUDAR!
GROOOA
¡¡ESPERA!! ¡¡YO TAMBIÉN VOY!!
¡ERES UN BORDE!
¿ES QUE NO PIENSAS DECIR NADA?
REA
TAP
¡¡AH!! ¡¿ES QUE PIENSAS IGNORARME?! ¡¡CÓMO TE ATREVES!!
¡HMPF!
JI JI JI

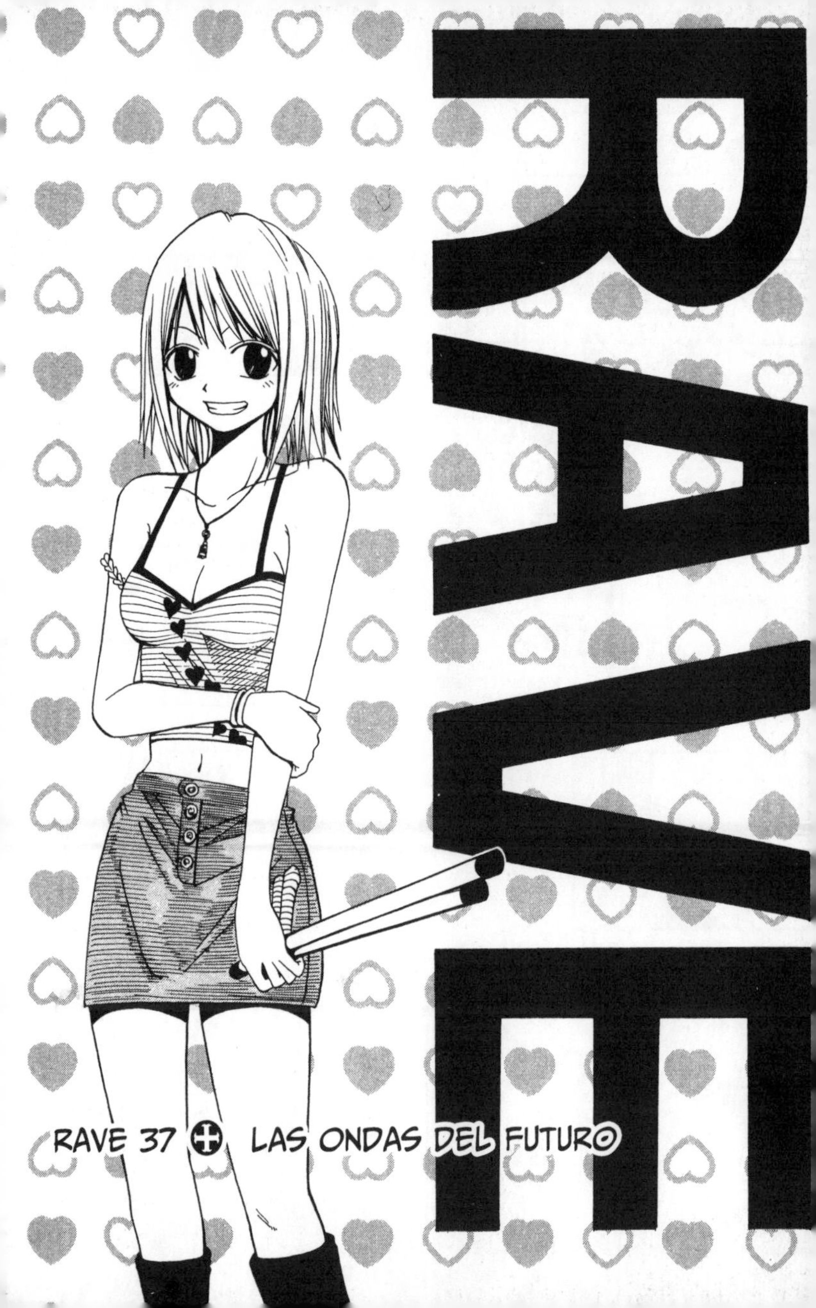
RAVE
RAVE 37 ✠ LAS ONDAS DEL FUTURO

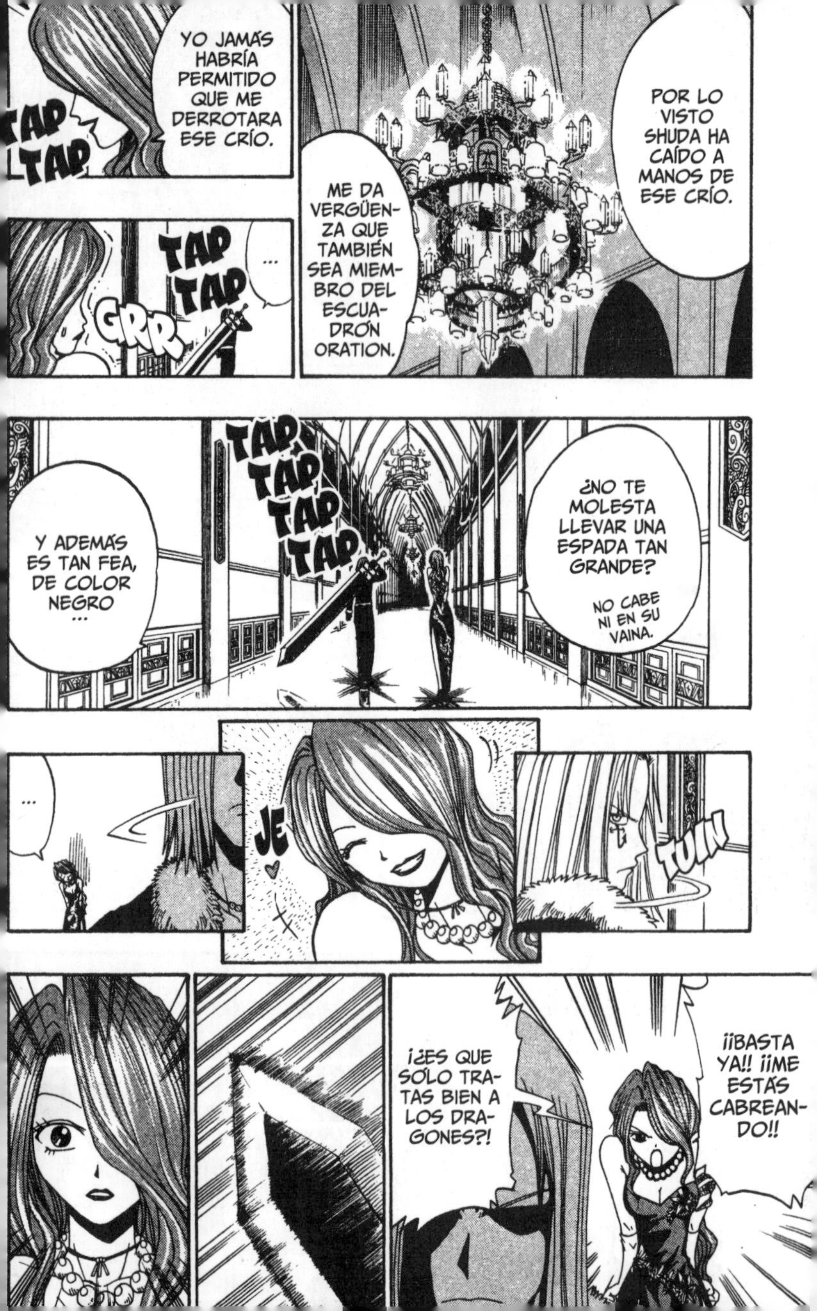
POR LO VISTO SHUDA HA CAÍDO A MANOS DE ESE CRÍO.
ME DA VERGÜENZA QUE TAMBIÉN SEA MIEMBRO DEL ESCUADRÓN ORATION.
YO JAMÁS HABRÍA PERMITIDO QUE ME DERROTARA ESE CRÍO.
TAP TAP
...
TAP TAP
GRR
¿NO TE MOLESTA LLEVAR UNA ESPADA TAN GRANDE?
NO CABE NI EN SU VAINA.
TAP TAP TAP TAP
Y ADEMÁS ES TAN FEA, DE COLOR NEGRO ...
TUIN
JE
...
¡¡BASTA YA!! ¡¡ME ESTÁS CABREANDO!!
¡¿ES QUE SÓLO TRATAS BIEN A LOS DRAGONES?!

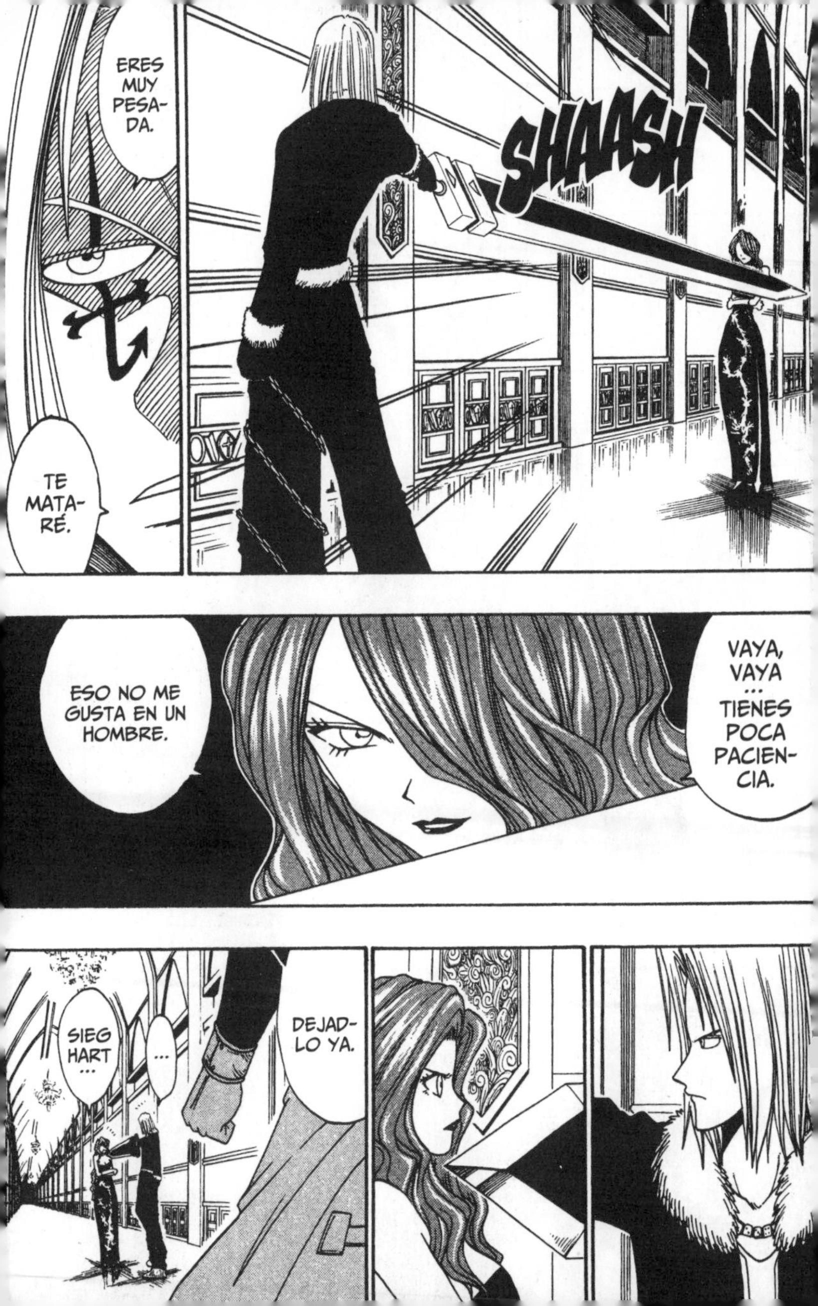
SHAASH
ERES MUY PESADA.
TE MATARÉ.
VAYA, VAYA ... TIENES POCA PACIENCIA.
ESO NO ME GUSTA EN UN HOMBRE.
DEJADLO YA.
...
SIEG HART ...

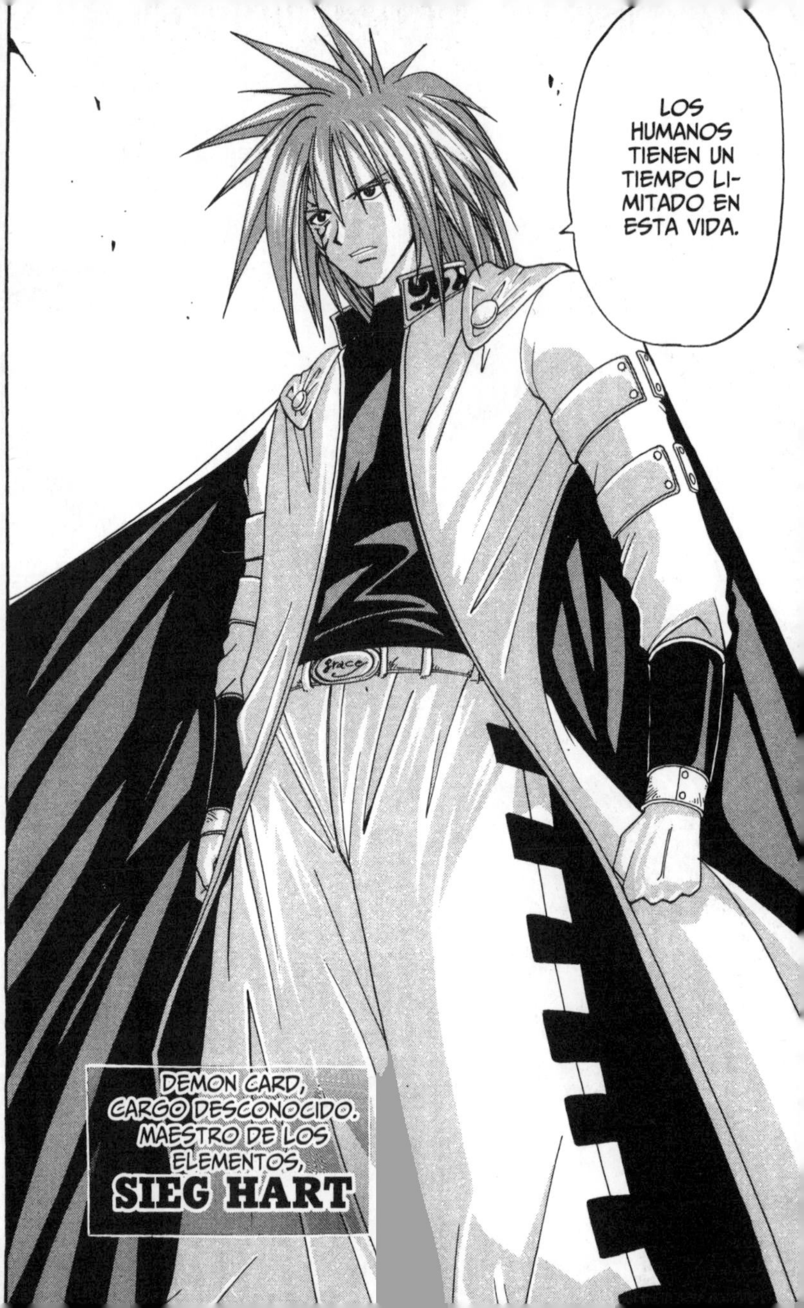
LOS HUMANOS TIENEN UN TIEMPO LI- MITADO EN ESTA VIDA.
DEMON CARD, CARGO DESCONOCIDO. MAESTRO DE LOS ELEMENTOS, SIEG HART

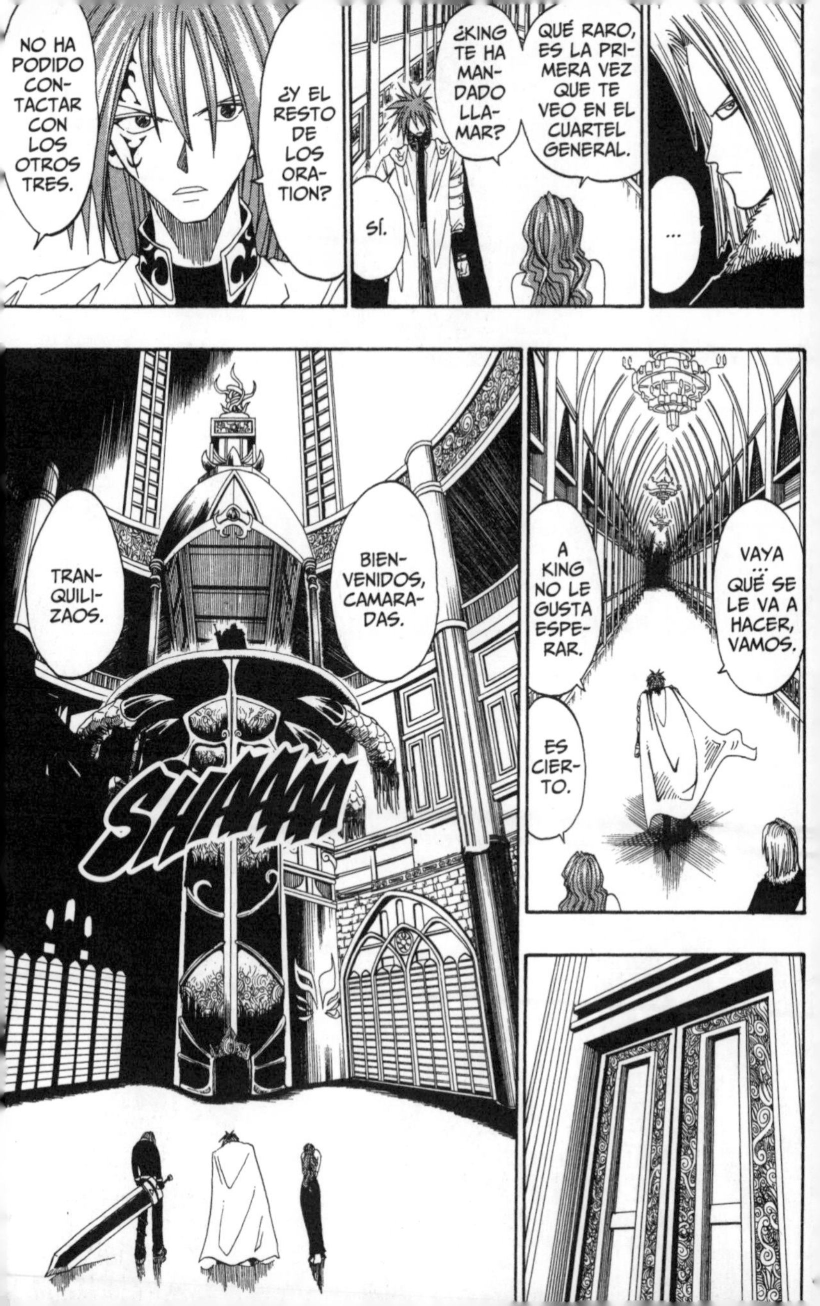
...
QUÉ RARO, ES LA PRIMERA VEZ QUE TE VEO EN EL CUARTEL GENERAL.
¿KING TE HA MANDADO LLAMAR?
SÍ.
¿Y EL RESTO DE LOS ORATION?
NO HA PODIDO CONTACTAR CON LOS OTROS TRES.
VAYA... QUÉ SE LE VA A HACER, VAMOS.
A KING NO LE GUSTA ESPERAR.
ES CIERTO.
BIENVENIDOS, CAMARADAS.
TRANQUILIZAOS.
SHAAAA

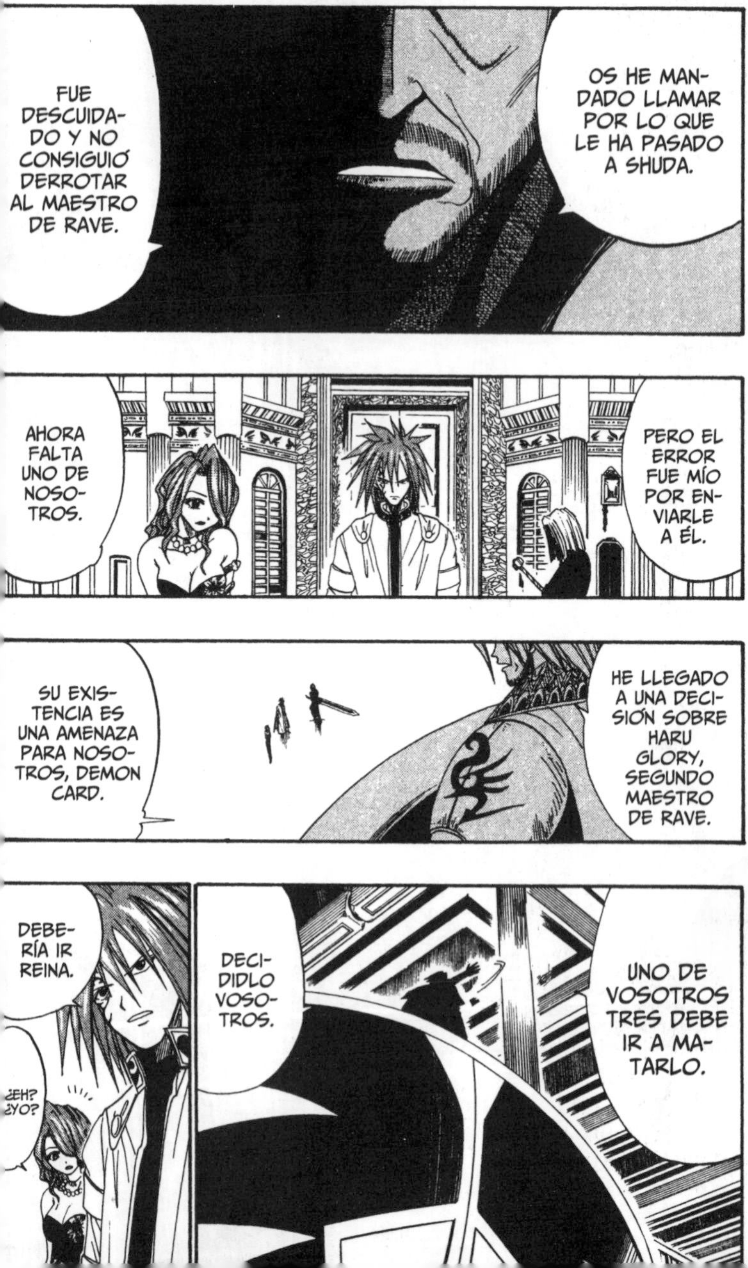
OS HE MANDADO LLAMAR POR LO QUE LE HA PASADO A SHUDA.
FUE DESCUIDADO Y NO CONSIGUIÓ DERROTAR AL MAESTRO DE RAVE.
PERO EL ERROR FUE MÍO POR ENVIARLE A ÉL.
AHORA FALTA UNO DE NOSOTROS.
HE LLEGADO A UNA DECISIÓN SOBRE HARU GLORY, SEGUNDO MAESTRO DE RAVE.
SU EXISTENCIA ES UNA AMENAZA PARA NOSOTROS, DEMON CARD.
UNO DE VOSOTROS TRES DEBE IR A MATARLO.
DECIDIDLO VOSOTROS.
DEBERÍA IR REINA.
¿EH? ¿YO?

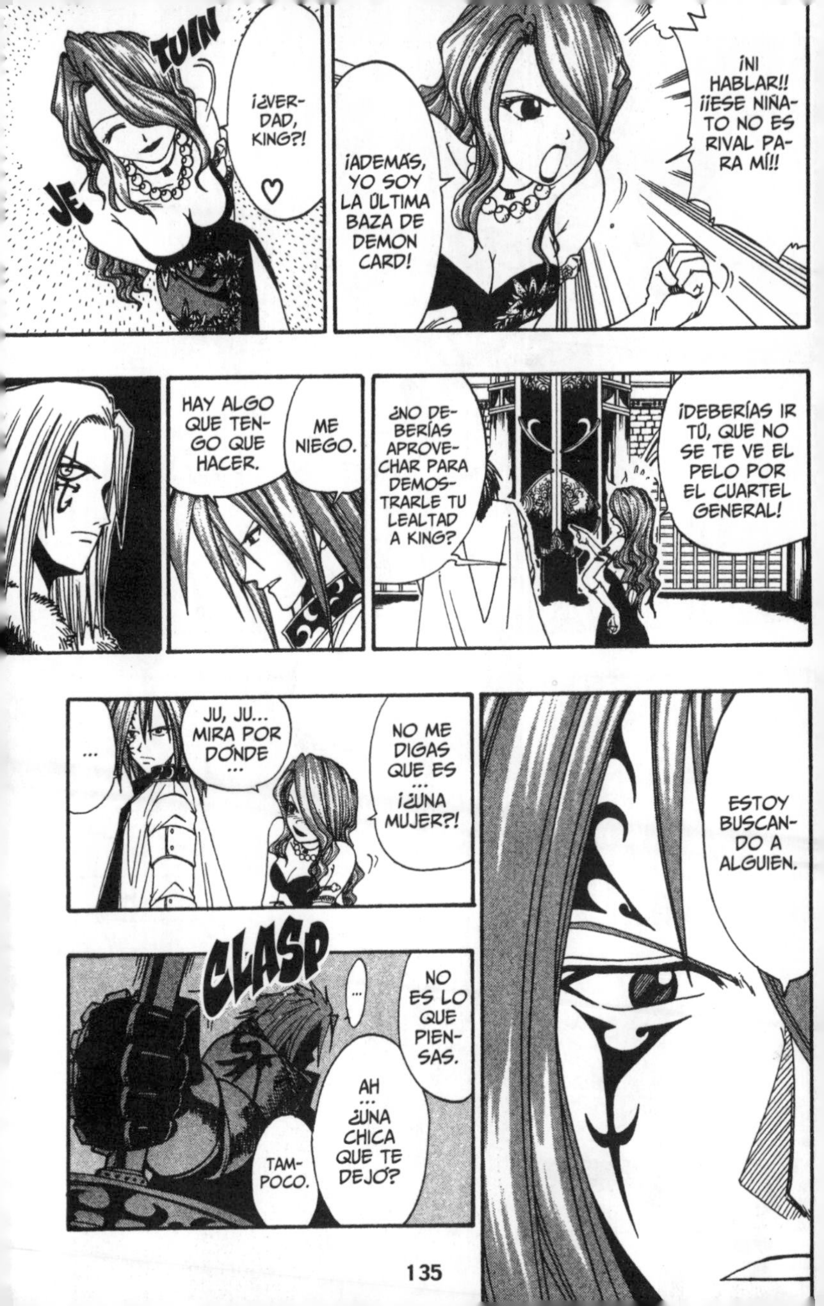
¡NI HABLAR!! ¡¡ESE NIÑATO NO ES RIVAL PARA MÍ!!
¡ADEMÁS, YO SOY LA ÚLTIMA BAZA DE DEMON CARD!
TUIN
¿VERDAD, KING?! ♡
JE
¡DEBERÍAS IR TÚ, QUE NO SE TE VE EL PELO POR EL CUARTEL GENERAL!
¿NO DEBERÍAS APROVECHAR PARA DEMOSTRARLE TU LEALTAD A KING?
ME NIEGO.
HAY ALGO QUE TENGO QUE HACER.
ESTOY BUSCANDO A ALGUIEN.
NO ME DIGAS QUE ES ... ¿¡UNA MUJER?!
JU, JU... MIRA POR DÓNDE ...
...
CLASP
NO ES LO QUE PIENSAS.
...
AH ... ¿UNA CHICA QUE TE DEJÓ?
TAMPOCO.

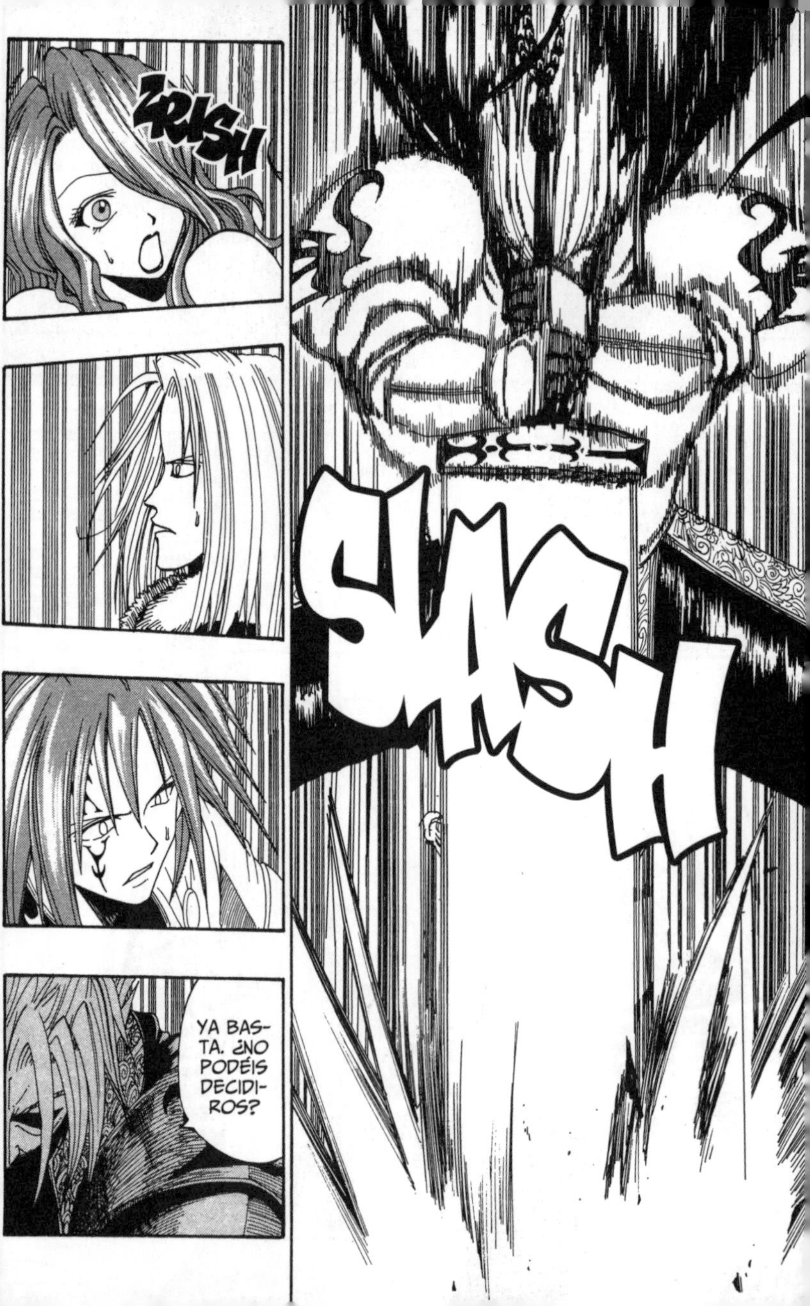
SLASH
ZRASH
YA BAS-
TA. ¿NO
PODÉIS
DECIDI-
ROS?

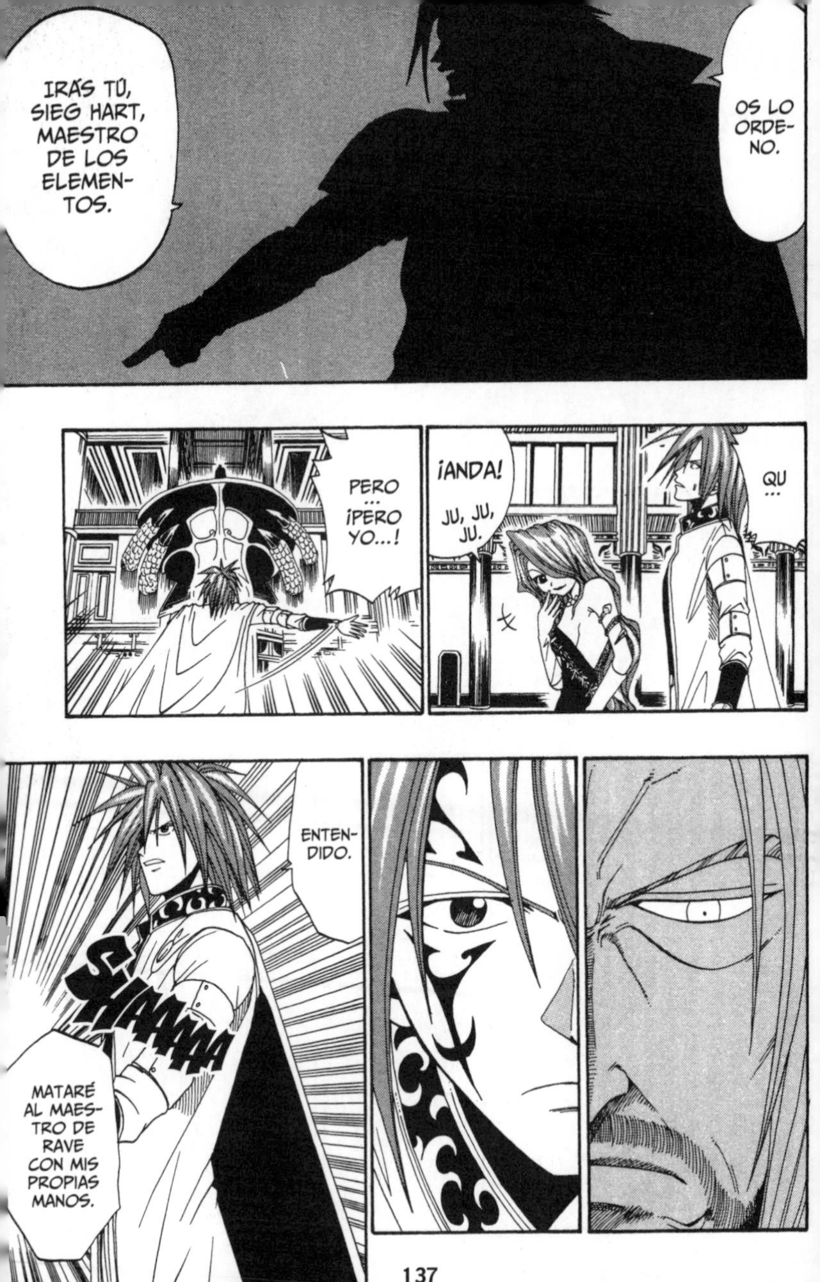
OS LO ORDE-NO.
IRÁS TÚ, SIEG HART, MAESTRO DE LOS ELEMEN-TOS.
QU...
¡ANDA!
JU, JU, JU.
PERO ... ¡PERO YO...!
ENTEN-DIDO.
SHAAAAA
MATARÉ AL MAES-TRO DE RAVE CON MIS PROPIAS MANOS.

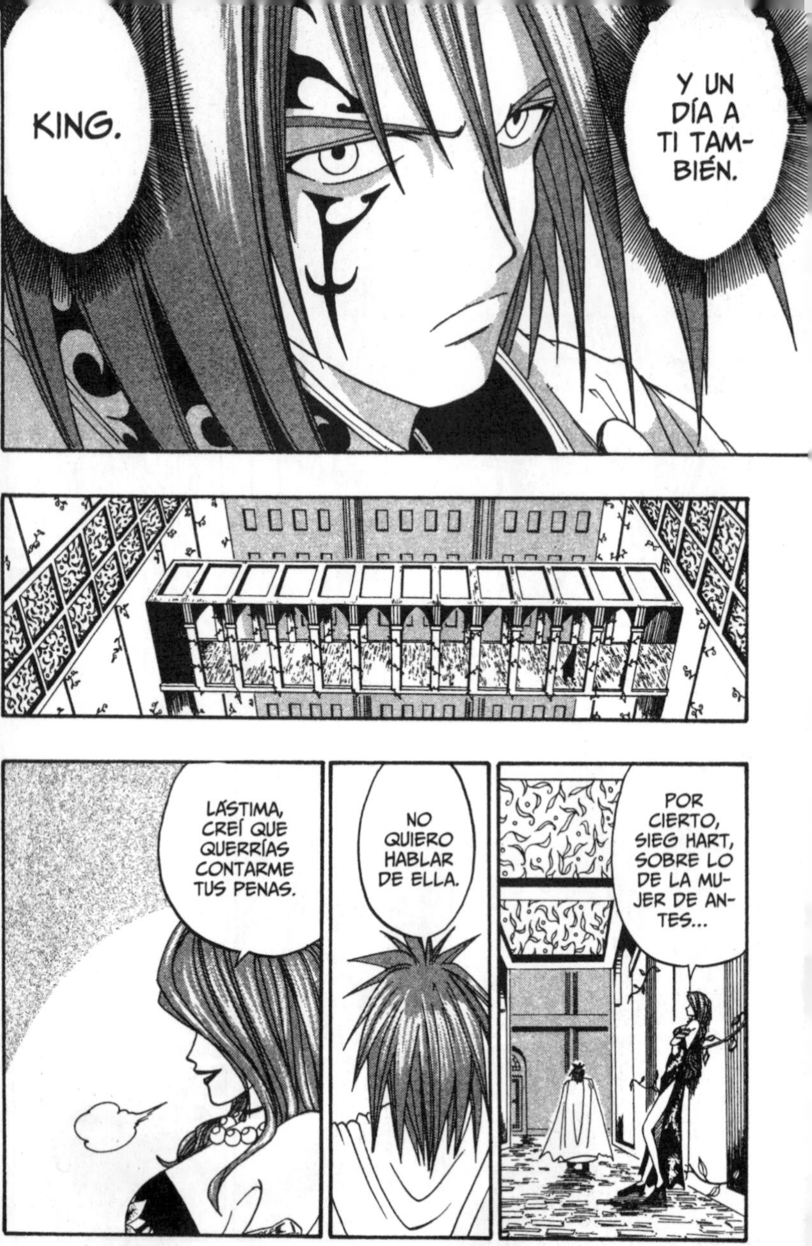
Y UN DÍA A TI TAMBIÉN.
KING.
POR CIERTO, SIEG HART, SOBRE LO DE LA MUJER DE ANTES...
NO QUIERO HABLAR DE ELLA.
LÁSTIMA, CREÍ QUE QUERRÍAS CONTARME TUS PENAS.

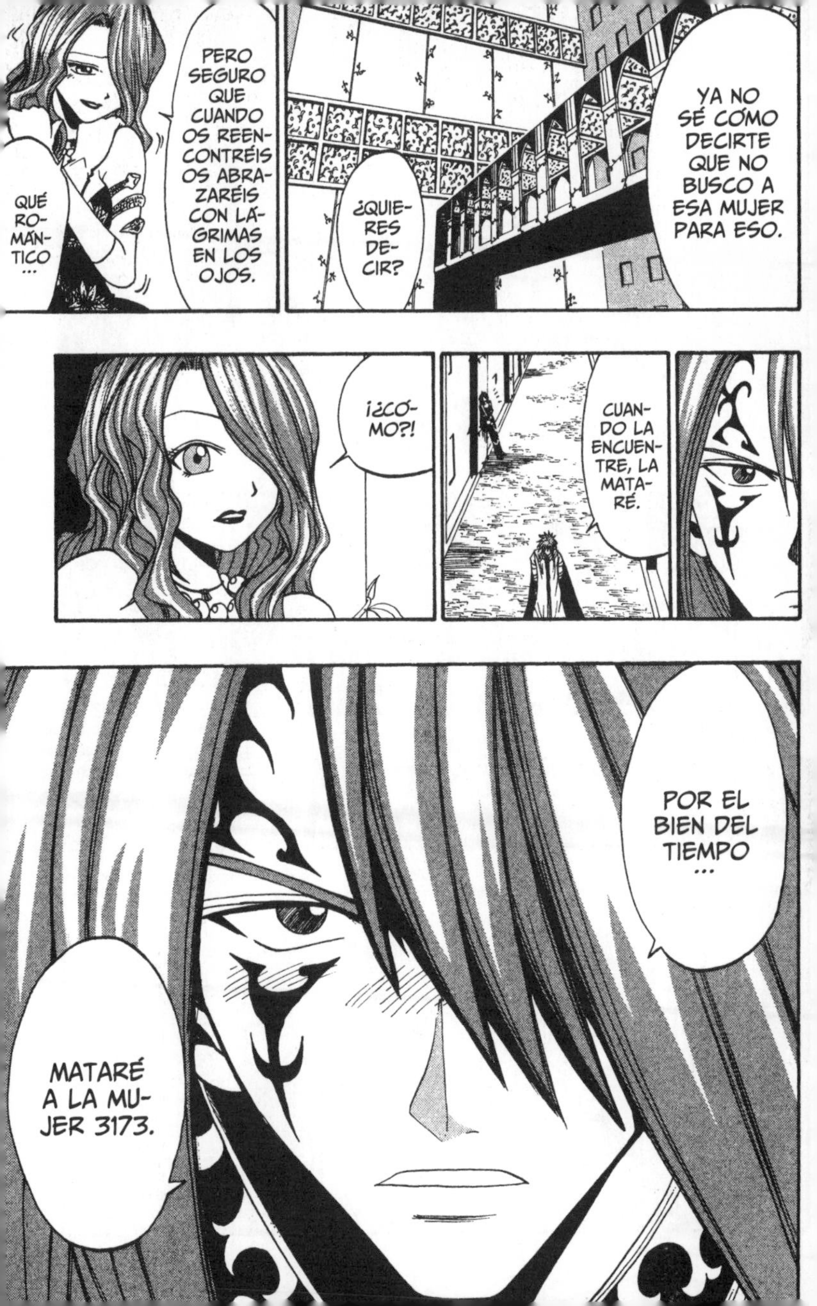
YA NO SÉ CÓMO DECIRTE QUE NO BUSCO A ESA MUJER PARA ESO.
¿QUIERES DECIR?
PERO SEGURO QUE CUANDO OS REENCONTRÉIS OS ABRAZARÉIS CON LÁGRIMAS EN LOS OJOS.
QUÉ ROMÁNTICO...
CUANDO LA ENCUENTRE, LA MATARÉ.
¡¿CÓMO?!
POR EL BIEN DEL TIEMPO...
MATARÉ A LA MUJER 3173.

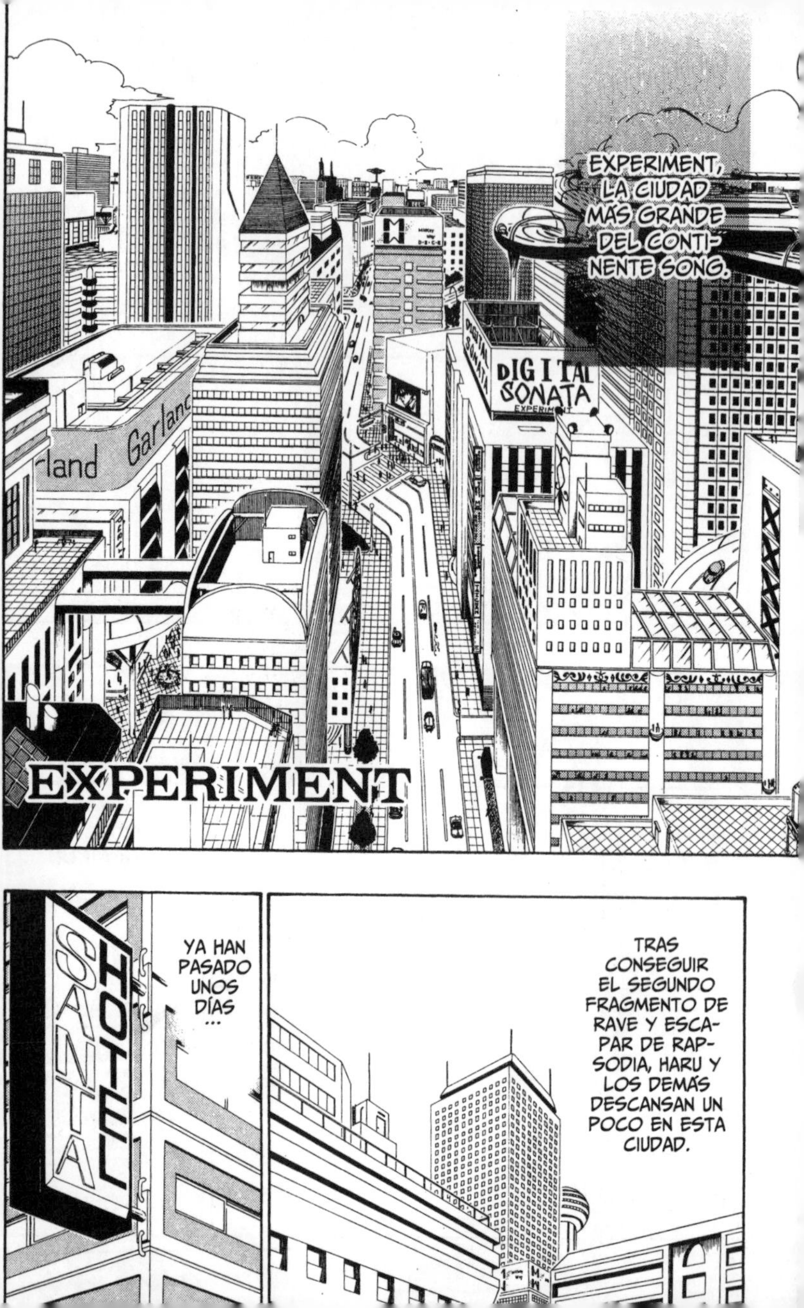
EXPERIMENT, LA CIUDAD MÁS GRANDE DEL CONTI- NENTE SONG.
DIGITAL SONATA
Garland
EXPERIMENT
HOTEL SANTA
YA HAN PASADO UNOS DÍAS ...
TRAS CONSEGUIR EL SEGUNDO FRAGMENTO DE RAVE Y ESCA- PAR DE RAP- SODIA, HARU Y LOS DEMÁS DESCANSAN UN POCO EN ESTA CIUDAD.

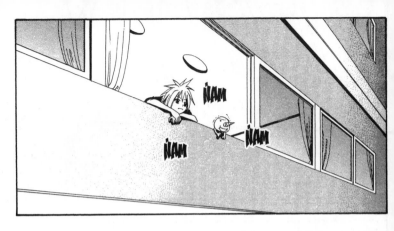

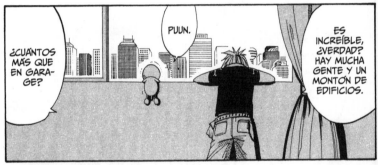

¡ÑAM
¡ÑAM
¡ÑAM
ES INCREÍBLE, ¿VERDAD? HAY MUCHA GENTE Y UN MONTÓN DE EDIFICIOS.
PUUN.
¿CUÁNTOS MÁS QUE EN GARAGE?
CRUNCH
CRUNCH
AÑORO MUCHO MI CASA...

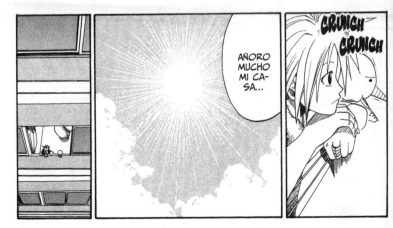

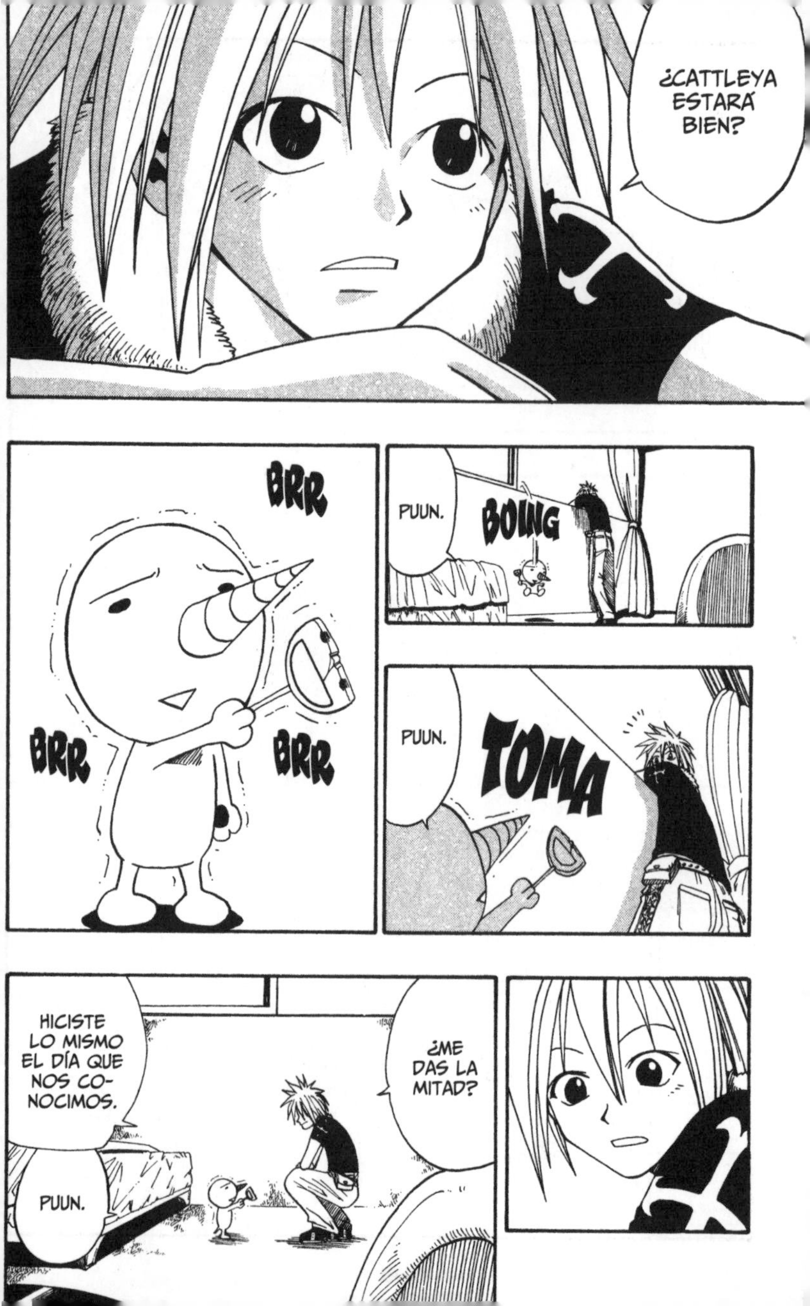
¿CATTLEYA ESTARÁ BIEN?
PUUN.
BOING
PUUN.
TOMA
BRR
BRR
BRR
¿ME DAS LA MITAD?
HICISTE LO MISMO EL DÍA QUE NOS CO- NOCIMOS.
PUUN.

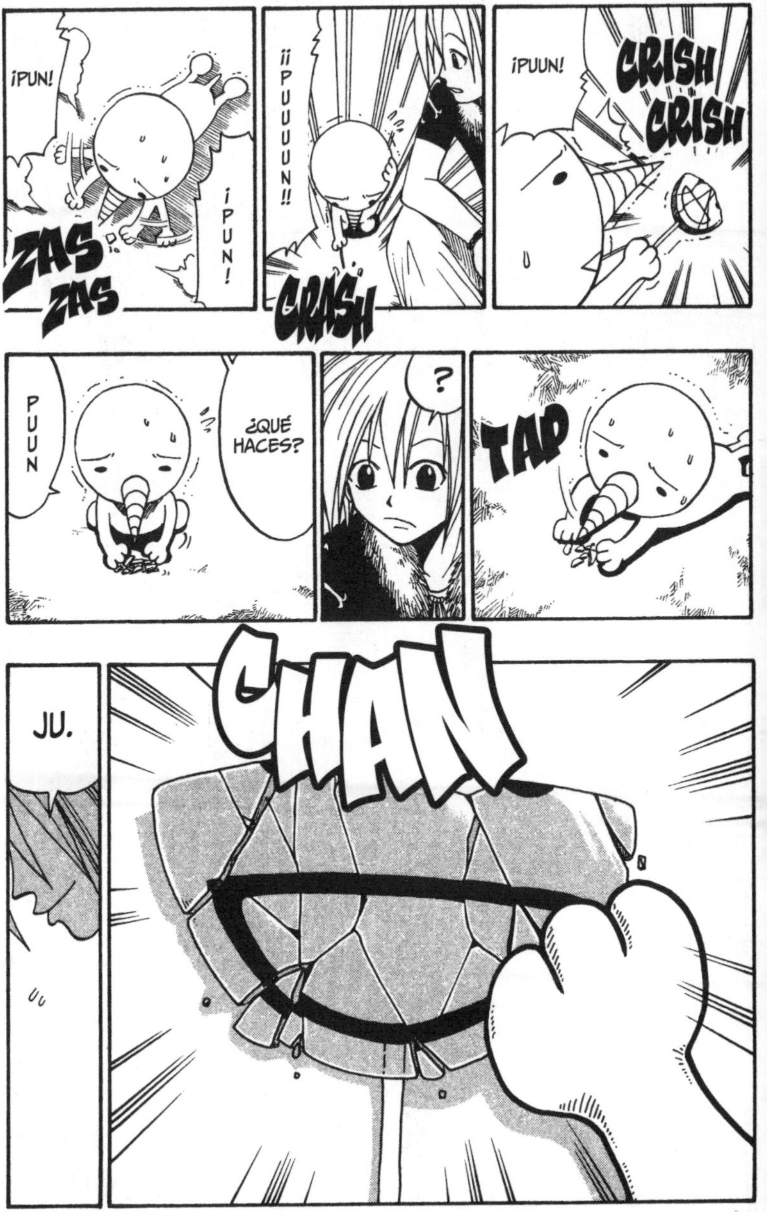
¡PUUN!
CRISH
CRISH
¡¡PUUUUUN!!
CRASH
¡PUN!
¡PUN!
ZAS
ZAS
TAP
?
¿QUÉ HACES?
PUUN
CHAN
JU.

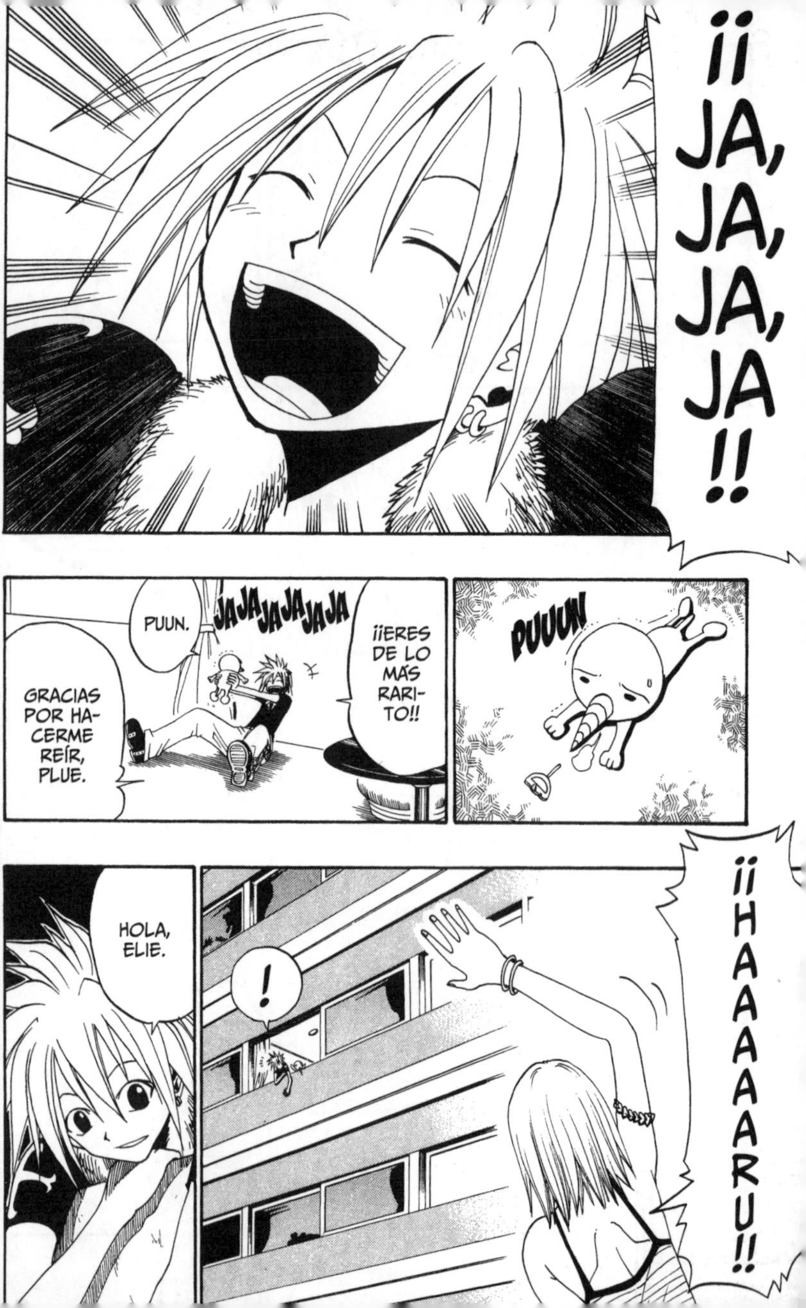
¡¡JA, JA, JA, JA!!
¡¡ERES DE LO MÁS RARITO!!
JAJAJAJAJAJA
PUUN.
GRACIAS POR HACERME REÍR, PLUE.
PUUUN
¡¡HAAAAAARU!!
!
HOLA, ELIE.

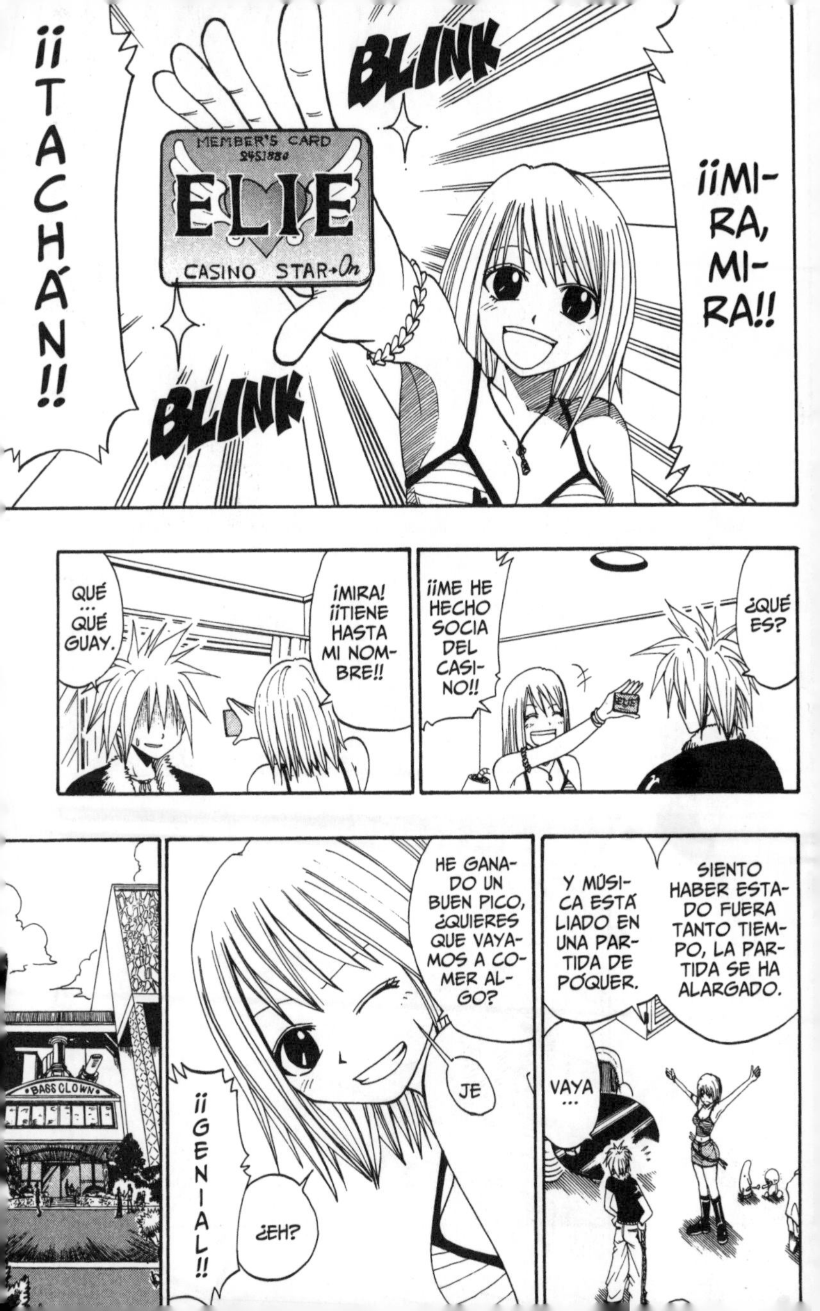
¡¡MIRA, MIRA!!
BLINK
MEMBER'S CARD
2451880
ELIE
CASINO STAR-On
BLINK
¡¡TACHÁN!!
¿QUÉ ES?
¡¡ME HE HECHO SOCIA DEL CASINO!!
ELIE
¡MIRA! ¡¡TIENE HASTA MI NOMBRE!!
QUÉ... QUÉ GUAY.
SIENTO HABER ESTADO FUERA TANTO TIEMPO, LA PARTIDA SE HA ALARGADO.
Y MÚSICA ESTÁ LIADO EN UNA PARTIDA DE PÓQUER.
VAYA...
HE GANADO UN BUEN PICO, ¿QUIERES QUE VAYAMOS A COMER ALGO?
JE
¡¡GENIAL!!
¿EH?
BASS CLOWN

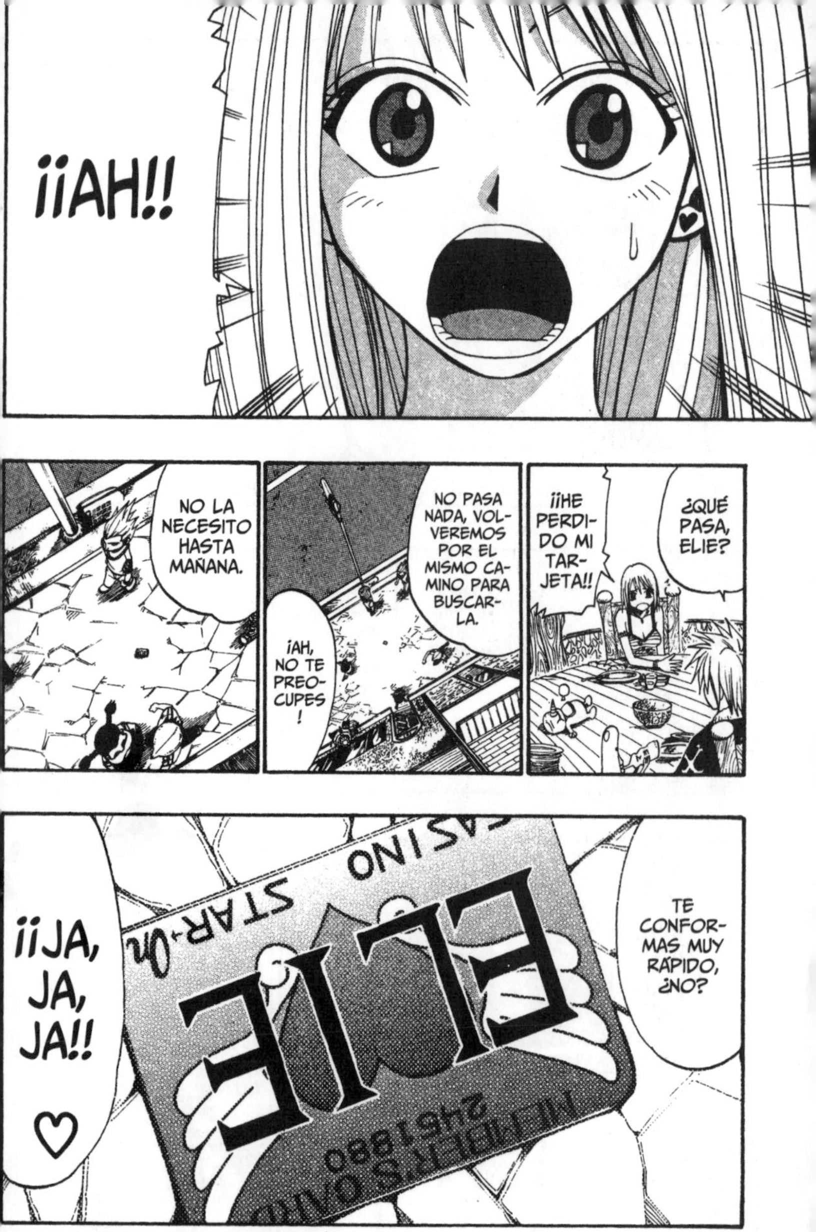
¡¡AH!!
¿QUÉ PASA, ELIE?
¡¡HE PERDIDO MI TARJETA!!
NO PASA NADA, VOLVEREMOS POR EL MISMO CAMINO PARA BUSCARLA.
¡AH, NO TE PREOCUPES!
NO LA NECESITO HASTA MAÑANA.
TE CONFORMAS MUY RÁPIDO, ¿NO?
¡¡JA, JA, JA!! ♡

UNO DE LOS MIEMBROS DEL ESCUADRÓN ORATION: EL EXPLOSIVO SHUDA

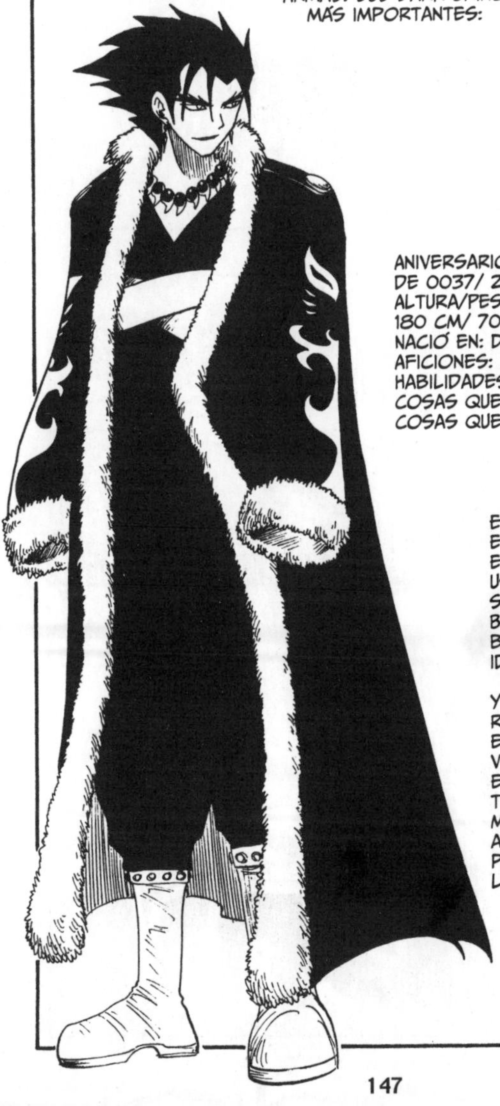

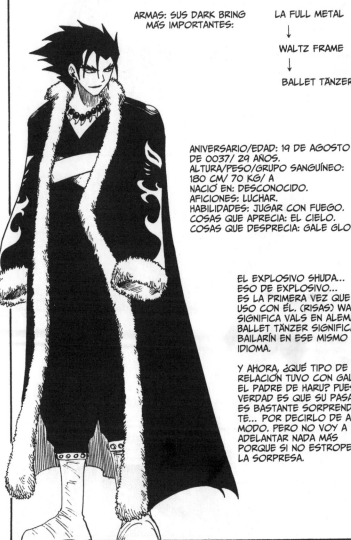

ARMAS: SUS DARK BRING MÁS IMPORTANTES:

LA FULL METAL
↓
WALTZ FRAME
↓
BALLET TÄNZER

ANIVERSARIO/EDAD: 19 DE AGOSTO DE 0037/ 29 AÑOS.
ALTURA/PESO/GRUPO SANGUÍNEO: 180 CM/ 70 KG/ A
NACIÓ EN: DESCONOCIDO.
AFICIONES: LUCHAR.
HABILIDADES: JUGAR CON FUEGO.
COSAS QUE APRECIA: EL CIELO.
COSAS QUE DESPRECIA: GALE GLORY.

EL EXPLOSIVO SHUDA... ESO DE EXPLOSIVO... ES LA PRIMERA VEZ QUE LO USO CON ÉL. (RISAS) WALTZ SIGNIFICA VALS EN ALEMÁN, Y BALLET TÄNZER SIGNIFICA BAILARÍN EN ESE MISMO IDIOMA.

Y AHORA, ¿QUÉ TIPO DE RELACIÓN TUVO CON GALE, EL PADRE DE HARU? PUES LA VERDAD ES QUE SU PASADO ES BASTANTE SORPRENDENTE... POR DECIRLO DE ALGÚN MODO. PERO NO VOY A ADELANTAR NADA MÁS PORQUE SI NO ESTROPEARÉ LA SORPRESA.

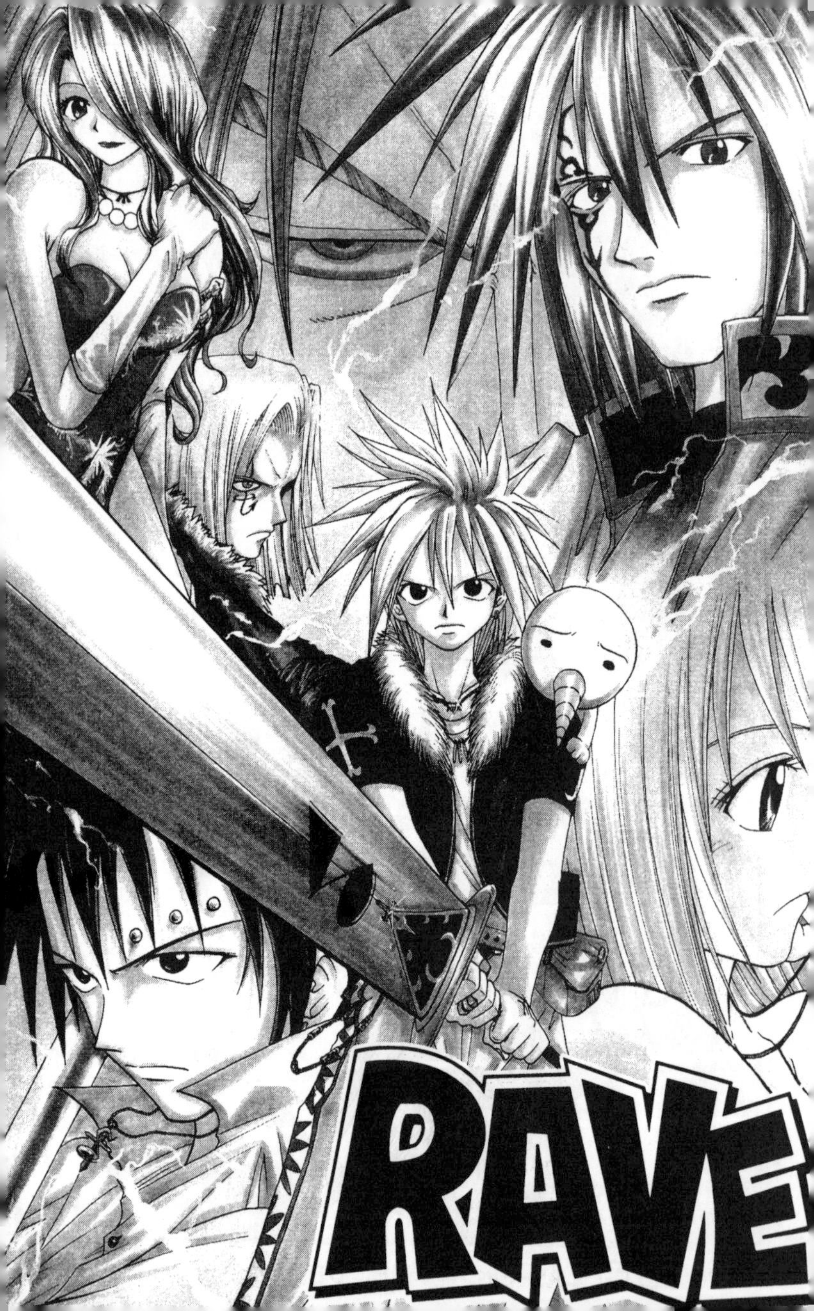
RAVE

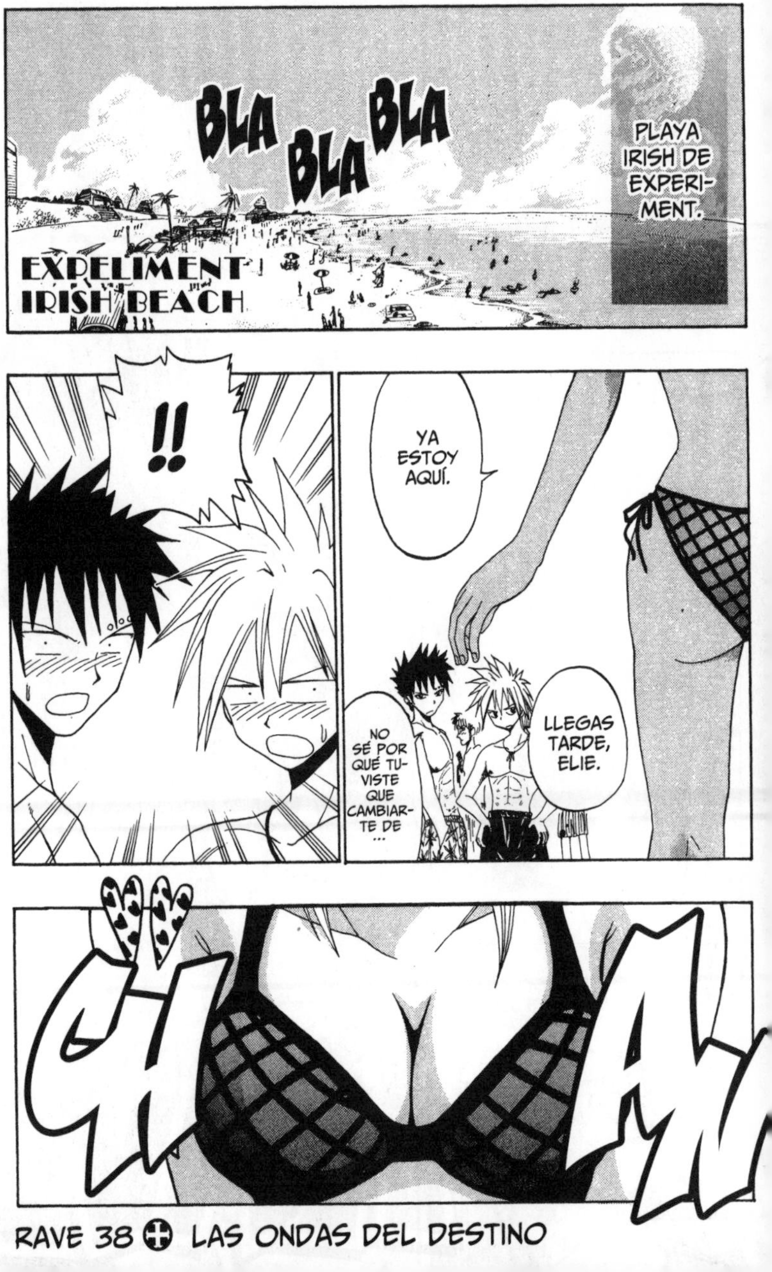
PLAYA IRISH DE EXPERIMENT.
BLA BLA BLA
EXPELIMENT IRISH BEACH
YA ESTOY AQUÍ.
LLEGAS TARDE, ELIE.
NO SÉ POR QUÉ TUVISTE QUE CAMBIARTE DE ...
!!

RAVE 38 ✚ LAS ONDAS DEL DESTINO

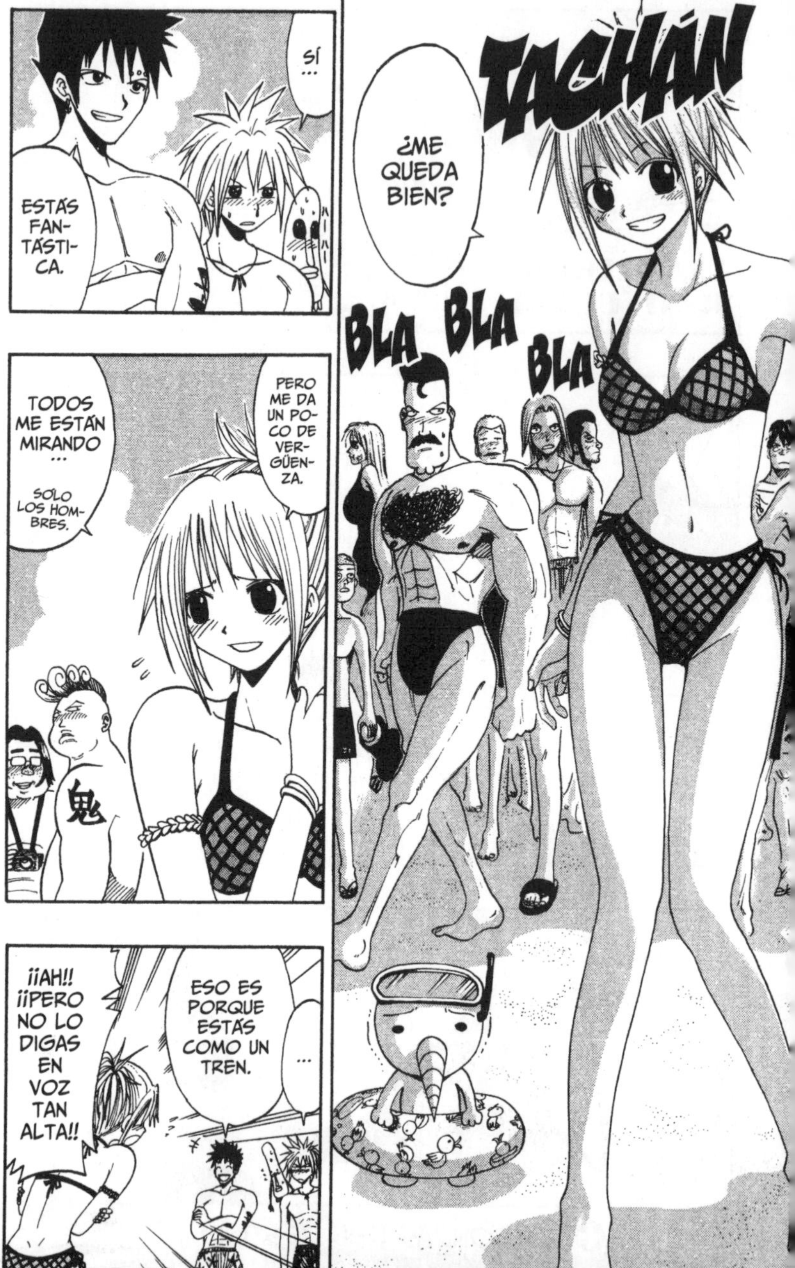
TACHÁN
¿ME QUEDA BIEN?
BLA BLA BLA
SÍ ...
ESTÁS FANTÁSTICA.
PERO ME DA UN POCO DE VERGÜENZA.
TODOS ME ESTÁN MIRANDO ...
SÓLO LOS HOMBRES.
ESO ES PORQUE ESTÁS COMO UN TREN.
...
¡¡AH!! ¡¡PERO NO LO DIGAS EN VOZ TAN ALTA!!

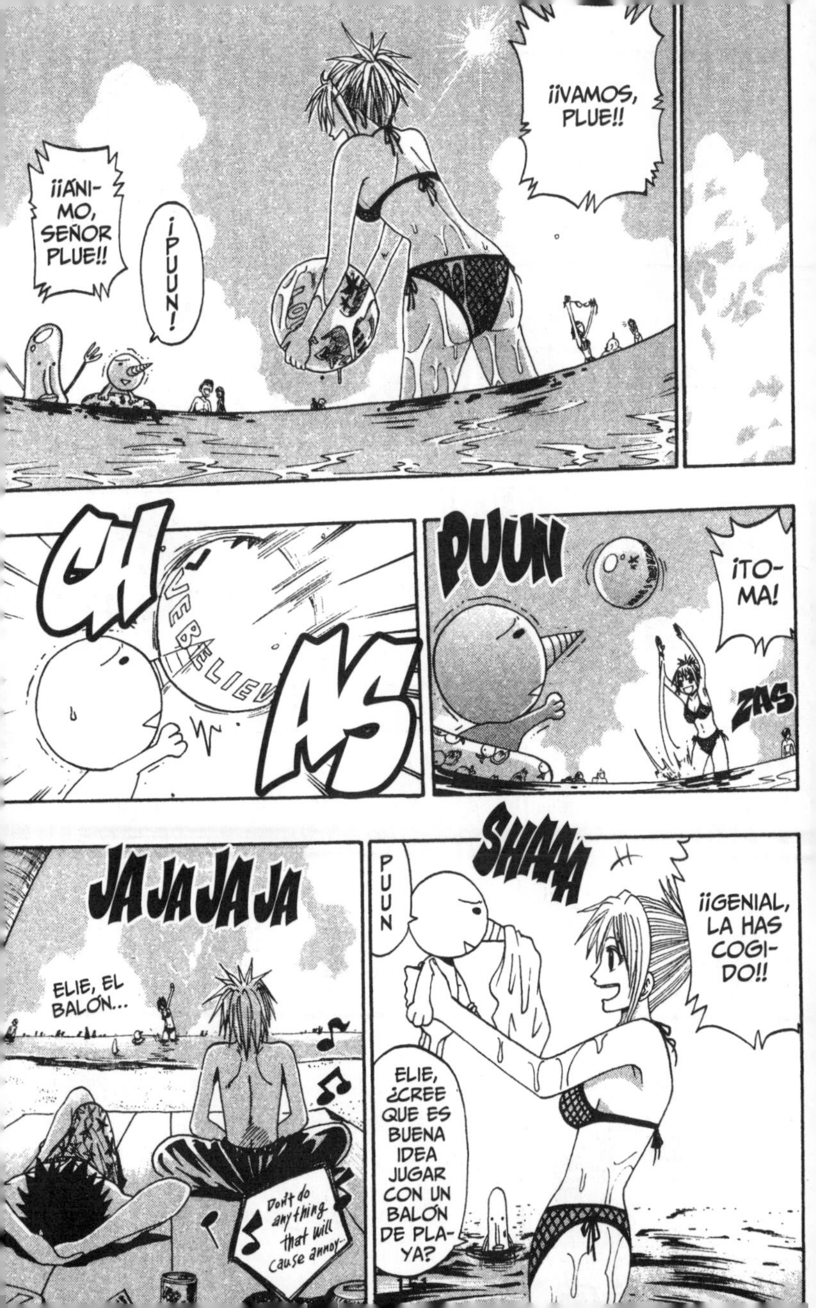
¡¡VAMOS, PLUE!!
¡¡ÁNIMO, SEÑOR PLUE!!
¡PUUUN!
CH
AS
PUUN
¡TOMA!
ZAS
JA JA JA JA
ELIE, EL BALÓN...
Don't do anything that will cause annoy...
PUUN
SHAAA
¡¡GENIAL, LA HAS COGIDO!!
ELIE, ¿CREE QUE ES BUENA IDEA JUGAR CON UN BALÓN DE PLAYA?

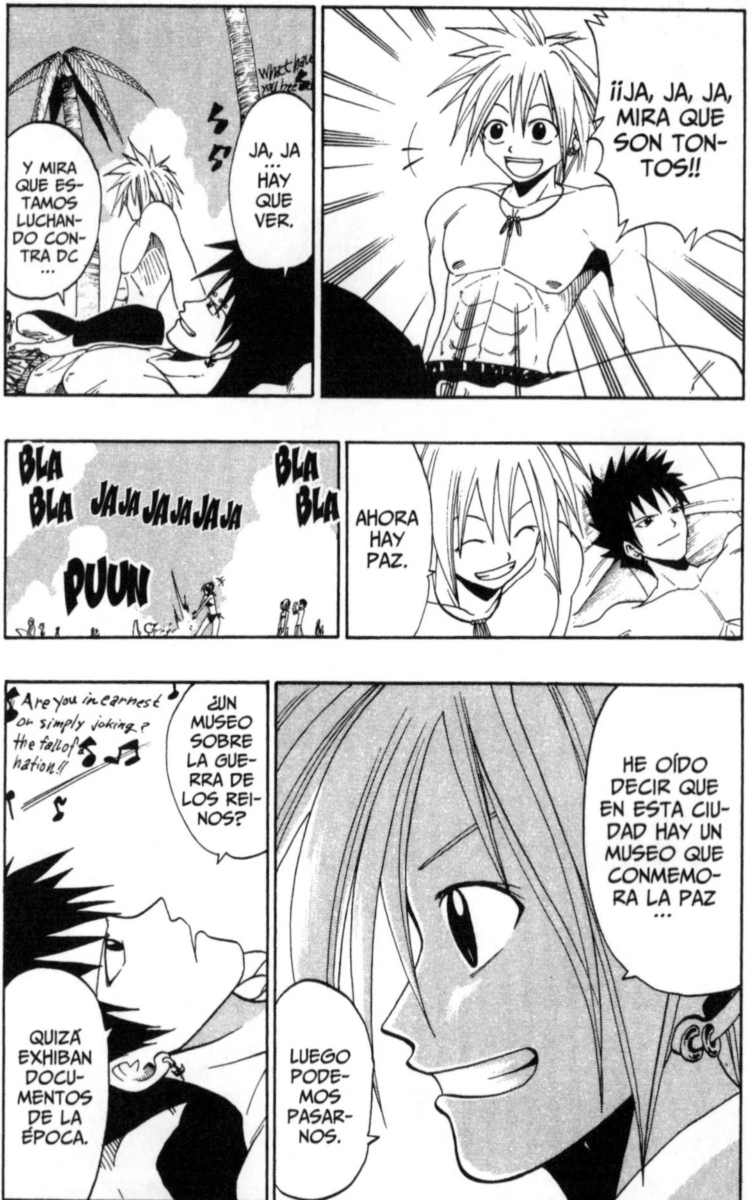
¡¡JA, JA, JA, MIRA QUE SON TONTOS!!
JA, JA ... HAY QUE VER.
Y MIRA QUE ESTAMOS LUCHANDO CONTRA DC ...
AHORA HAY PAZ.
BLA BLA
BLA BLA
JAJAJAJAJAJA
DUUN
HE OÍDO DECIR QUE EN ESTA CIUDAD HAY UN MUSEO QUE CONMEMORA LA PAZ ...
¿UN MUSEO SOBRE LA GUERRA DE LOS REINOS?
Are you in earnest or simply joking? the fall of nation!!
LUEGO PODEMOS PASARNOS.
QUIZÁ EXHIBAN DOCUMENTOS DE LA ÉPOCA.

* GUERRA DE LOS REINOS: LA GUERRA DE HACE CINCUENTA AÑOS CONTRA DB.

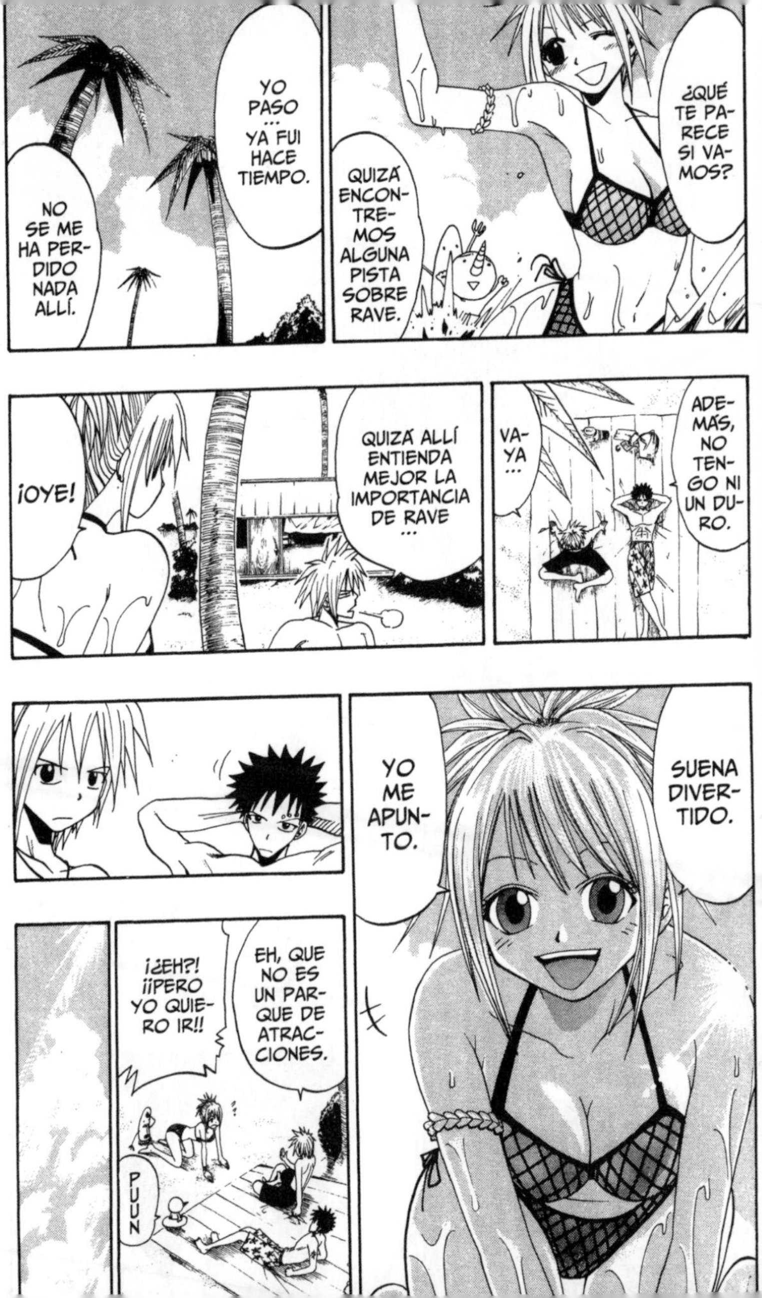
¿QUÉ TE PARECE SI VAMOS?
QUIZÁ ENCONTREMOS ALGUNA PISTA SOBRE RAVE.
YO PASO... YA FUI HACE TIEMPO.
NO SE ME HA PERDIDO NADA ALLÍ.
ADEMÁS, NO TENGO NI UN DURO.
VAYA...
QUIZÁ ALLÍ ENTIENDA MEJOR LA IMPORTANCIA DE RAVE...
¡OYE!
SUENA DIVERTIDO.
YO ME APUNTO.
EH, QUE NO ES UN PARQUE DE ATRACCIONES.
¡¿EH?! ¡¡PERO YO QUIERO IR!!
PUUN

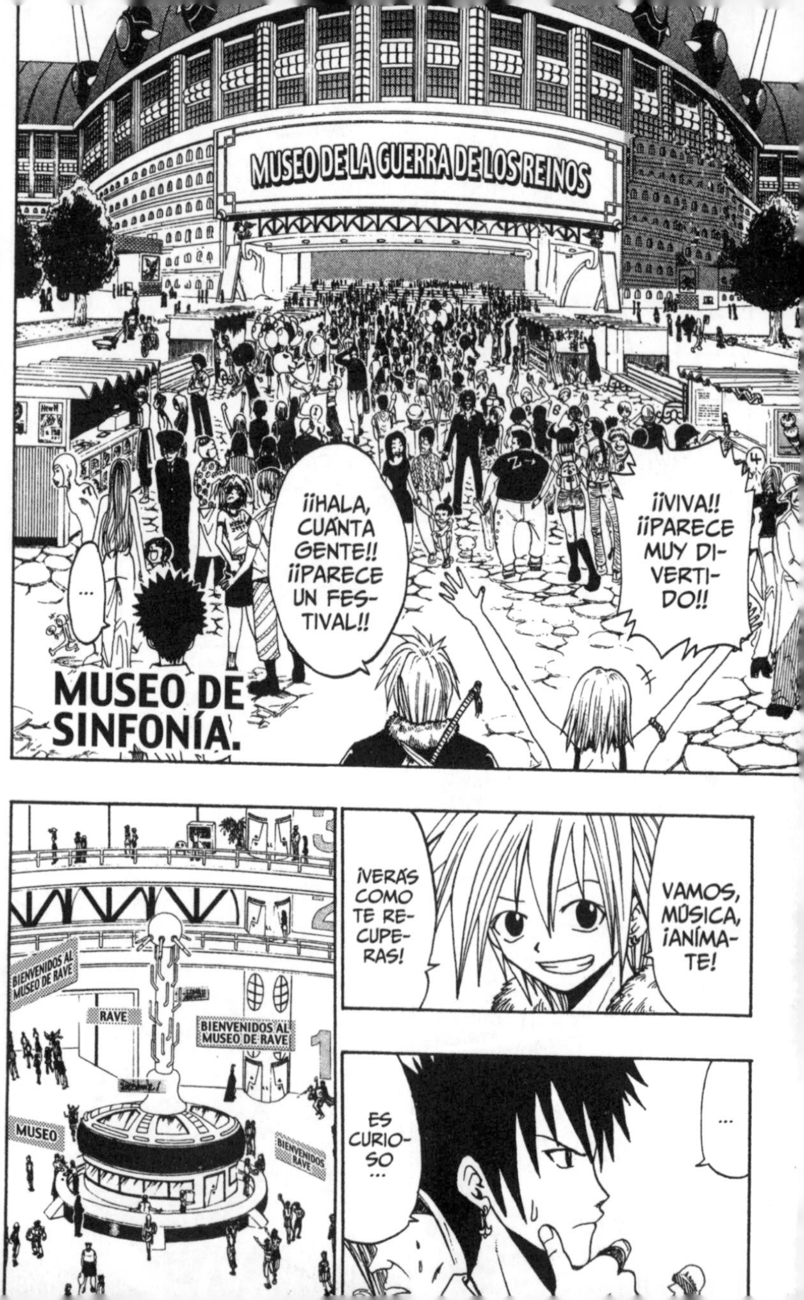

MUSEO DE LA GUERRA DE LOS REINOS
¡¡VIVA!! ¡¡PARECE MUY DIVERTIDO!!
¡¡HALA, CUÁNTA GENTE!! ¡¡PARECE UN FESTIVAL!!
...
MUSEO DE SINFONÍA.
VAMOS, MÚSICA, ¡ANÍMATE!
¡VERÁS COMO TE RECUPERAS!
BIENVENIDOS AL MUSEO DE RAVE
RAVE
BIENVENIDOS AL MUSEO DE RAVE
MUSEO
BIENVENIDOS RAVE
...
ES CURIOSO...

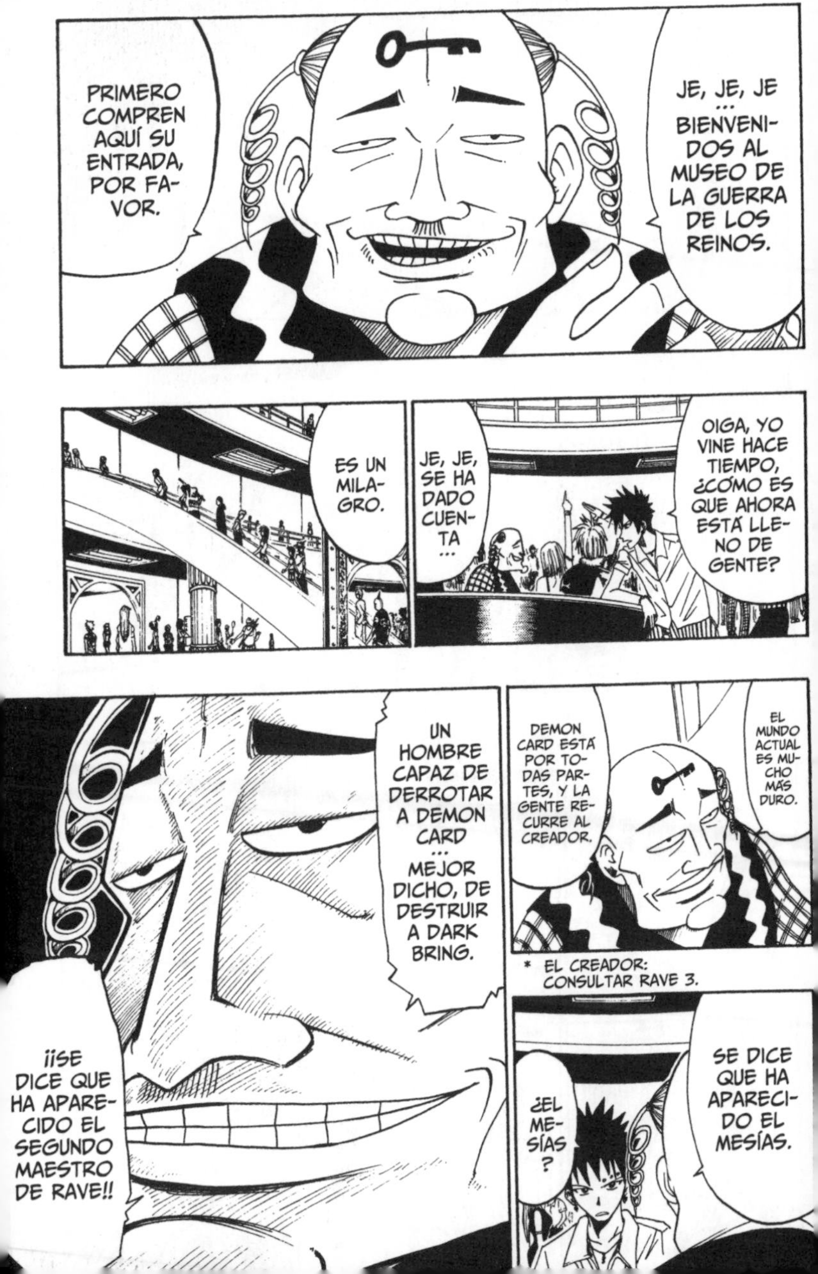
JE, JE, JE ... BIENVENIDOS AL MUSEO DE LA GUERRA DE LOS REINOS.
PRIMERO COMPREN AQUÍ SU ENTRADA, POR FAVOR.
OIGA, YO VINE HACE TIEMPO, ¿CÓMO ES QUE AHORA ESTÁ LLENO DE GENTE?
JE, JE, SE HA DADO CUENTA ...
ES UN MILAGRO.
EL MUNDO ACTUAL ES MUCHO MÁS DURO.
DEMON CARD ESTÁ POR TODAS PARTES, Y LA GENTE RECURRE AL CREADOR.
* EL CREADOR: CONSULTAR RAVE 3.
UN HOMBRE CAPAZ DE DERROTAR A DEMON CARD ... MEJOR DICHO, DE DESTRUIR A DARK BRING.
SE DICE QUE HA APARECIDO EL MESÍAS.
¿EL MESÍAS?
¡¡SE DICE QUE HA APARECIDO EL SEGUNDO MAESTRO DE RAVE!!

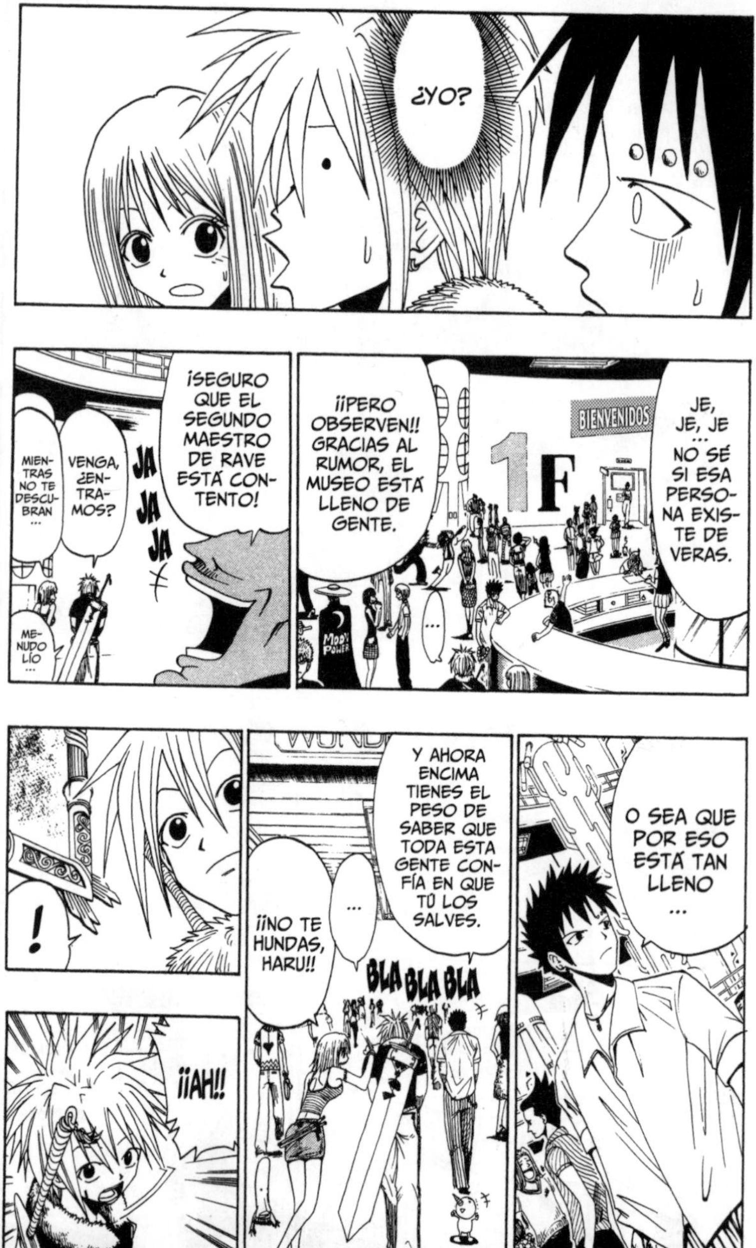
¿YO?
JE, JE, JE ... NO SÉ SI ESA PERSONA EXISTE DE VERAS.
¡¡PERO OBSERVEN!! GRACIAS AL RUMOR, EL MUSEO ESTÁ LLENO DE GENTE.
BIENVENIDOS
1F
...
MODY POWER
¡SEGURO QUE EL SEGUNDO MAESTRO DE RAVE ESTÁ CONTENTO!
JA JA JA
VENGA, ¿ENTRAMOS?
MIENTRAS NO TE DESCUBRAN ...
MENUDO LÍO ...
O SEA QUE POR ESO ESTÁ TAN LLENO ...
Y AHORA ENCIMA TIENES EL PESO DE SABER QUE TODA ESTA GENTE CONFÍA EN QUE TÚ LOS SALVES.
...
¡¡NO TE HUNDAS, HARU!!
BLA BLA BLA
!
¡¡AH!!

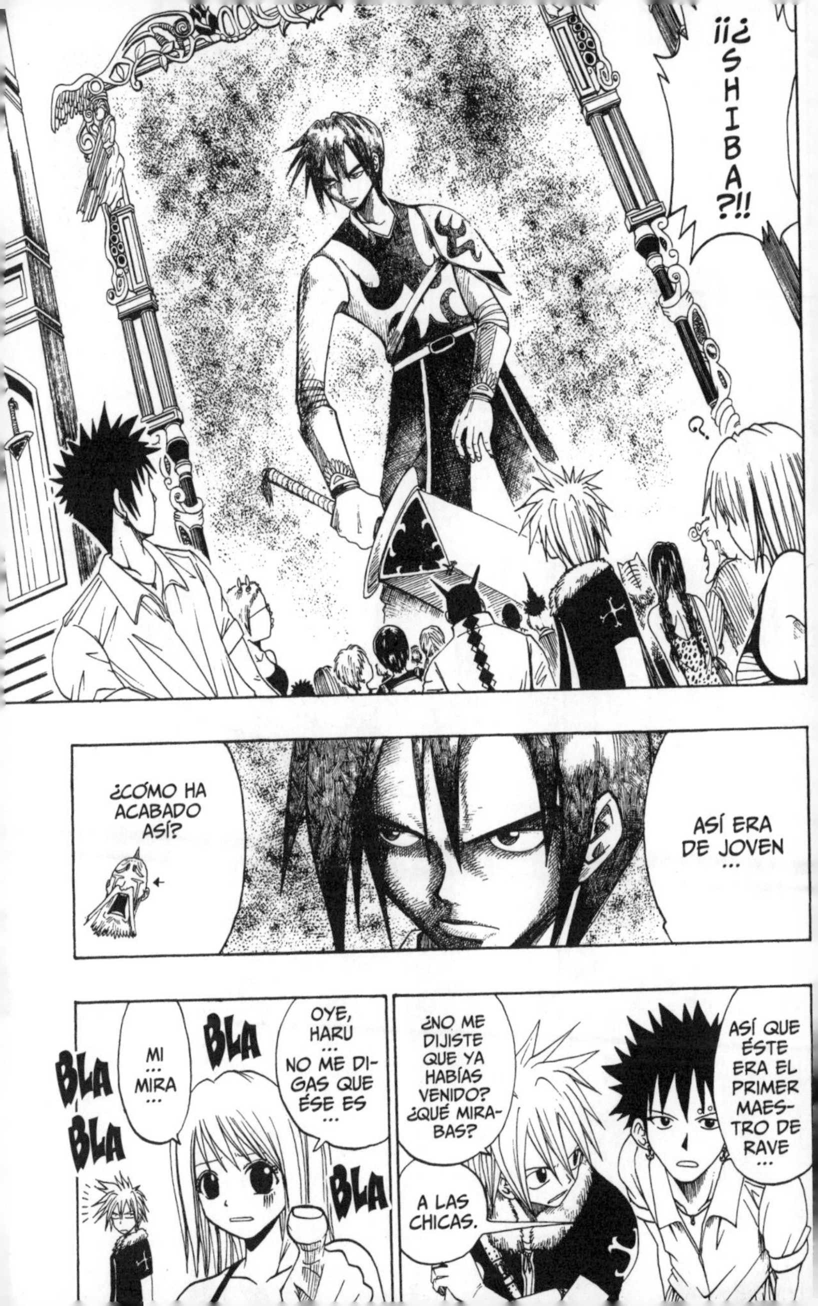
¡¡¿SHIBA?!!
?
ASÍ ERA DE JOVEN ...
¿CÓMO HA ACABADO ASÍ?
ASÍ QUE ÉSTE ERA EL PRIMER MAES-TRO DE RAVE ...
¿NO ME DIJISTE QUE YA HABÍAS VENIDO? ¿QUÉ MIRA-BAS?
A LAS CHICAS.
OYE, HARU ... NO ME DI-GAS QUE ÉSE ES ...
MI ... MIRA ...
BLA
BLA
BLA
BLA

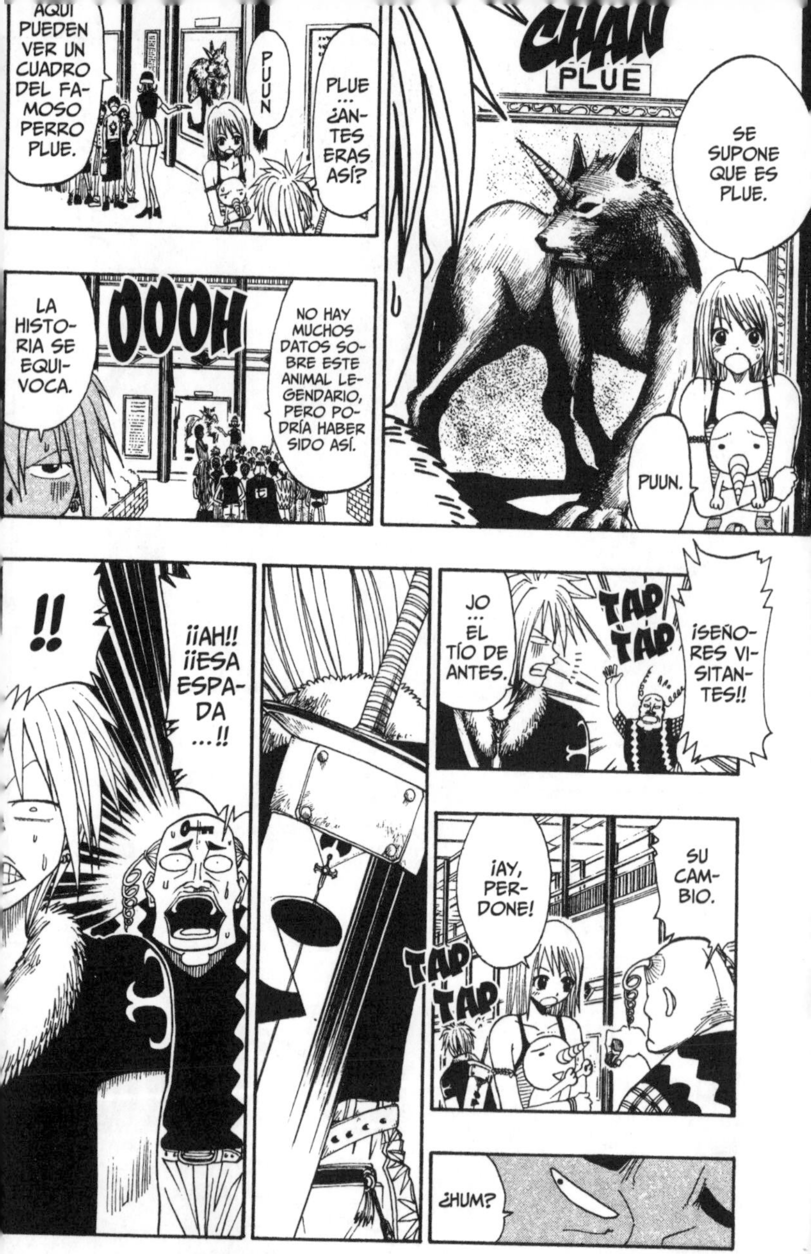
CHAN
PLUE
SE SUPONE QUE ES PLUE.
PUUN.
PLUE ... ¿ANTES ERAS ASÍ?
PUUN
AQUI PUEDEN VER UN CUADRO DEL FAMOSO PERRO PLUE.
OOOH
NO HAY MUCHOS DATOS SOBRE ESTE ANIMAL LEGENDARIO, PERO PODRÍA HABER SIDO ASÍ.
LA HISTORIA SE EQUIVOCA.
¡SEÑORES VISITANTES!!
TAP TAP
JO ... EL TÍO DE ANTES.
SU CAMBIO.
¡AY, PERDONE!
TAP TAP
¿HUM?
¡¡AH!! ¡¡ESA ESPADA ...!!
!!

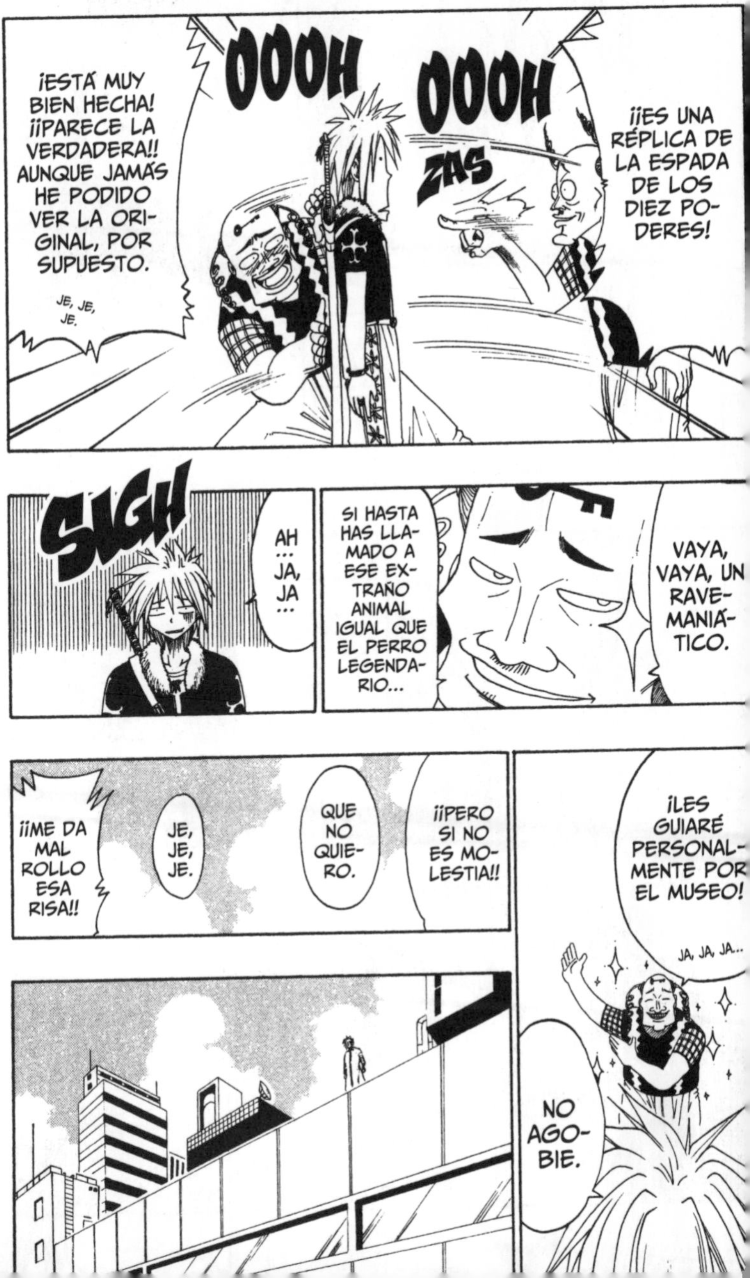

OOOH OOOH
ZAS
¡¡ES UNA RÉPLICA DE LA ESPADA DE LOS DIEZ PODERES!
¡ESTÁ MUY BIEN HECHA! ¡¡PARECE LA VERDADERA!! AUNQUE JAMÁS HE PODIDO VER LA ORIGINAL, POR SUPUESTO.
JE, JE, JE.
VAYA, VAYA, UN RAVE-MANIÁTICO.
SI HASTA HAS LLAMADO A ESE EXTRAÑO ANIMAL IGUAL QUE EL PERRO LEGENDARIO...
AH... JA, JA...
SIGH
¡LES GUIARÉ PERSONALMENTE POR EL MUSEO!
JA, JA, JA...
NO AGOBIE.
¡¡PERO SI NO ES MOLESTIA!!
QUE NO QUIERO.
JE, JE, JE.
¡¡ME DA MAL ROLLO ESA RISA!!

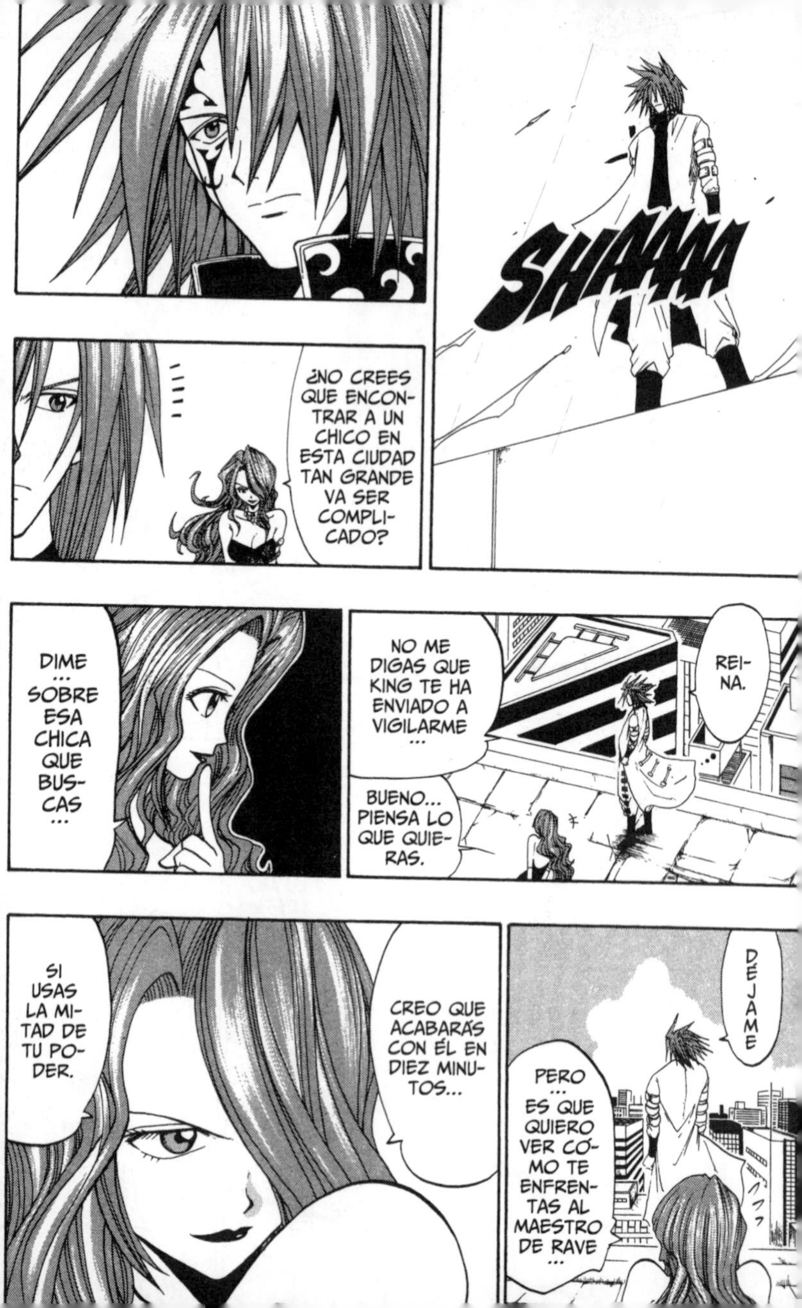
SHIAAAA
....
¿NO CREES QUE ENCONTRAR A UN CHICO EN ESTA CIUDAD TAN GRANDE VA SER COMPLICADO?
REINA.
NO ME DIGAS QUE KING TE HA ENVIADO A VIGILARME ...
BUENO... PIENSA LO QUE QUIERAS.
DIME ... SOBRE ESA CHICA QUE BUSCAS ...
DÉJAME
PERO ... ES QUE QUIERO VER CÓMO TE ENFRENTAS AL MAESTRO DE RAVE ...
CREO QUE ACABARÁS CON ÉL EN DIEZ MINUTOS...
SI USAS LA MITAD DE TU PODER.

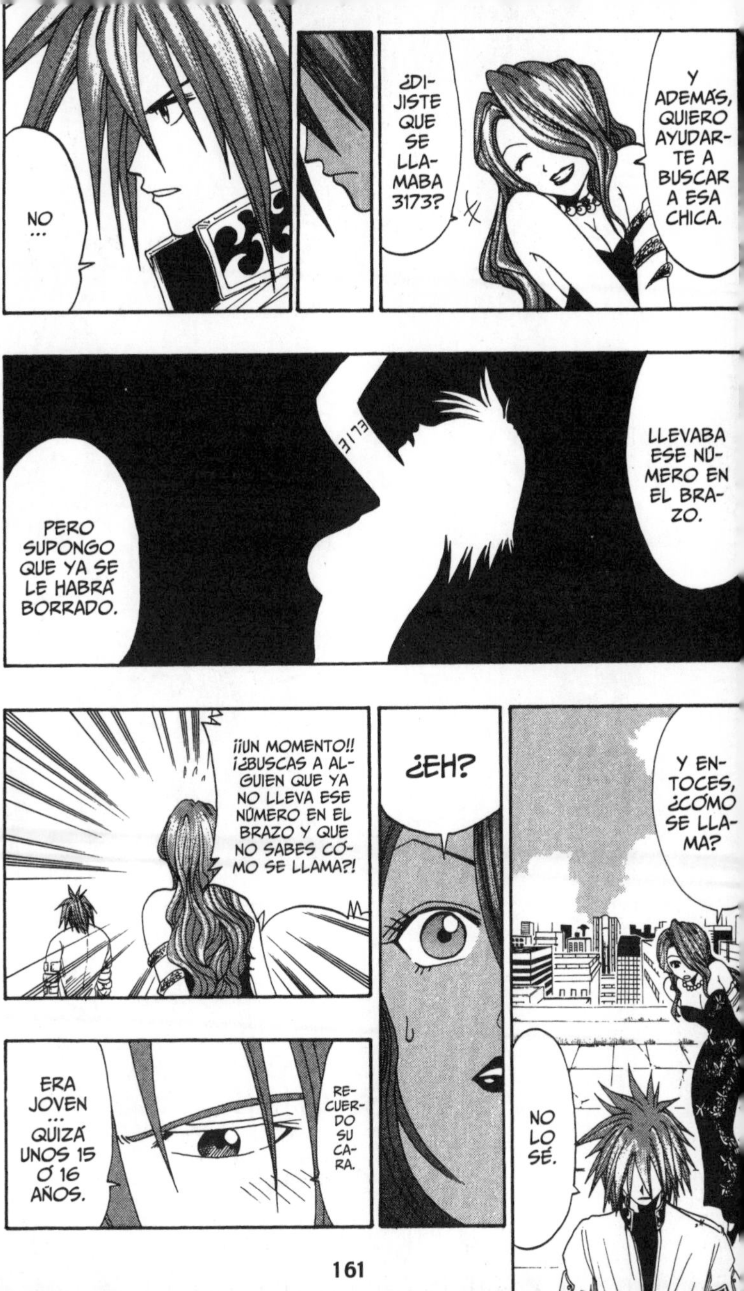
Y ADEMÁS, QUIERO AYUDARTE A BUSCAR A ESA CHICA.
¿DIJISTE QUE SE LLAMABA 3173?
NO ...
LLEVABA ESE NÚMERO EN EL BRAZO.
ELIE
PERO SUPONGO QUE YA SE LE HABRÁ BORRADO.
Y ENTOCES, ¿CÓMO SE LLAMA?
NO LO SÉ.
¿EH?
¡¡UN MOMENTO!! ¡¿BUSCAS A ALGUIEN QUE YA NO LLEVA ESE NÚMERO EN EL BRAZO Y QUE NO SABES CÓMO SE LLAMA?!
RECUERDO SU CARA.
ERA JOVEN ... QUIZÁ UNOS 15 Ó 16 AÑOS.

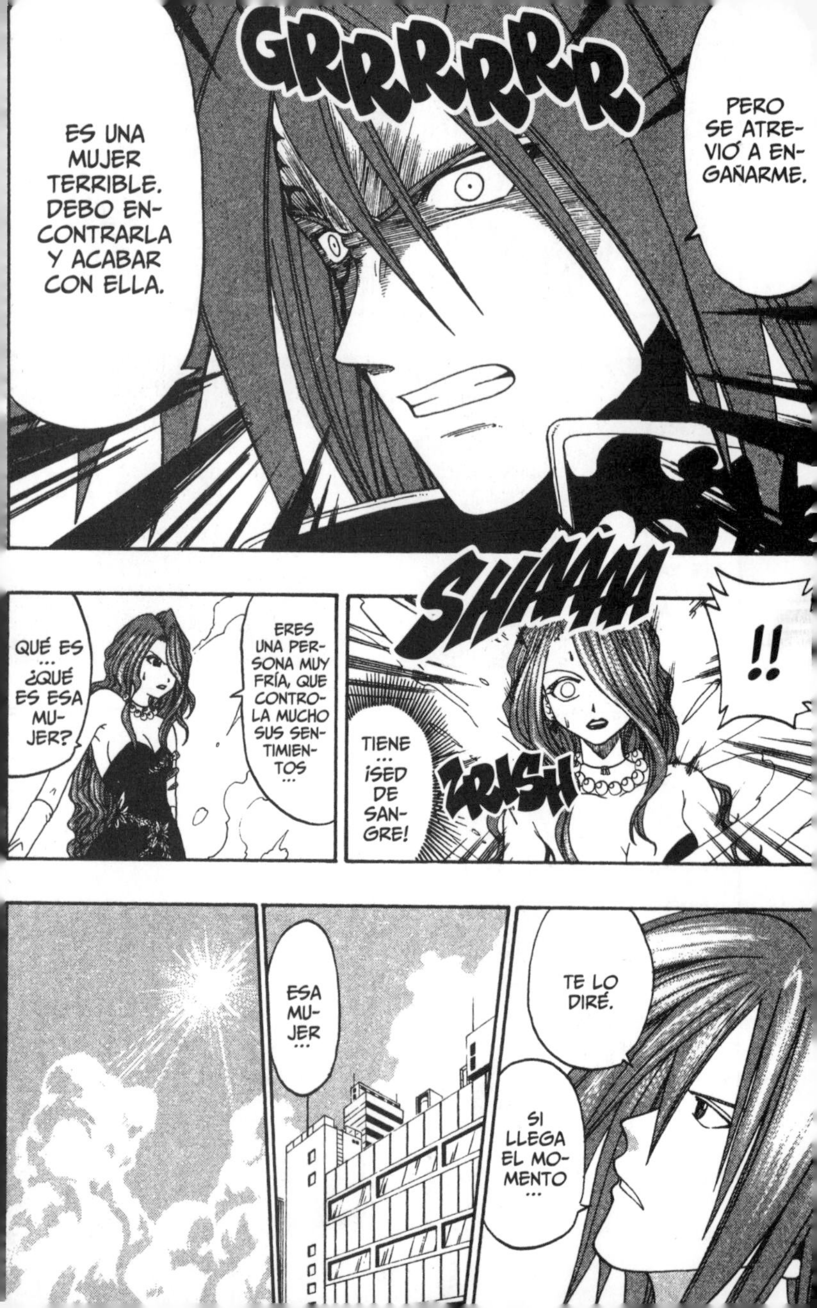
GRRRRRR
PERO SE ATRE-VIÓ A EN-GAÑARME.
ES UNA MUJER TERRIBLE. DEBO EN-CONTRARLA Y ACABAR CON ELLA.
!!
SHAAAA
TIENE... ¡SED DE SAN-GRE!
ZRASH
ERES UNA PER-SONA MUY FRÍA, QUE CONTRO-LA MUCHO SUS SEN-TIMIEN-TOS...
QUÉ ES... ¿QUÉ ES ESA MU-JER?
TE LO DIRÉ.
SI LLEGA EL MO-MENTO...
ESA MU-JER...

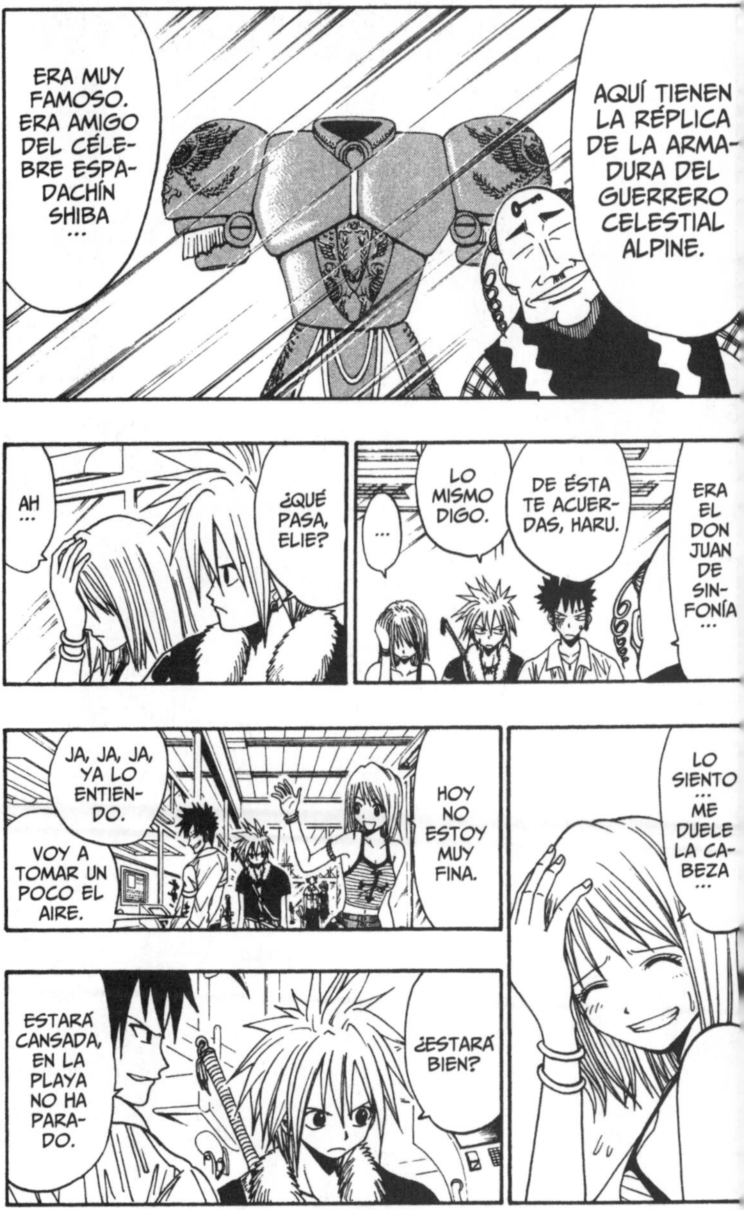
AQUÍ TIENEN LA RÉPLICA DE LA ARMADURA DEL GUERRERO CELESTIAL ALPINE.
ERA MUY FAMOSO. ERA AMIGO DEL CÉLEBRE ESPADACHÍN SHIBA ...
ERA EL DON JUAN DE SINFONÍA ...
DE ÉSTA TE ACUERDAS, HARU.
LO MISMO DIGO.
...
¿QUÉ PASA, ELIE?
AH ...
LO SIENTO ... ME DUELE LA CABEZA ...
HOY NO ESTOY MUY FINA.
JA, JA, JA, YA LO ENTIENDO.
VOY A TOMAR UN POCO EL AIRE.
¿ESTARÁ BIEN?
ESTARÁ CANSADA, EN LA PLAYA NO HA PARADO.

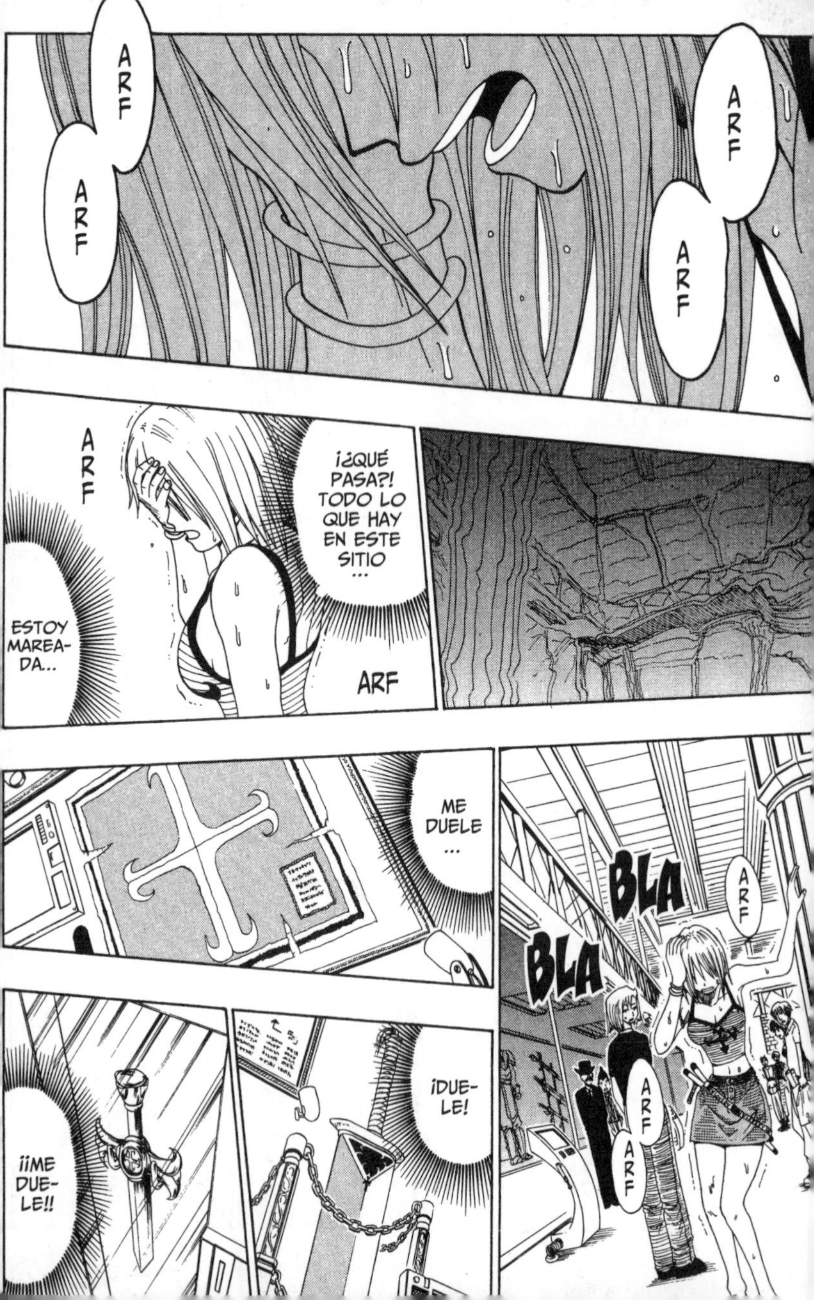
ARF
ARF
ARF
ARF
¡¿QUÉ PASA?! TODO LO QUE HAY EN ESTE SITIO ...
ARF
ESTOY MAREA-DA...
ARF
ARF
BLA
BLA
ARF
ARF
ME DUELE ...
¡DUE-LE!
¡¡ME DUE-LE!!

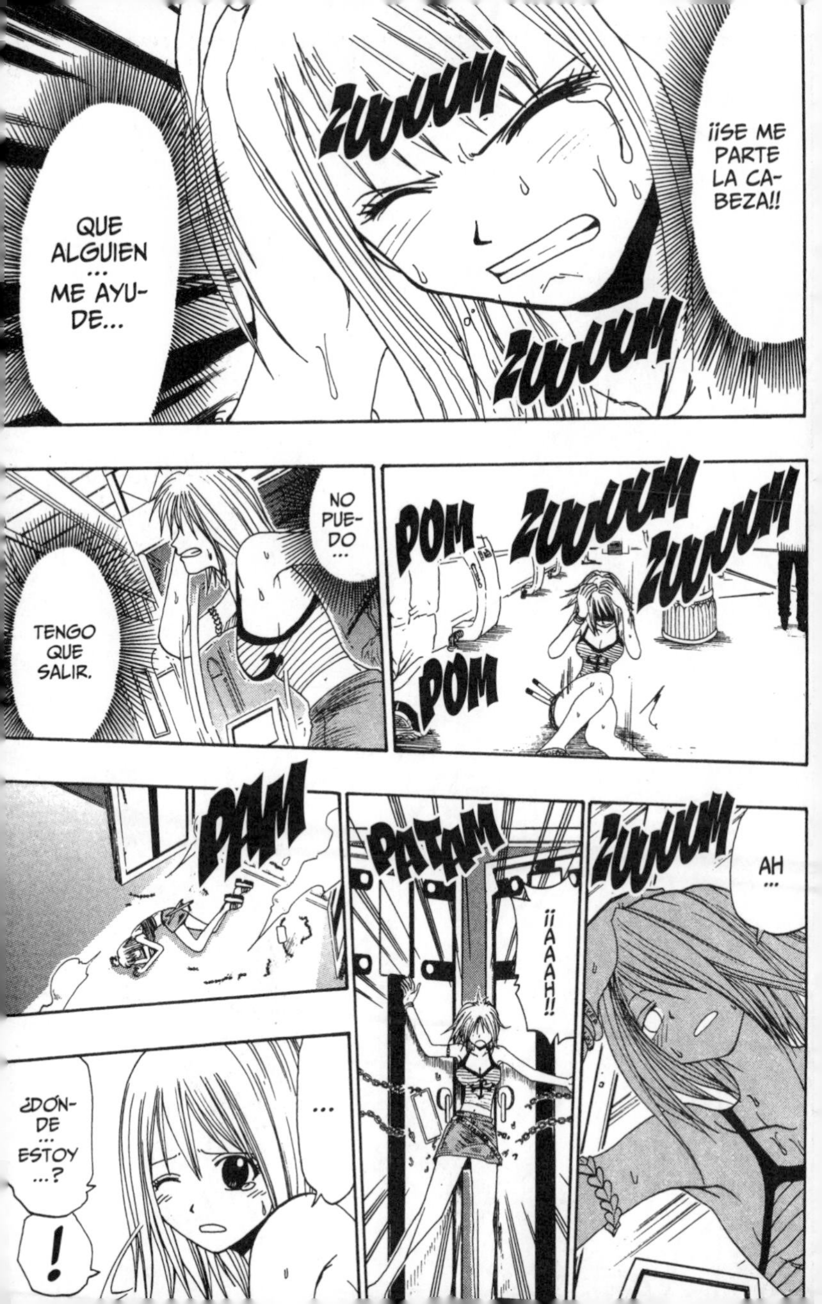
¡¡SE ME PARTE LA CABEZA!!
ZUUUUM
ZUUUUM
QUE ALGUIEN ... ME AYUDE...
ZUUUUM
ZUUUUM
POM
POM
NO PUEDO ...
TENGO QUE SALIR.
ZUUUUM
AH ...
PATAM
¡¡AAAAH!!
PAM
...
¿DÓNDE ... ESTOY ...?
!

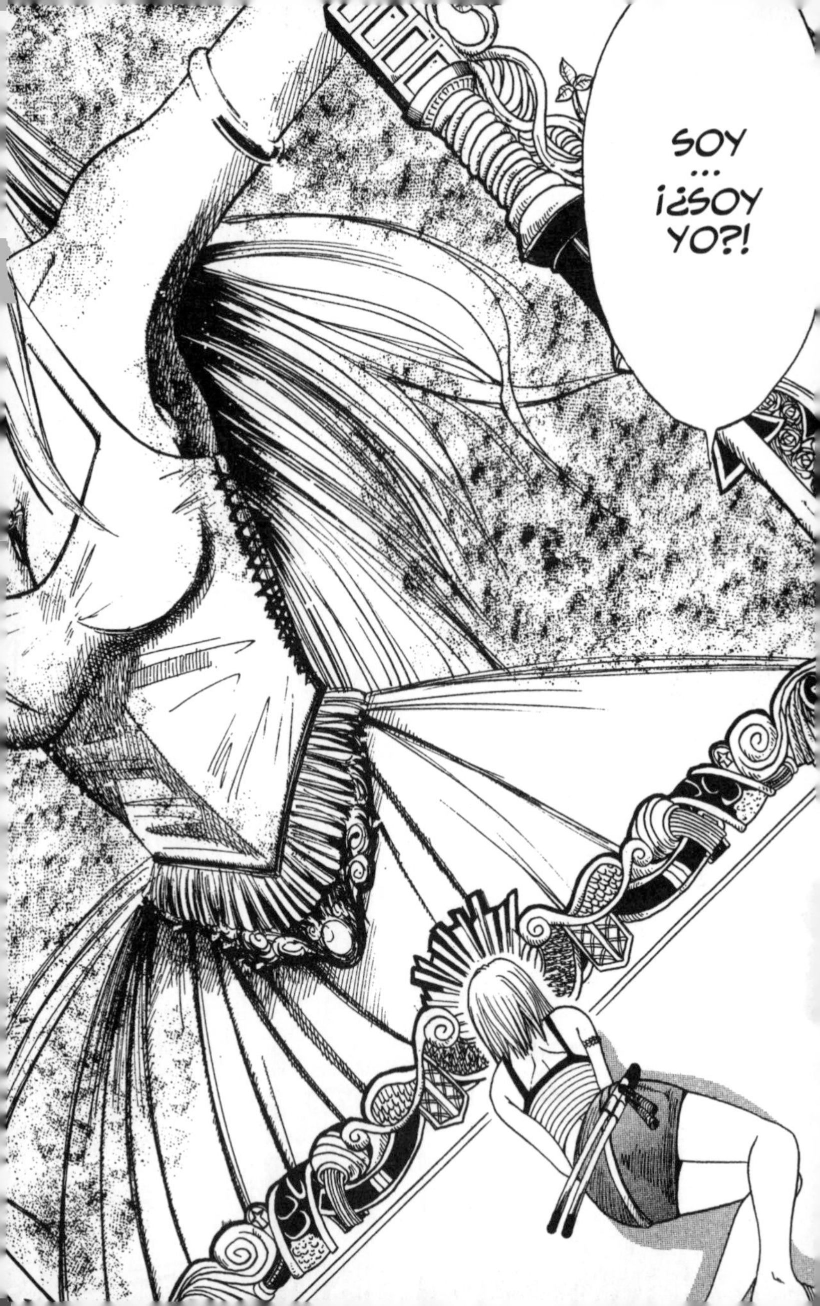
SOY ... ¡¿SOY YO?!

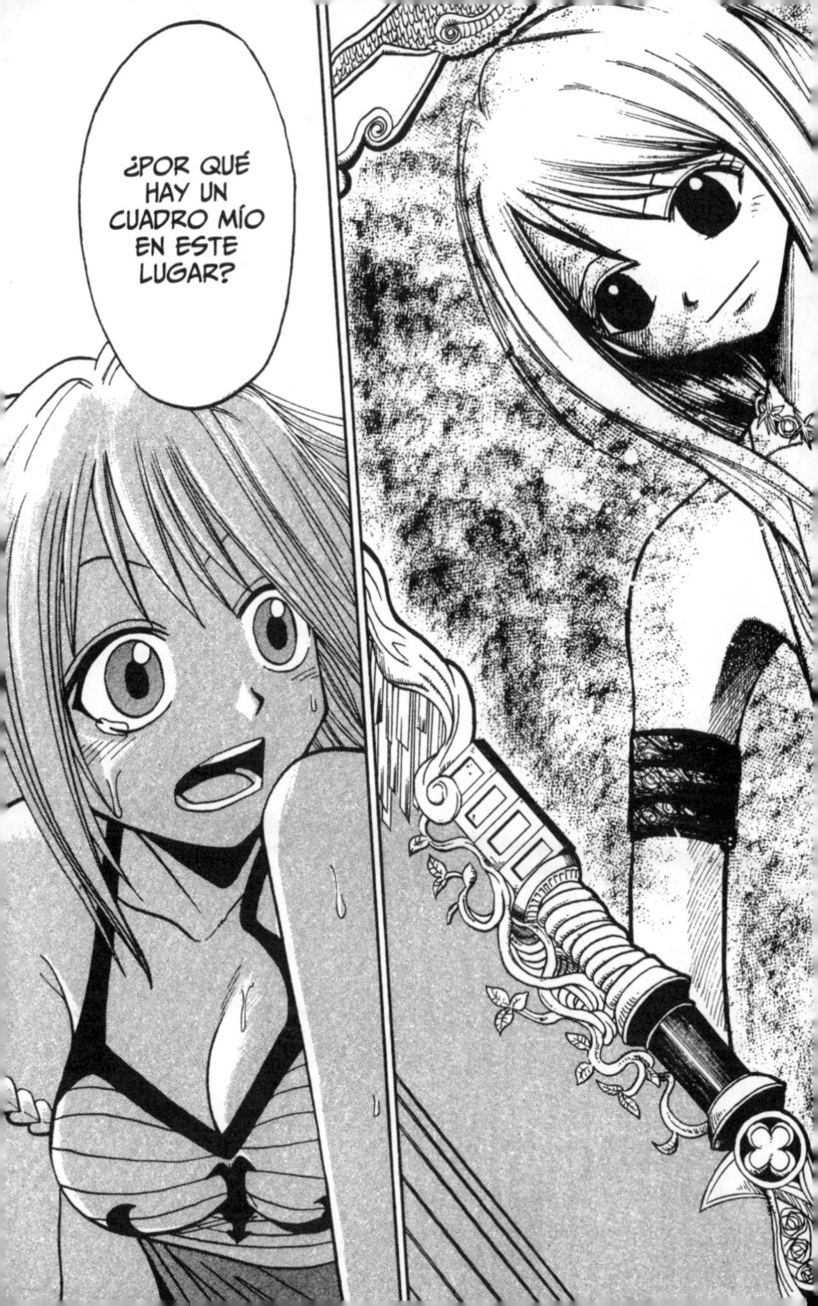
¿POR QUÉ HAY UN CUADRO MÍO EN ESTE LUGAR?

CIBORG: RUGASS 70

ARMAS: SU CUERPO.
ANIVERSARIO/EDAD: 1 DE SEPTIEMBRE
DE 0063/ ¿3 AÑOS?
ALTURA/PESO/GRUPO SANGUÍNEO:
190 CM/ 110 KG/ ?
NACIÓ EN: HARDCORE.
AFICIONES: REALIZAR EL MANTENI-
MIENTO DE SU CUERPO.
ESPECIALIDAD: EL ANÁLISIS.
COSAS QUE APRECIA: LAS MÁQUINAS,
SU PELO.
COSAS QUE DESPRECIA: LAS
PALABROTAS.

¡¡ES UN ANDROIDE!! ES UN ROBOT
DE COMBATE CREADO POR DEMON
CARD, EN EL CUARTEL GENERAL.
ES EL TÍPICO MACHO MAN.
POR CIERTO, AL PRINCIPIO LO
IBA A LLAMAR RUGASS BOUNTY,
COMO UN ACTOR DE HOLLYWOOD
(TAMBIÉN MUY MASCULINO). NO LO
CONOZCO, PERO MIS AMIGOS
SON MUY FANS DE SUS PELÍCULAS.

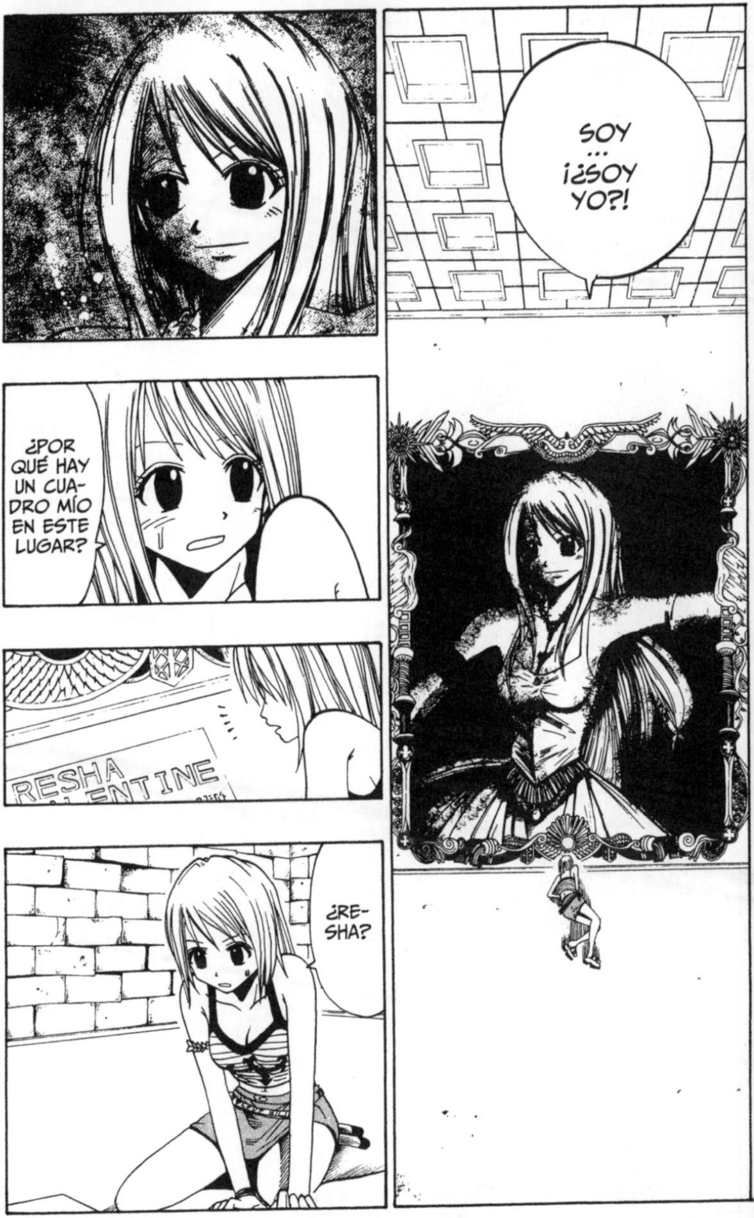
SOY ... ¡¿SOY YO?!
¿POR QUÉ HAY UN CUADRO MÍO EN ESTE LUGAR?
RESHA
¿RESHA?

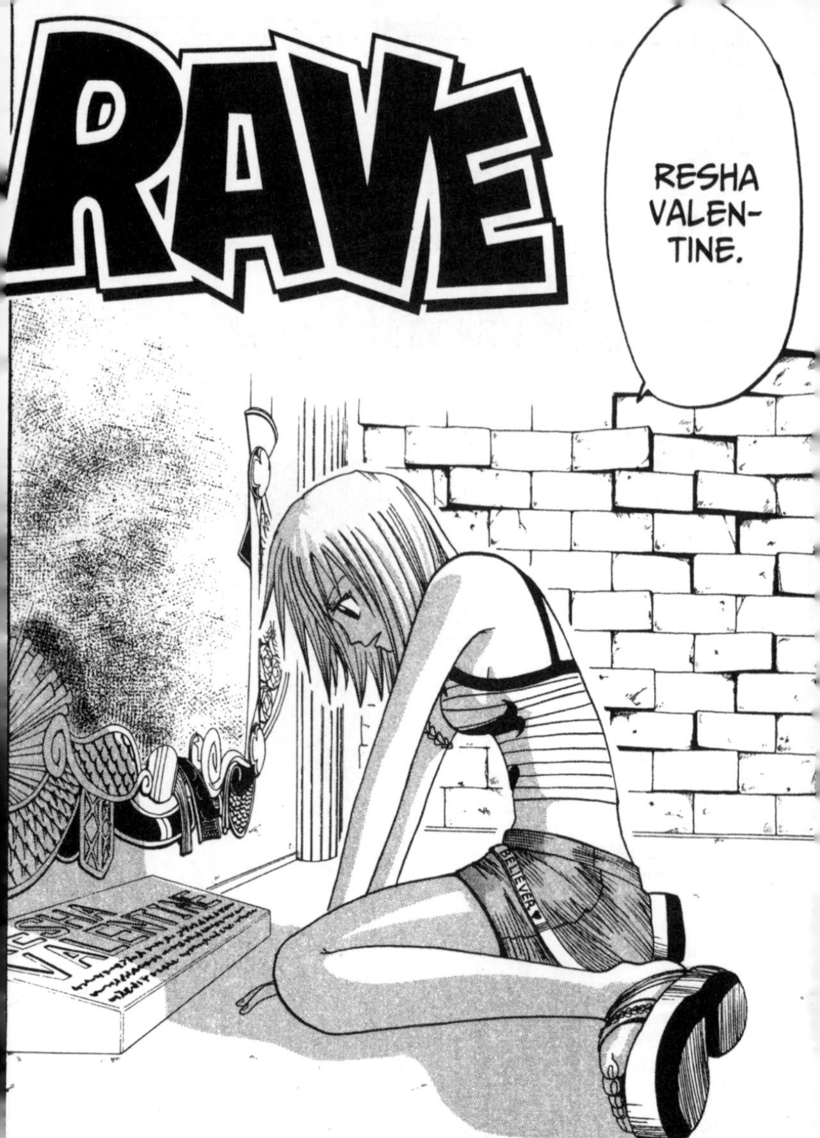
RAVE
RESHA VALEN-TINE.
BELIEVER

RAVE 39 ✚ ELIE Y RESHA

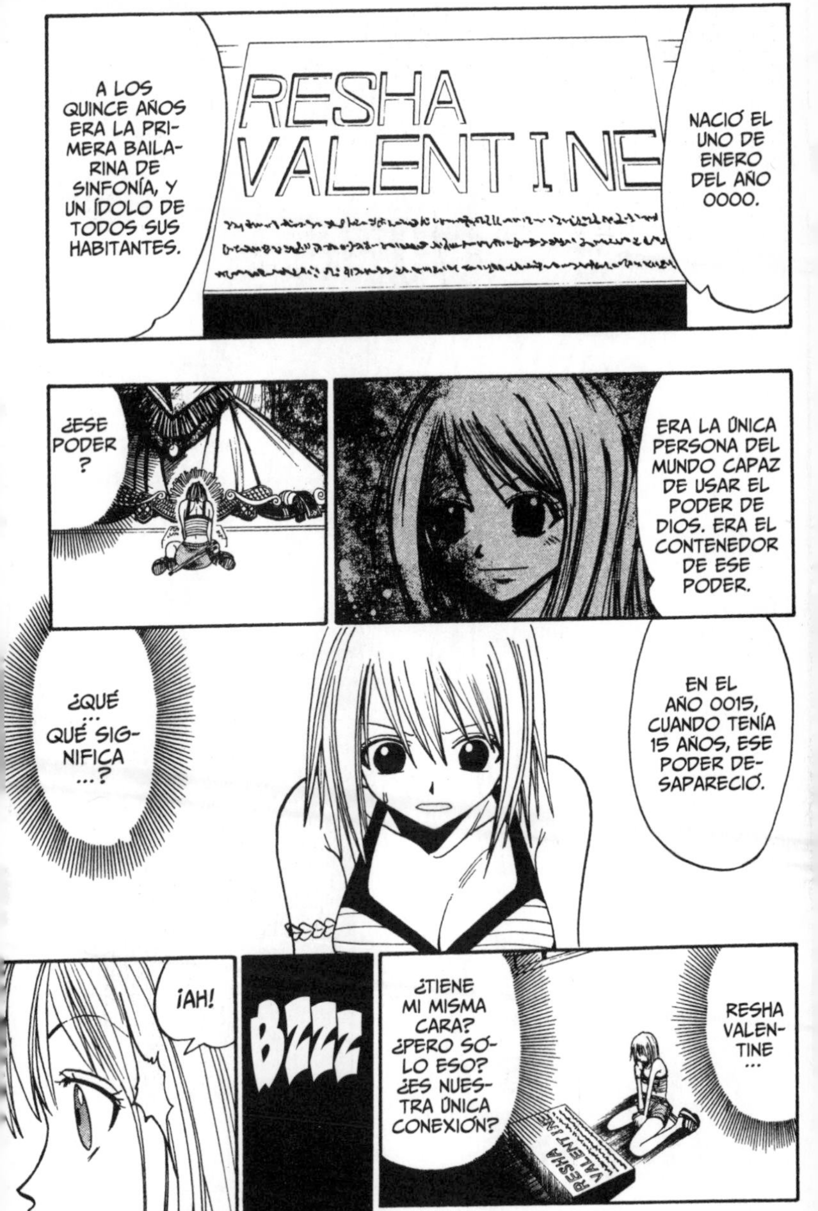
RESHA VALENTINE
NACIÓ EL UNO DE ENERO DEL AÑO 0000.
A LOS QUINCE AÑOS ERA LA PRIMERA BAILARINA DE SINFONÍA, Y UN ÍDOLO DE TODOS SUS HABITANTES.
ERA LA ÚNICA PERSONA DEL MUNDO CAPAZ DE USAR EL PODER DE DIOS. ERA EL CONTENEDOR DE ESE PODER.
¿ESE PODER?
EN EL AÑO 0015, CUANDO TENÍA 15 AÑOS, ESE PODER DESAPARECIÓ.
¿QUÉ... QUÉ SIGNIFICA...?
RESHA VALENTINE...
RESHA VALENTINE
¿TIENE MI MISMA CARA? ¿PERO SÓLO ESO? ¿ES NUESTRA ÚNICA CONEXIÓN?
BZZZ
¡AH!

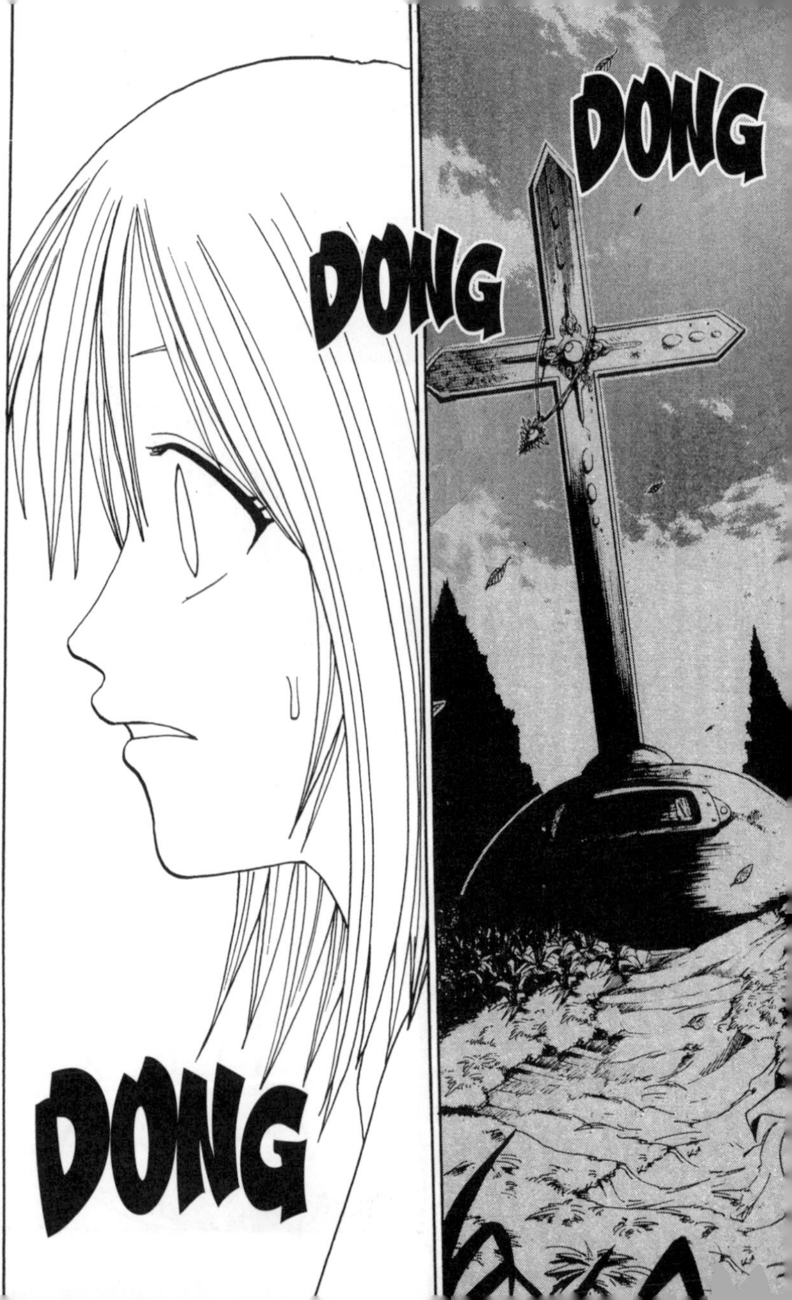
DONG
DONG
DONG

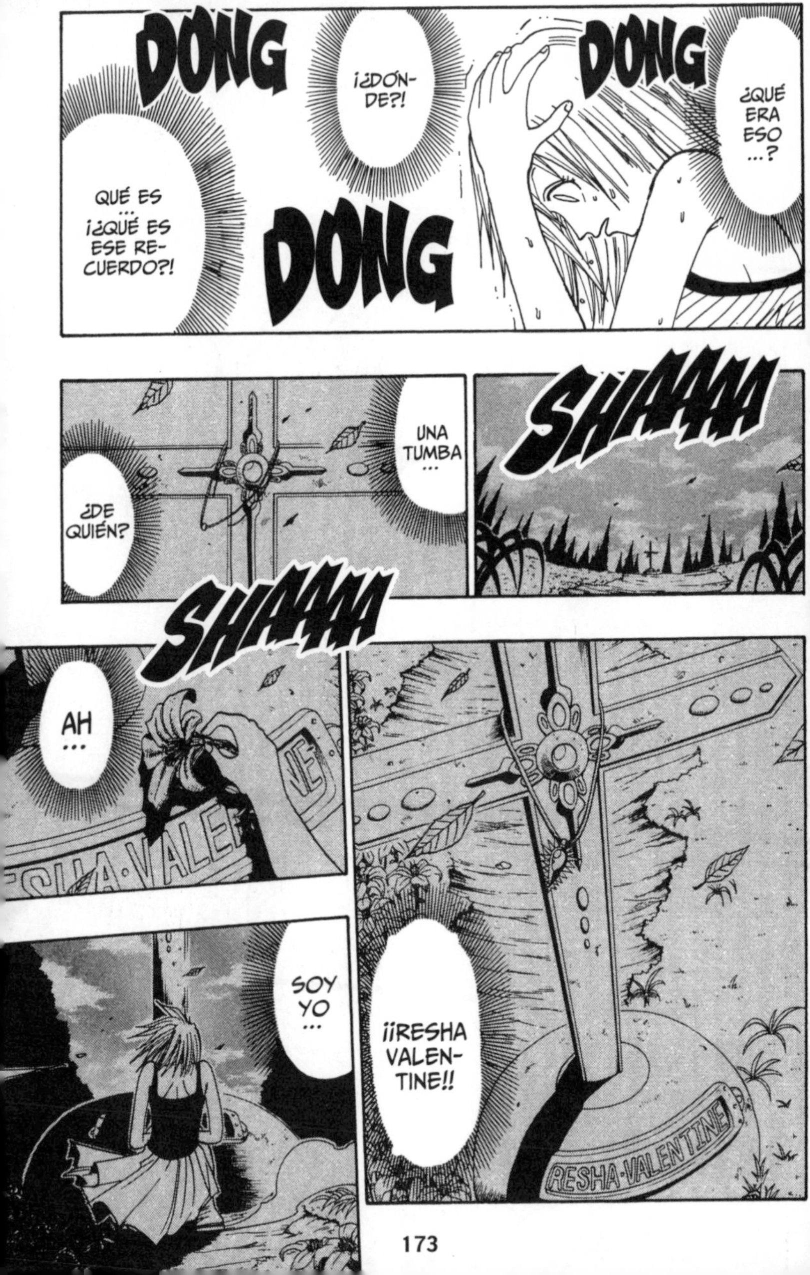

¿QUÉ ERA ESO ...?
DONG
¡¿DÓN-DE?!
DONG
QUÉ ES ... ¡¿QUÉ ES ESE RE-CUERDO?!
DONG
SHIAAAA
UNA TUMBA ...
¿DE QUIÉN?
SHIAAAA
AH ...
¡¡RESHA VALEN-TINE!!
RESHA·VALENTINE
SOY YO ...

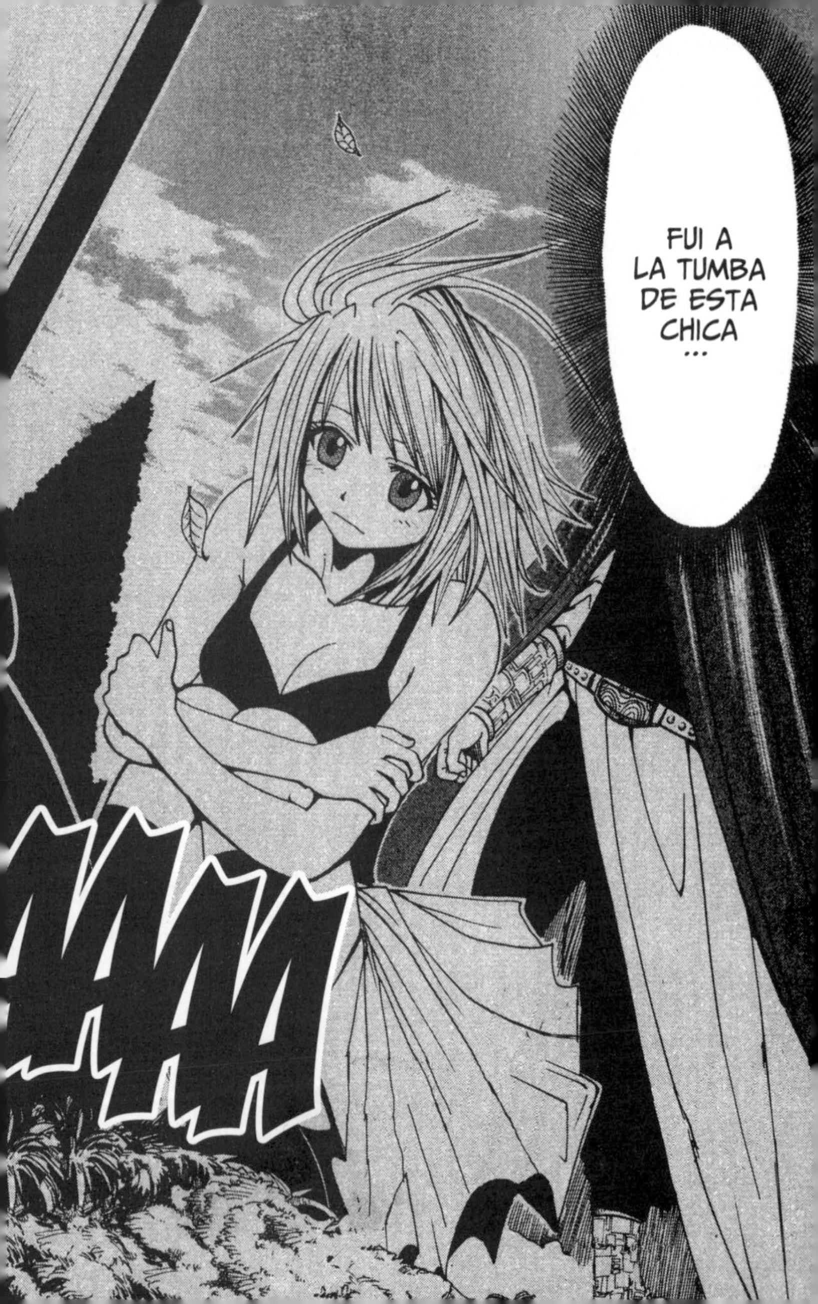
FUI A LA TUMBA DE ESTA CHICA ...

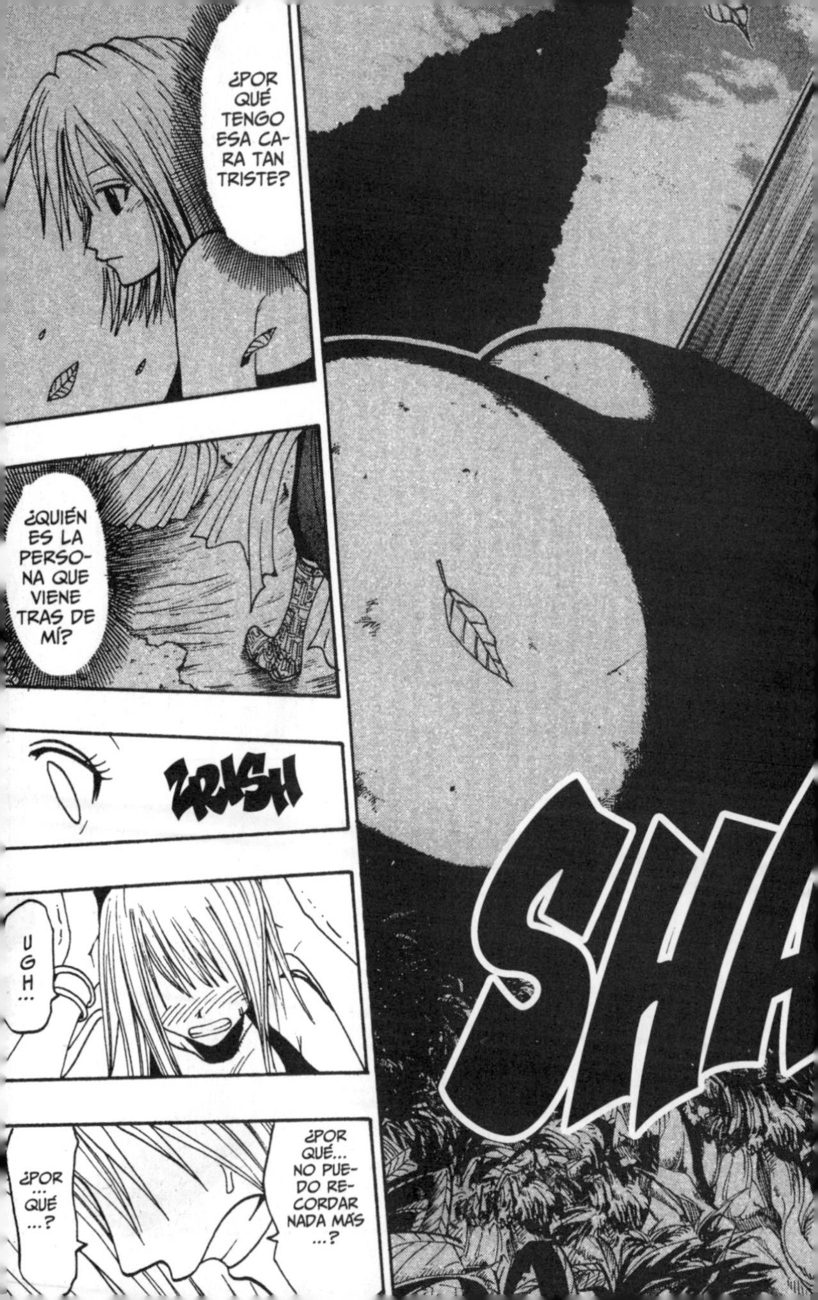
SHA
¿POR QUÉ TENGO ESA CARA TAN TRISTE?
¿QUIÉN ES LA PERSONA QUE VIENE TRAS DE MÍ?
ZRASH
UGH...
¿POR QUÉ... NO PUEDO RECORDAR NADA MÁS...?
¿POR... QUÉ...?

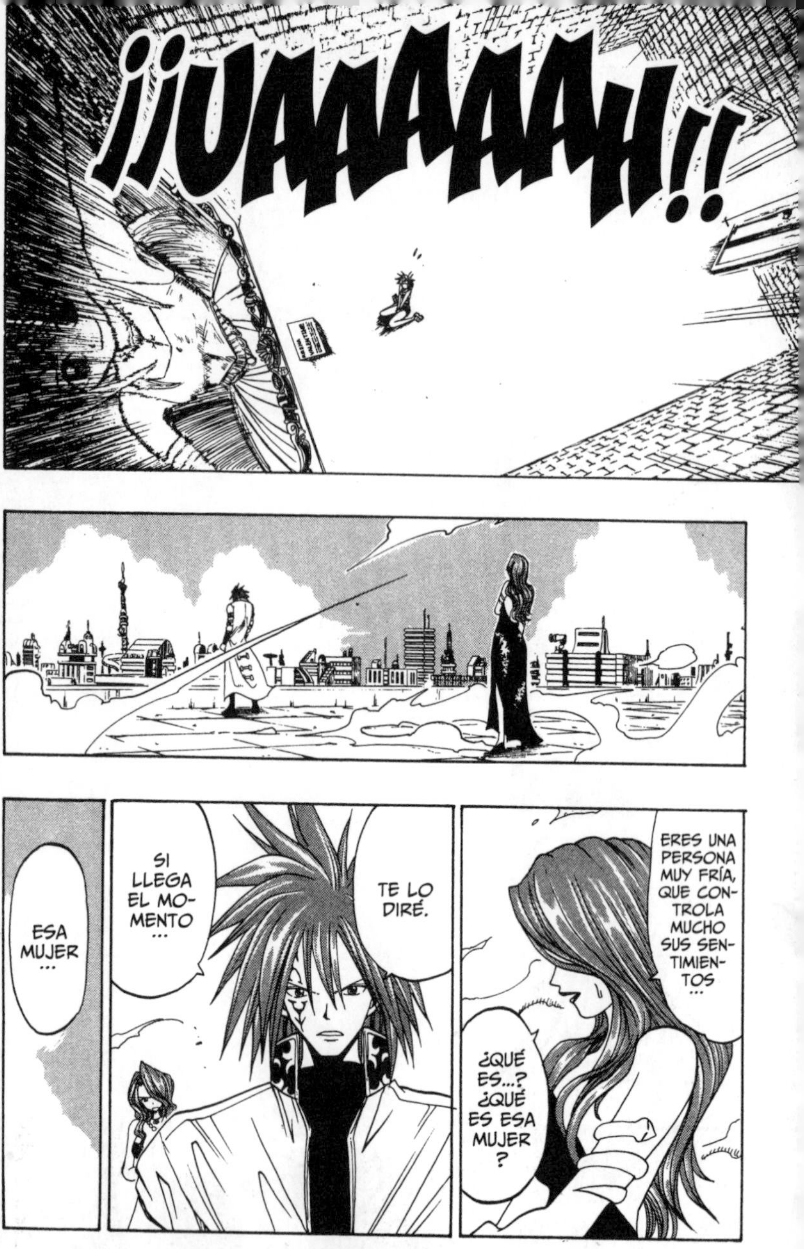
¡¡UAAAAAH!!
ERES UNA PERSONA MUY FRÍA, QUE CONTROLA MUCHO SUS SENTIMIENTOS...
¿QUÉ ES...? ¿QUÉ ES ESA MUJER?
TE LO DIRÉ.
SI LLEGA EL MOMENTO...
ESA MUJER...

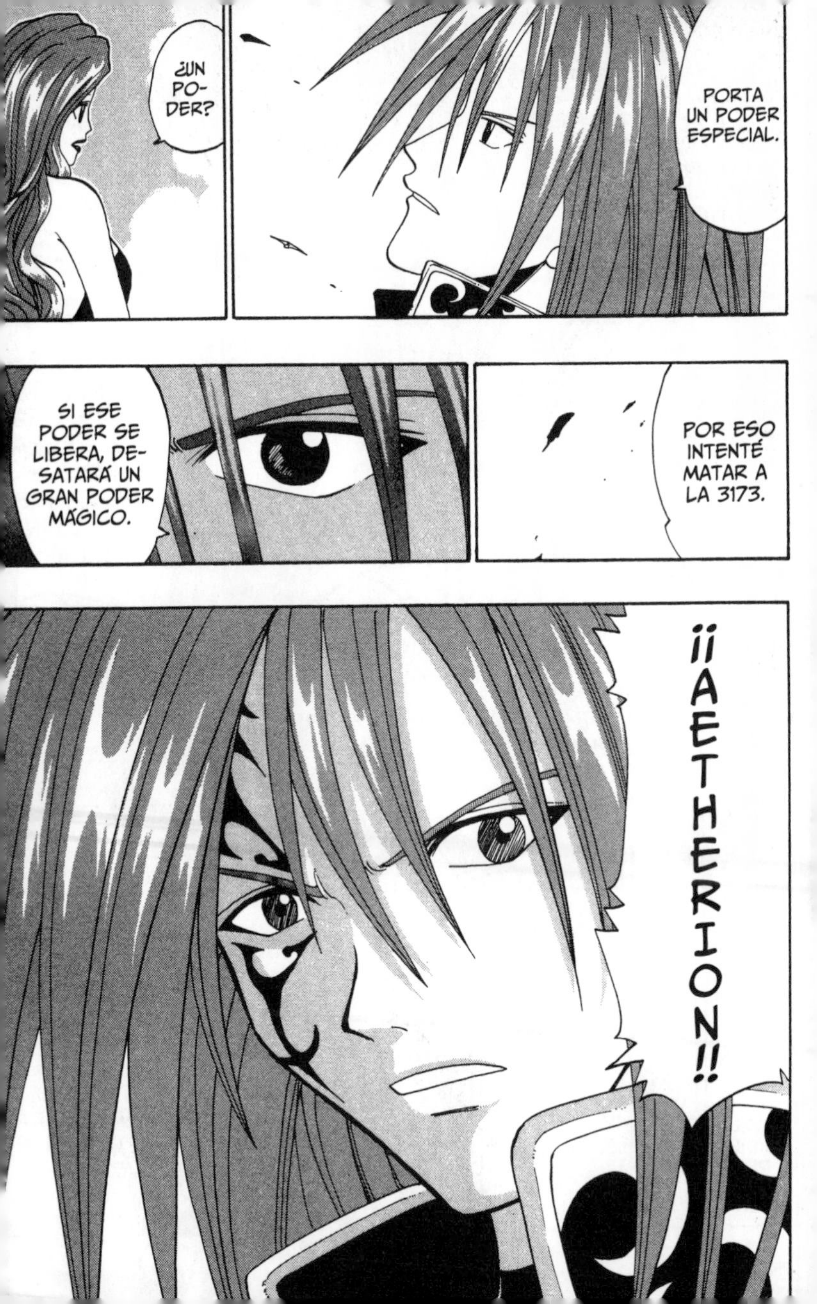
PORTA UN PODER ESPECIAL.
¿UN PODER?
POR ESO INTENTÉ MATAR A LA 3173.
SI ESE PODER SE LIBERA, DESATARÁ UN GRAN PODER MÁGICO.
¡¡AETHERION!!

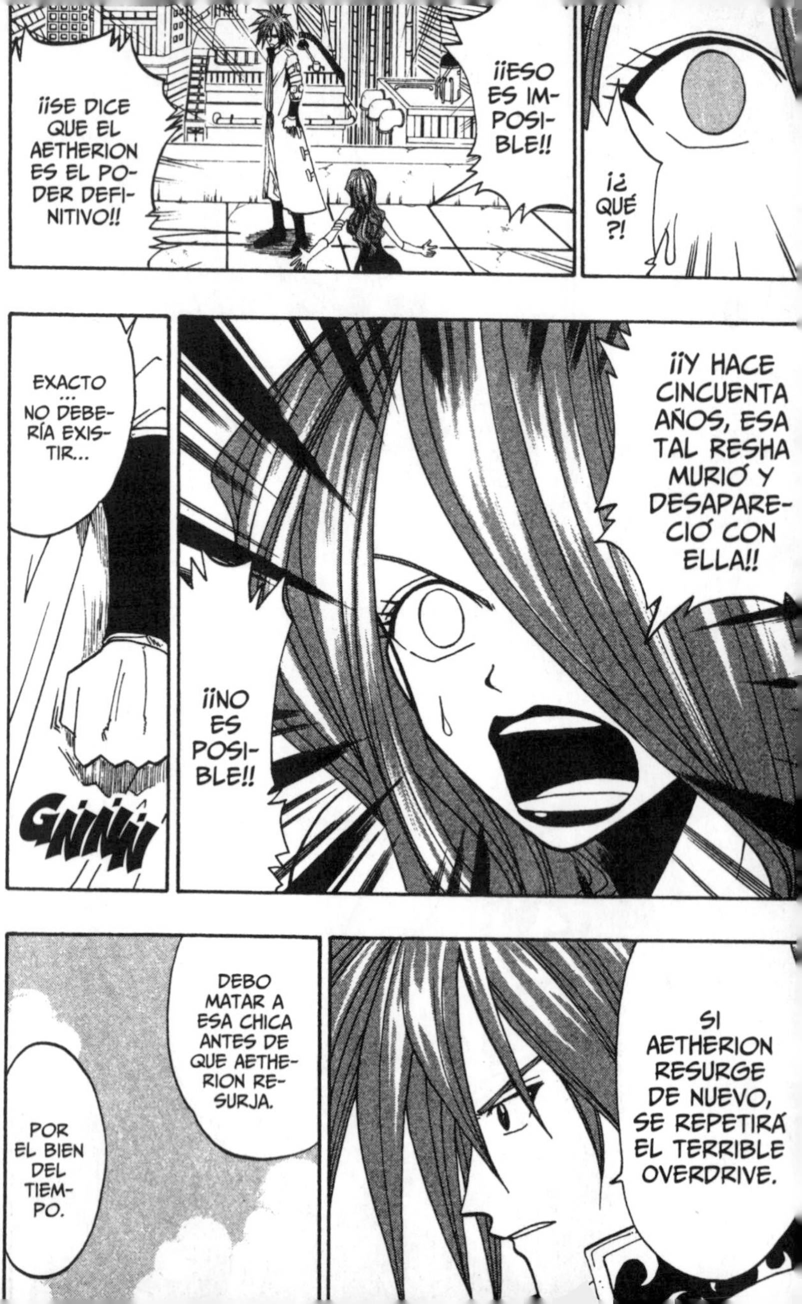
¡¿QUÉ?!
¡¡ESO ES IMPOSIBLE!!
¡¡SE DICE QUE EL AETHERION ES EL PODER DEFINITIVO!!
¡¡Y HACE CINCUENTA AÑOS, ESA TAL RESHA MURIÓ Y DESAPARECIÓ CON ELLA!!
¡¡NO ES POSIBLE!!
EXACTO... NO DEBERÍA EXISTIR...
SI AETHERION RESURGE DE NUEVO, SE REPETIRÁ EL TERRIBLE OVERDRIVE.
DEBO MATAR A ESA CHICA ANTES DE QUE AETHERION RESURJA.
POR EL BIEN DEL TIEMPO.

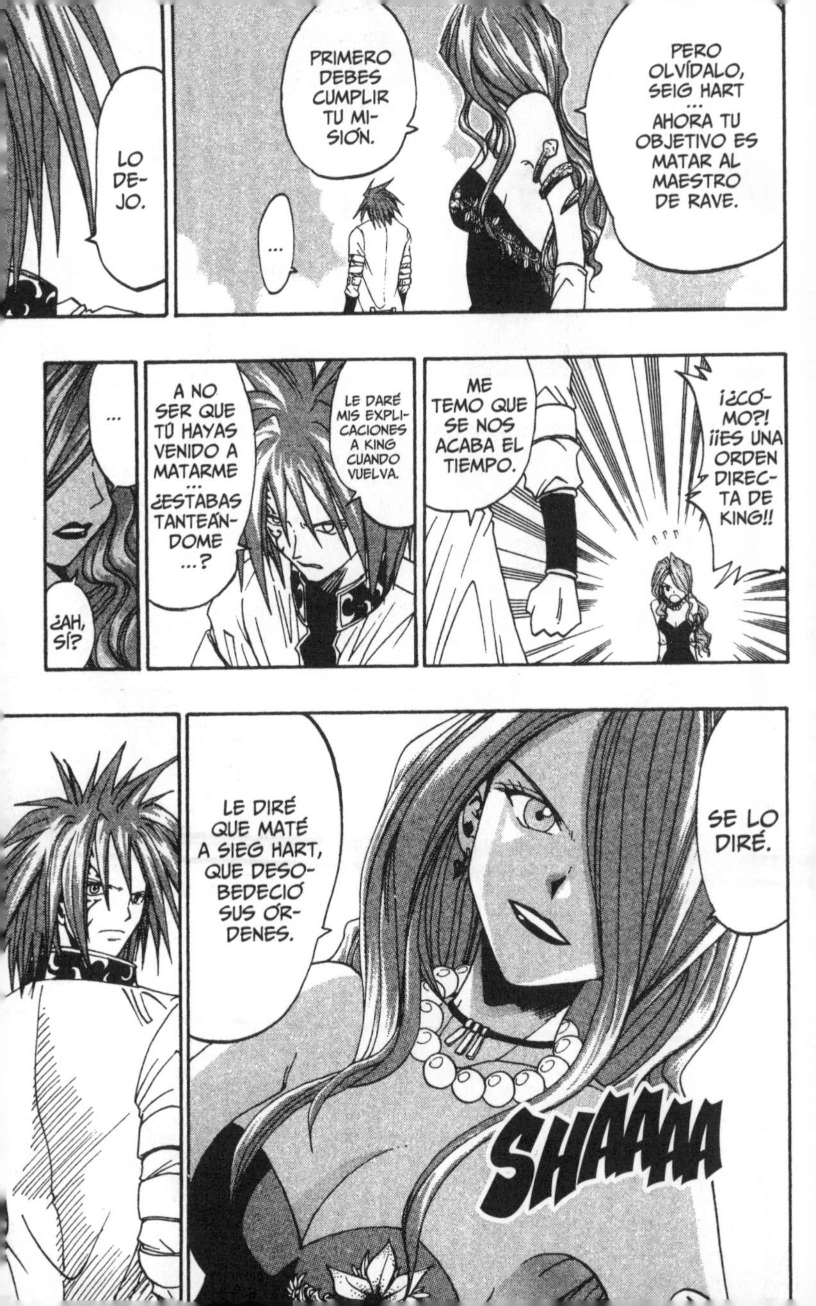
PERO OLVÍDALO, SEIG HART ... AHORA TU OBJETIVO ES MATAR AL MAESTRO DE RAVE.
PRIMERO DEBES CUMPLIR TU MISIÓN.
...
LO DEJO.
¡¿CÓMO?! ¡¡ES UNA ORDEN DIRECTA DE KING!!
ME TEMO QUE SE NOS ACABA EL TIEMPO.
LE DARÉ MIS EXPLICACIONES A KING CUANDO VUELVA.
A NO SER QUE TÚ HAYAS VENIDO A MATARME ... ¿ESTABAS TANTEÁNDOME ...?
...
¿AH, SÍ?
SE LO DIRÉ.
LE DIRÉ QUE MATÉ A SIEG HART, QUE DESOBEDECIÓ SUS ÓRDENES.
SHAAAAA

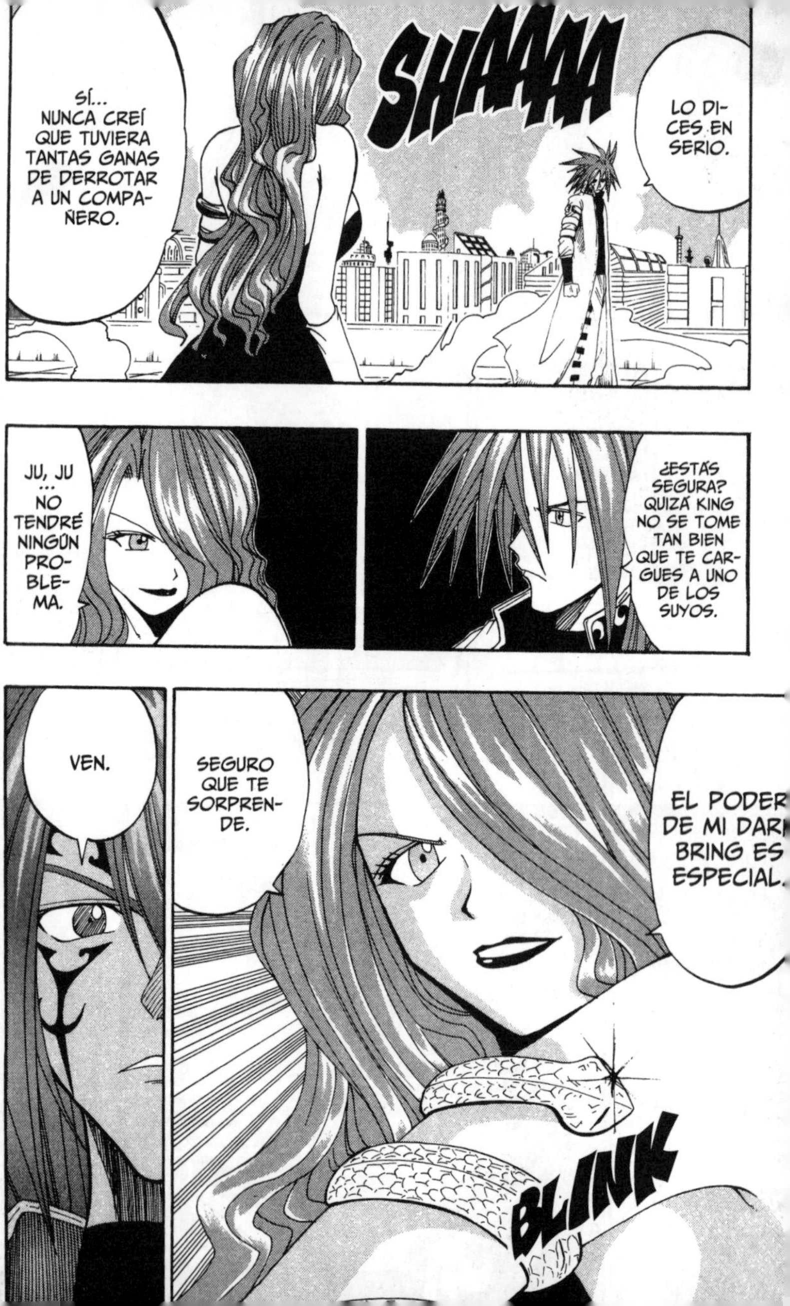
LO DICES EN SERIO.
SHAAAAA
SÍ... NUNCA CREÍ QUE TUVIERA TANTAS GANAS DE DERROTAR A UN COMPAÑERO.
¿ESTÁS SEGURA? QUIZÁ KING NO SE TOME TAN BIEN QUE TE CARGUES A UNO DE LOS SUYOS.
JU, JU ... NO TENDRÉ NINGÚN PROBLEMA.
EL PODER DE MI DARK BRING ES ESPECIAL.
SEGURO QUE TE SORPRENDE.
BLINK
VEN.

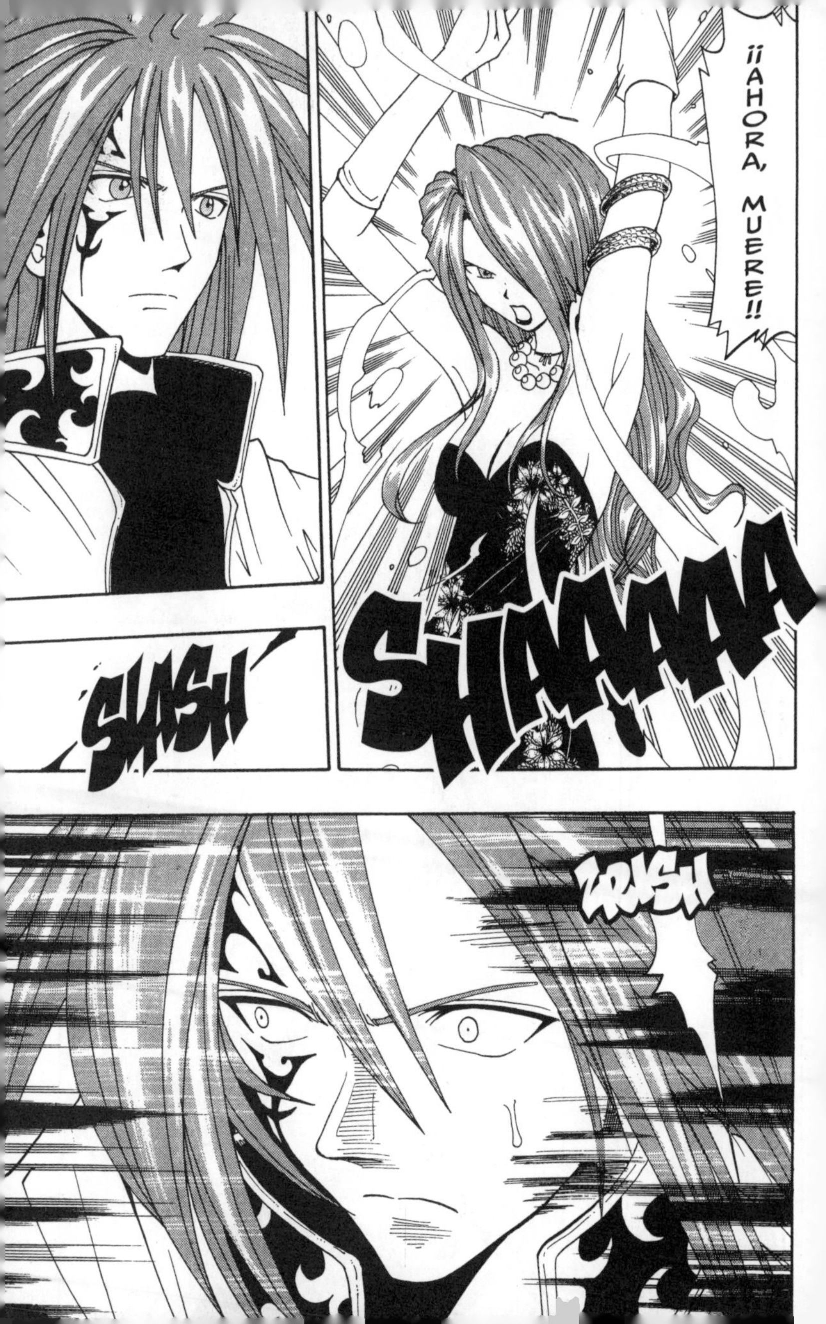
¡¡AHORA, MUERE!!
SHAAAAA
SLASH
ZRASH

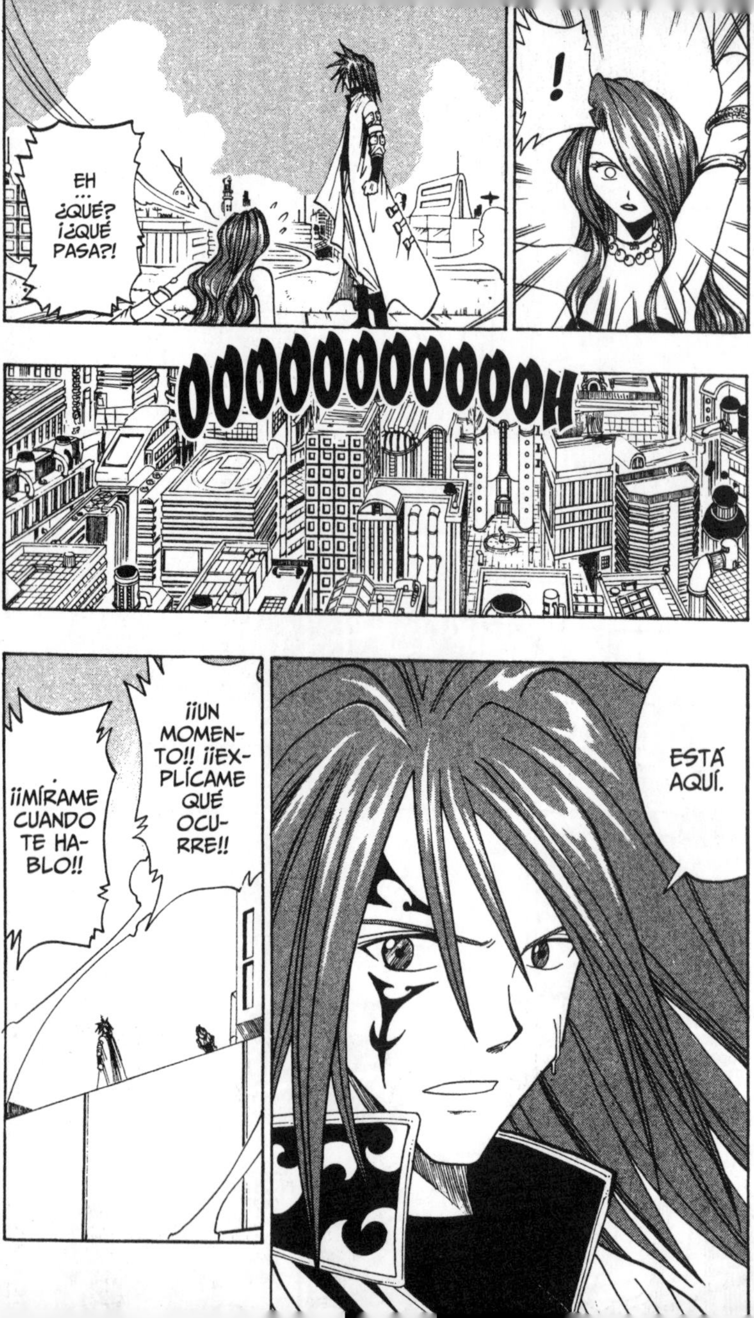
!
EH ... ¿QUÉ? ¡¿QUÉ PASA?!
OOOOOOOOOOOOH
ESTÁ AQUÍ.
¡¡UN MOMENTO!! ¡¡EXPLÍCAME QUÉ OCURRE!!
¡¡MÍRAME CUANDO TE HABLO!!

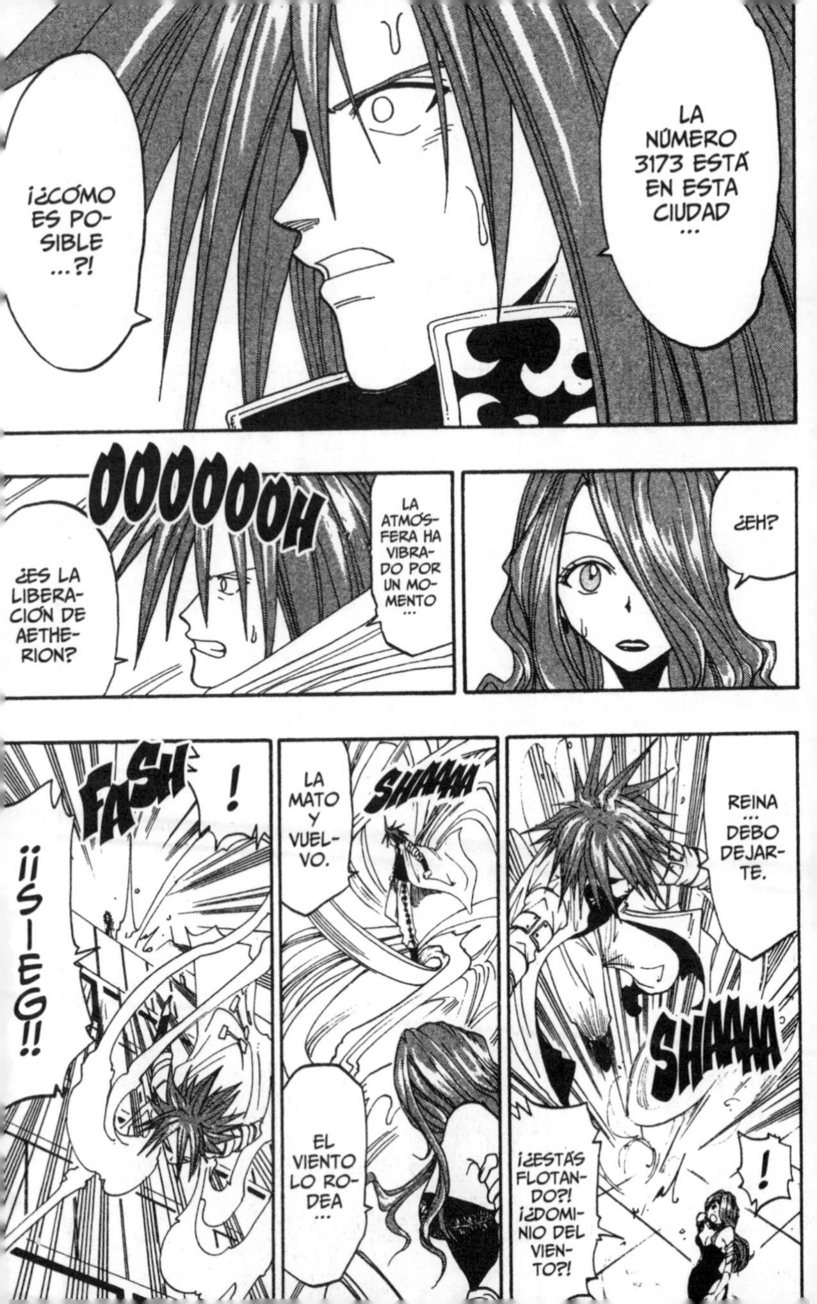

LA NÚMERO 3173 ESTÁ EN ESTA CIUDAD ...
¡¿CÓMO ES POSIBLE ...?!
¿EH?
LA ATMÓSFERA HA VIBRADO POR UN MOMENTO ...
OOOOOOOH
¿ES LA LIBERACIÓN DE AETHERION?
REINA ... DEBO DEJARTE.
SHAAAA
!
¡¿ESTÁS FLOTANDO?! ¡¿DOMINIO DEL VIENTO?!
SHAAAA
LA MATO Y VUELVO.
EL VIENTO LO RODEA ...
FASH
!
¡¡SIEG!!

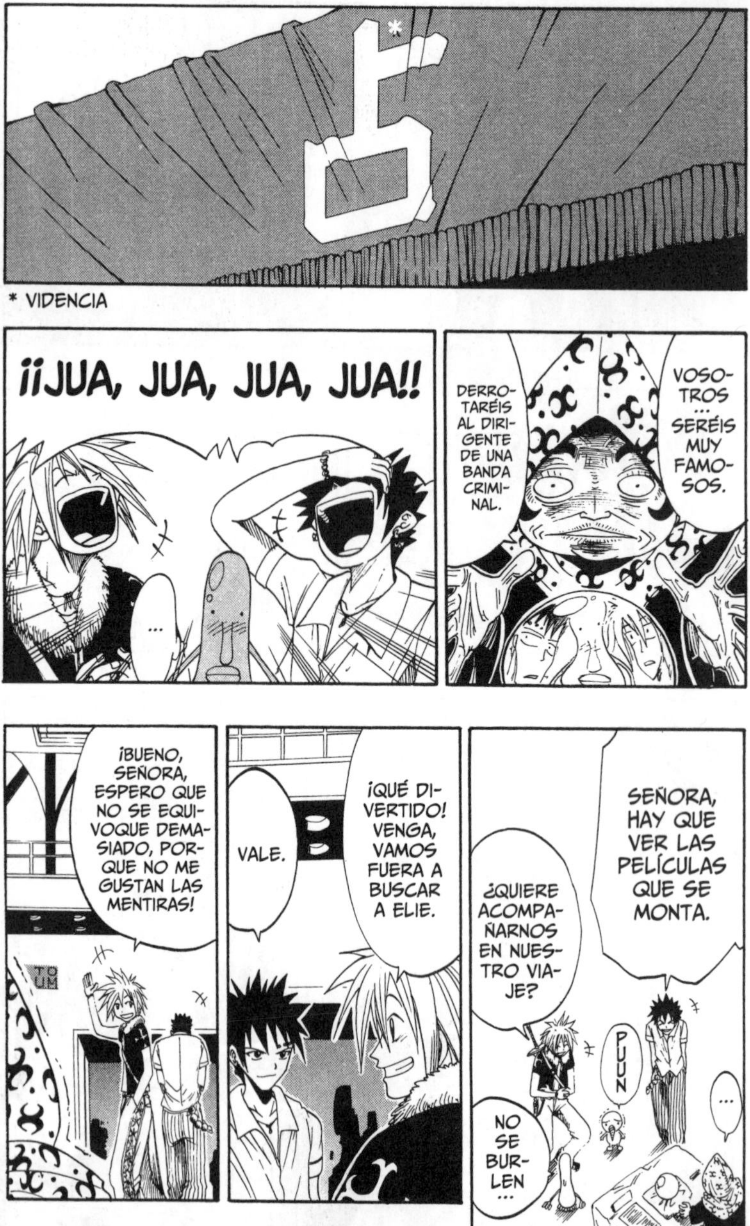
*
VOSOTROS... SERÉIS MUY FAMOSOS.
DERROTARÉIS AL DIRIGENTE DE UNA BANDA CRIMINAL.
¡¡JUA, JUA, JUA, JUA!!
...
SEÑORA, HAY QUE VER LAS PELÍCULAS QUE SE MONTA.
...
¿QUIERE ACOMPAÑARNOS EN NUESTRO VIAJE?
PUUN
NO SE BURLEN...
¡QUÉ DIVERTIDO! VENGA, VAMOS FUERA A BUSCAR A ELIE.
VALE.
¡BUENO, SEÑORA, ESPERO QUE NO SE EQUIVOQUE DEMASIADO, PORQUE NO ME GUSTAN LAS MENTIRAS!
TOUM

* VIDENCIA

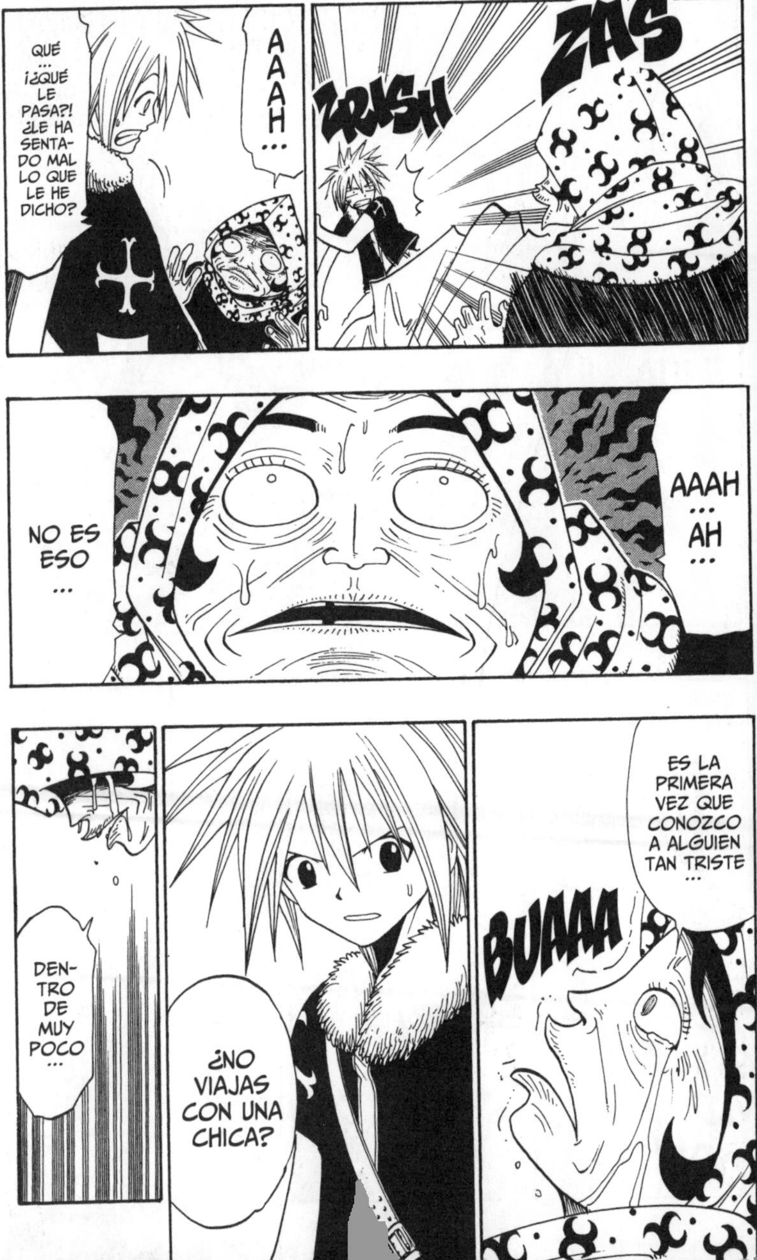

ZAS
ZRISH
AAAH...
QUÉ... ¡¿QUÉ LE PASA?! ¿LE HA SENTADO MAL LO QUE LE HE DICHO?
AAAH... AH...
NO ES ESO...
ES LA PRIMERA VEZ QUE CONOZCO A ALGUIEN TAN TRISTE...
BUAAA
¿NO VIAJAS CON UNA CHICA?
DENTRO DE MUY POCO...

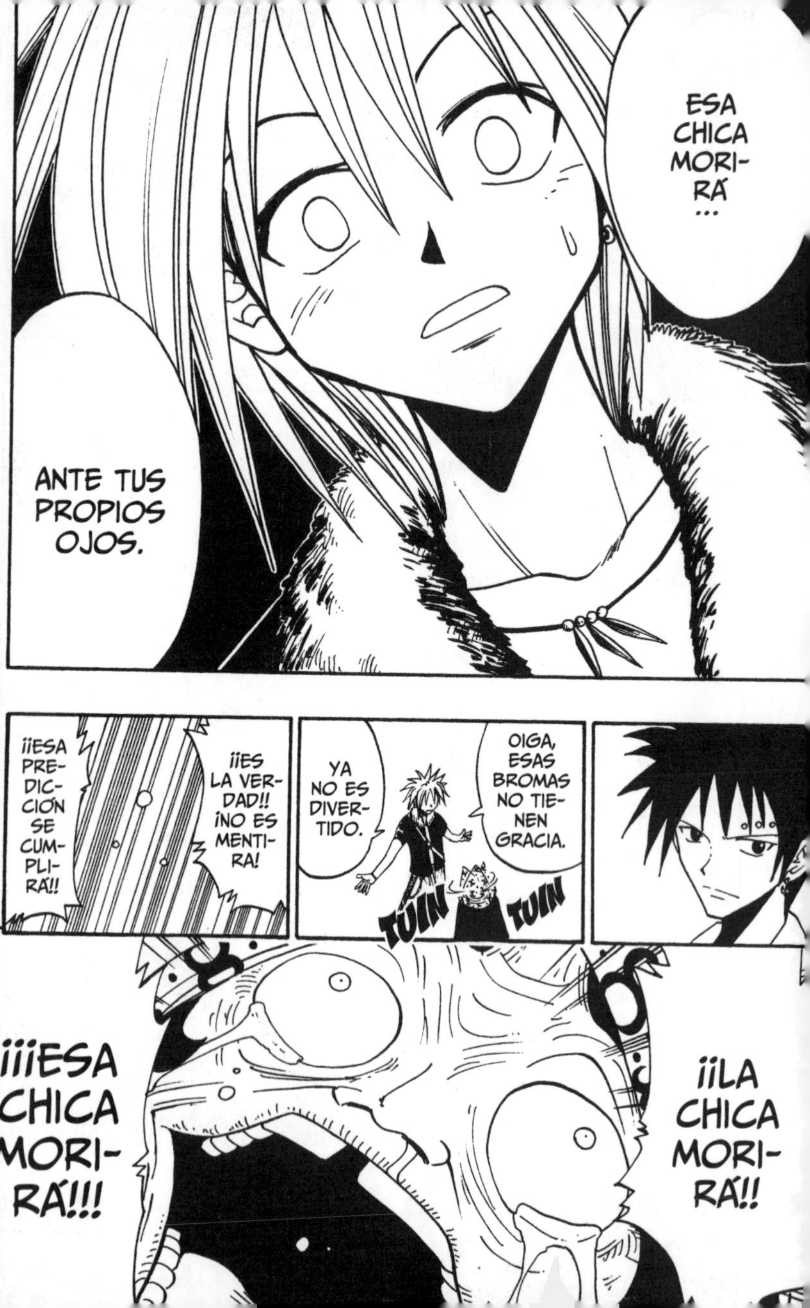
ESA CHICA MORIRÁ...
ANTE TUS PROPIOS OJOS.
OIGA, ESAS BROMAS NO TIENEN GRACIA.
YA NO ES DIVERTIDO.
TUIN
TUIN
¡¡ES LA VERDAD!! ¡NO ES MENTIRA!
¡¡ESA PREDICCIÓN SE CUMPLIRÁ!!
¡¡LA CHICA MORIRÁ!!
¡¡¡ESA CHICA MORIRÁ!!!

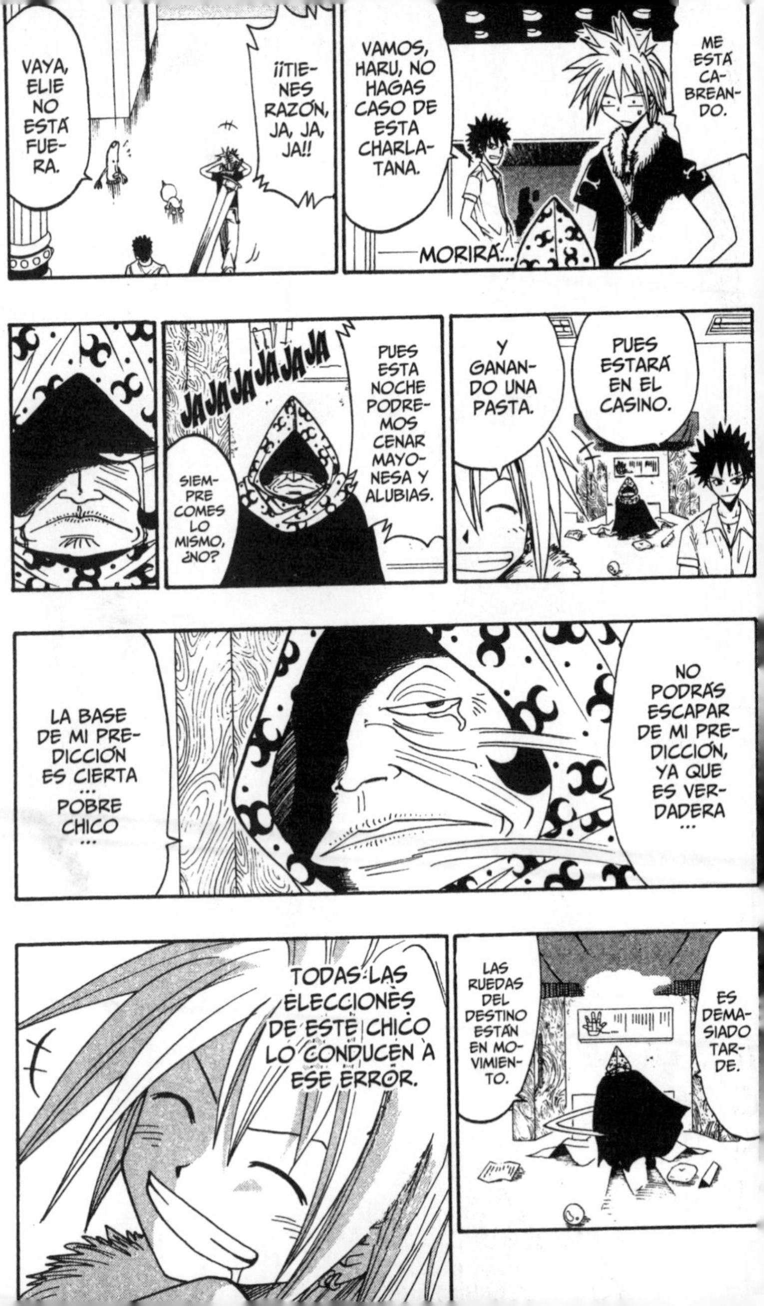
ME ESTÁ CABREANDO.
VAMOS, HARU, NO HAGAS CASO DE ESTA CHARLATANA.
MORIRÁ...
¡¡TIENES RAZÓN, JA, JA, JA!!
VAYA, ELIE NO ESTÁ FUERA.
PUES ESTARÁ EN EL CASINO.
Y GANANDO UNA PASTA.
PUES ESTA NOCHE PODREMOS CENAR MAYONESA Y ALUBIAS.
JA JA JA JA JA JA
SIEMPRE COMES LO MISMO, ¿NO?
NO PODRÁS ESCAPAR DE MI PREDICCIÓN, YA QUE ES VERDADERA...
LA BASE DE MI PREDICCIÓN ES CIERTA... POBRE CHICO...
ES DEMASIADO TARDE.
LAS RUEDAS DEL DESTINO ESTÁN EN MOVIMIENTO.
TODAS LAS ELECCIONES DE ESTE CHICO LO CONDUCEN A ESE ERROR.

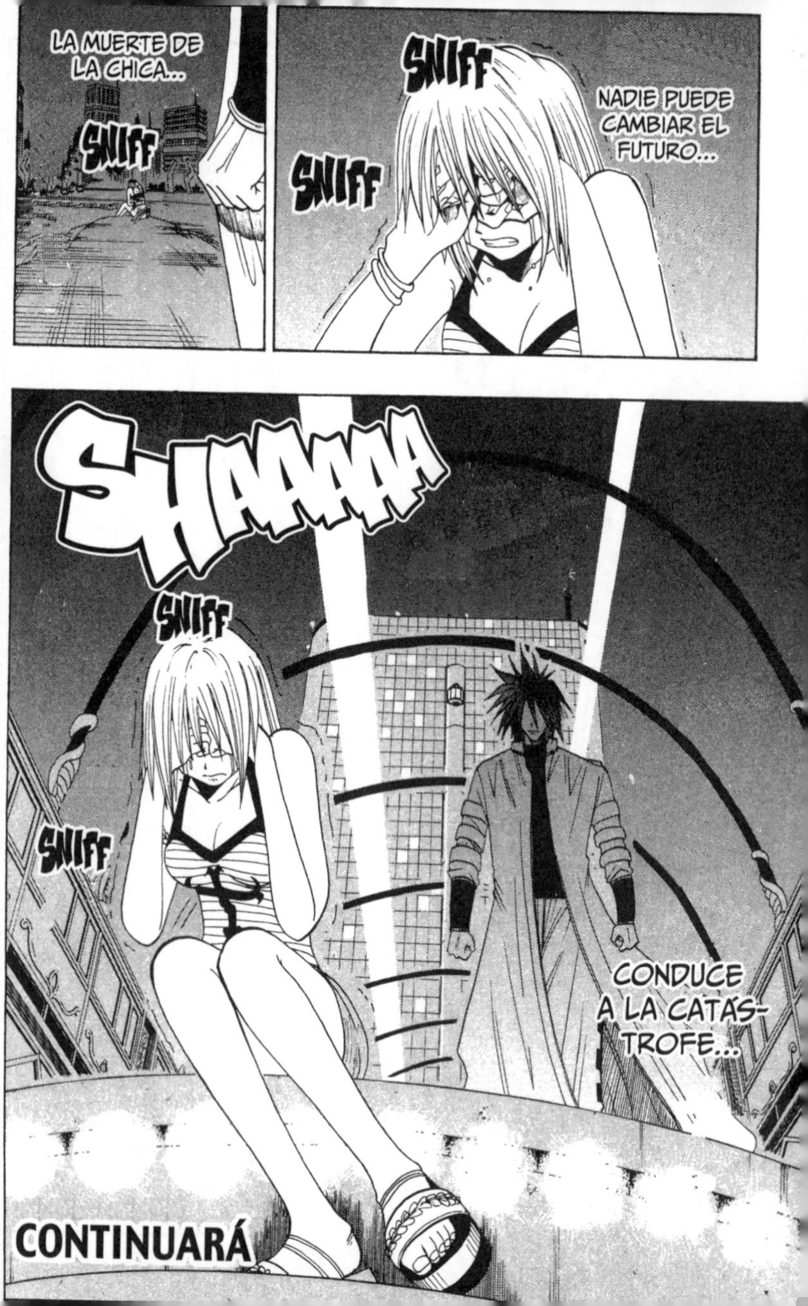
LA MUERTE DE LA CHICA...
SNIFF
SNIFF
SNIFF
NADIE PUEDE CAMBIAR EL FUTURO...
SHAAAAA
SNIFF
SNIFF
CONDUCE A LA CATÁS-TROFE...
CONTINUARÁ

EL HOMBRE ADHESIVO: POOSYA

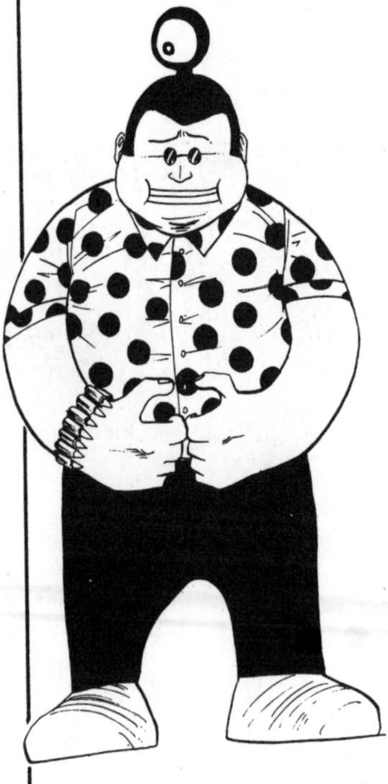

ARMAS: DARK BRING (ATADURAS DE COLA)
ANIVERSARIO/EDAD: 9 DE ENERO DE 0041/ 25 AÑOS.
ALTURA/PESO/GRUPO SANGUÍNEO: 147 CM/ 71 KG/ B
NACIÓ EN: HIP HOP TOWN.
AFICIONES: LEER REVISTAS ERÓTICAS.
HABILIDADES: HACER MAQUETAS.
COSAS QUE APRECIA: A REINA. (SUS TESOROS SON LAS COSAS QUE HA ROBADO DE LA HABITACIÓN DE REINA)
COSAS QUE DESPRECIA: A TODOS LOS HOMBRES.

¡EL ENEMIGO DE LAS MUJERES! ESTE TIPO ES UN PERVERTIDO, Y AUNQUE SE PASA MÁS QUE GRIFF DA MUCHO MÁS MAL ROLLO.

¿QUIÉN SABE SI SÓLO APARECERÁ EN ESTE TERCER VOLUMEN...?

ORGANIGRAMA DE DEMON CARD.

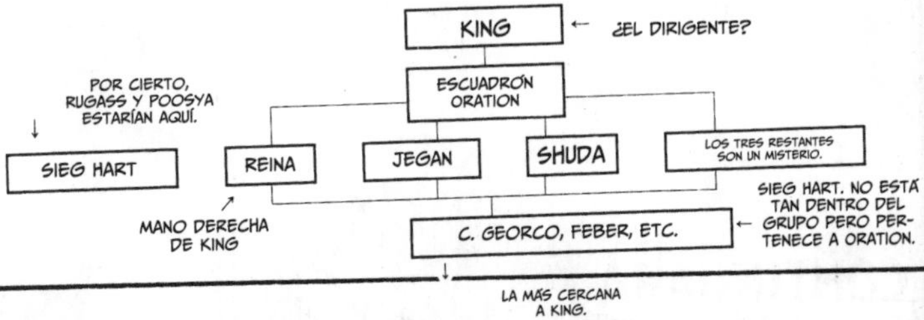
KING
← ¿EL DIRIGENTE?
ESCUADRÓN ORATION
POR CIERTO, RUGASS Y POOSYA ESTARÍAN AQUÍ.
SIEG HART
REINA
JEGAN
SHUDA
LOS TRES RESTANTES SON UN MISTERIO.
MANO DERECHA DE KING
C. GEORCO, FEBER, ETC.
SIEG HART. NO ESTÁ TAN DENTRO DEL GRUPO PERO PERTENECE A ORATION.
LA MÁS CERCANA A KING.

LEVIN QUEDA A CARGO DEL HOGAR. CAPÍTULO 4 ¡ME VOY!

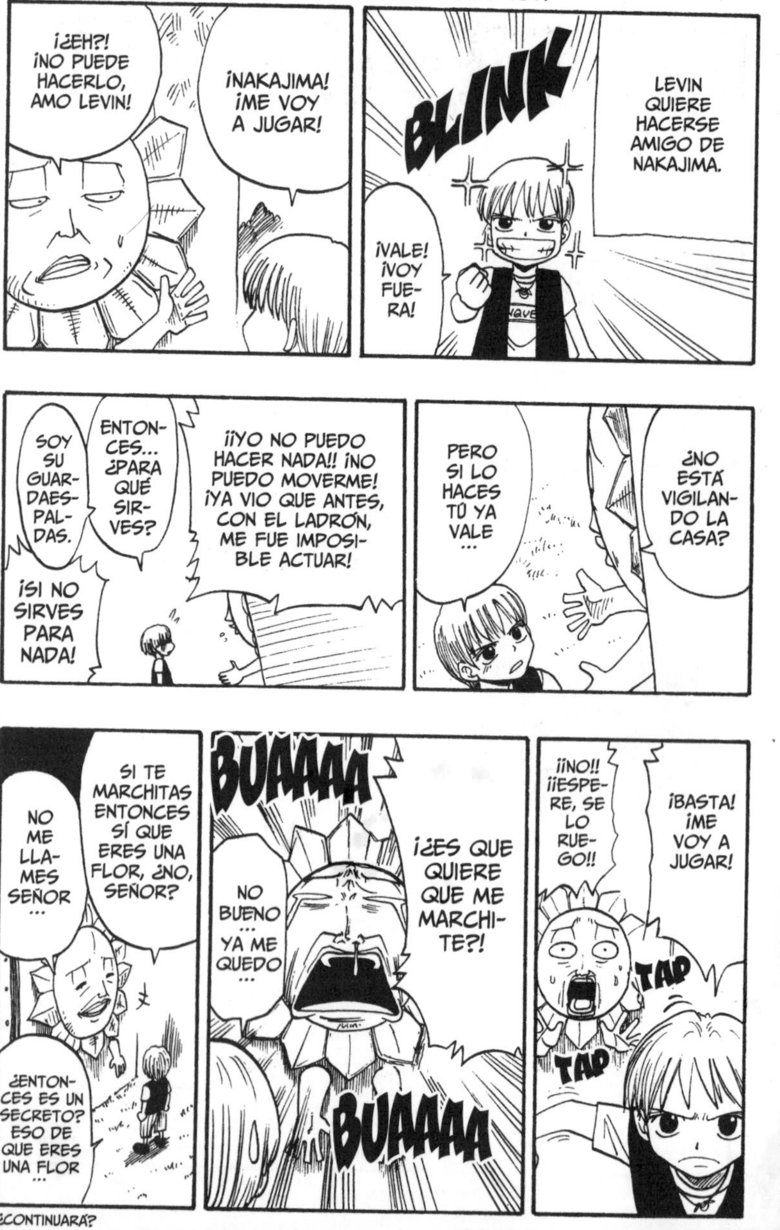
LEVIN QUIERE HACERSE AMIGO DE NAKAJIMA.
BLINK
¡VALE! ¡VOY FUERA!
¡NAKAJIMA! ¡ME VOY A JUGAR!
¡¿EH?! ¡NO PUEDE HACERLO, AMO LEVIN!
¿NO ESTÁ VIGILANDO LA CASA?
PERO SI LO HACES TÚ YA VALE...
¡¡YO NO PUEDO HACER NADA!! ¡NO PUEDO MOVERME! ¡YA VIO QUE ANTES, CON EL LADRÓN, ME FUE IMPOSIBLE ACTUAR!
ENTONCES... ¿PARA QUÉ SIRVES?
SOY SU GUARDAESPALDAS.
¡SI NO SIRVES PARA NADA!
¡BASTA! ¡ME VOY A JUGAR!
¡¡NO!! ¡¡ESPERE, SE LO RUEGO!!
TAP
TAP
BUAAAA
¡¿ES QUE QUIERE QUE ME MARCHITE?!
NO BUENO... YA ME QUEDO...
BUAAAA
SI TE MARCHITAS ENTONCES SÍ QUE ERES UNA FLOR, ¿NO, SEÑOR?
NO ME LLAMES SEÑOR...
¿ENTONCES ES UN SECRETO? ESO DE QUE ERES UNA FLOR...

¿CONTINUARÁ?

POSTSCRIPT

QUIÉN LO IBA A DECIR, PERO YA HACE UN AÑO QUE
EMPECÉ RAVE. NO CREÍ QUE DURARA TANTO... LA VERDAD.
Y TAMPOCO CREÍ QUE FUERA CAPAZ DE ESTAR UN AÑO
HACIENDO EL MISMO TRABAJO. CUANDO ESTUDIABA Y TENÍA
TRABAJOS A MEDIA JORNADA, EN EL QUE MÁS DURÉ ESTUVE
SEIS MESES, Y CAMBIÉ BASTANTE DE OFICIO. ES QUE SOY
BASTANTE CAPRICHOSO...
TAMBIÉN HE DE AGRADECER A MIS ASISTENTES EL
PODER TRABAJAR TANTO TIEMPO SEGUIDO EN LO
MISMO, CLARO... HACE UN AÑO, CUANDO EMPECÉ ESTA
SERIE, NO CREÍ QUE DURARA MUCHO. ¡Y HE LLEGADO
AL AÑO ES GRACIAS A VOSOTROS!
MUCHAS GRACIAS POR LEER ESTA HISTORIA.
ME HABÉIS AYUDADO Y ANIMADO MUCHO.
Y TAMBIÉN QUIERO DAR LAS GRACIAS A TODOS
LOS QUE SIGUEN ESTA HISTORIA EN LA REVISTA
DONDE SE PUBLICA POR PRIMERA VEZ.

¡ATENCIÓN!

¡Este manga está publicado en el mismo sentido de lectura que la edición japonesa!

Tienes que empezar a leer por la que sería la última página de un libro occidental y seguir las viñetas de derecha a izquierda.

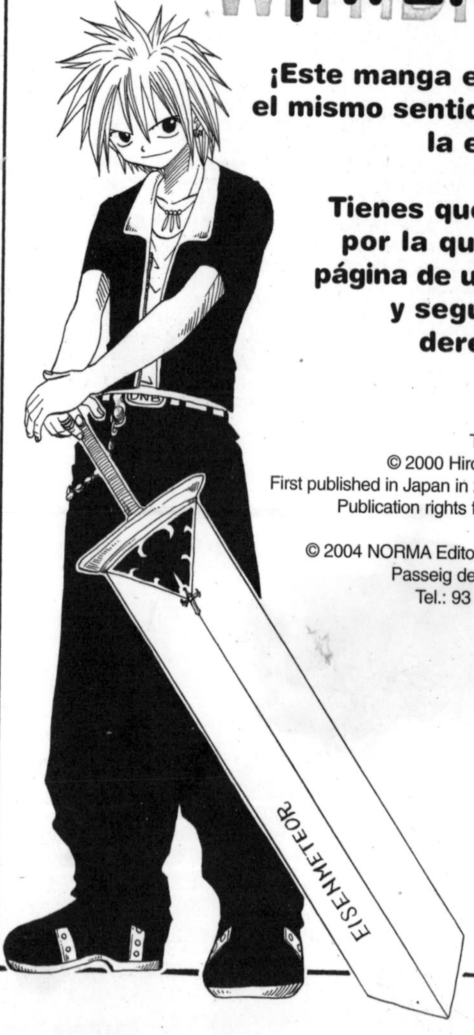
DNB
EISENMETEOR

Rave nº5
Título original: "RAVE volume 5"

First published in Japan in 2000 by Kodansha., Ltd., Tokyo.
Publication rights for this Spanish edition arranged through Kodansha Ltd., Tokyo.

Passeig de Sant Joan 7. 08010 Barcelona.
Tel.: 93 303 68 20. - Fax: 93 303 68 31.
norma@normaeditorial.com
Traducción: Annabel Espada.
Rotulación: BRKDoll Studio.
Depósito legal: B-48599-2004.
ISBN: 84-9814-029-3.
Printed in the EU.

www.NormaEditorial.com

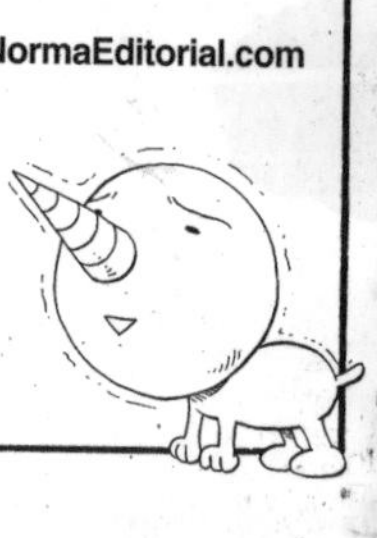